Thomas Momsen

# Durch Lappland im Winter

» **Fahre in die Welt hinaus. Sie ist fantastischer als jeder Traum.** «

Ray Bradbury (1920–2012), US-amerikanischer Schriftsteller

## Impressum

Thomas Momsen
**Reise Know-How Durch Lappland im Winter**

erschienen im Reise Know-How Verlag Peter Rump GmbH,
Osnabrücker Str. 79, 33649 Bielefeld


**2., neu bearbeitete und aktualisierte Auflage 2022**



**ISBN 978-3-8317-3588-4**

**Gestaltung und Bearbeitung**
Umschlag: Peter Rump, der Verlag
Inhalt: Günter Pawlak, Wayan Rump, der Verlag (Layout); Michael Luck (Realisierung)
Karten: Catherine Raisin
Fotonachweis: alle Bilder vom Autor (tm) mit Ausnahme von S. 100, 125 (L. Lehnert; ll), S. 132 (Visit Rovaniemi/Rovaniemi Tourism & Marketing Ltd.; vr), S. 170, 172 (S. Wesolek; sw), S. 215 (Gry Helen Sivertsen/Silvermuseer; ghss), S. 218, 228 (Band Jarnna/M. Senger, Foto: L. Müller; lm), S. 221 (Ester Johansson Ájtte Museum; eja), S. 222 (Ludvig Wästfelt Ájtte Museum; lwa), S. 225 (M. Senger; ms)
Lektorat: Michael Luck

**Druck und Bindung**
Hinckel-Druck GmbH, Wertheim

**Bibliografische Information der Deutschen Nationalbibliothek**
Die Deutsche Nationalbibliothek verzeichnet diese Publikation in der Deutschen Nationalbibliografie; detaillierte bibliografische Daten sind im Internet über http://dnb.dnb.de abrufbar.

Reise Know-How Bücher finden Sie in allen gut sortierten Buchhandlungen. Falls nicht, kann Ihre Buchhandlung unsere Bücher hier bestellen:
D: Prolit, prolit.de und alle Barsortimente
A: Freytag-Berndt und Artaria KG, freytagberndt.com
CH: AVA Verlagsauslieferung AG, ava.ch
B, LUX, NL: Willems Adventure, willemsadventure.nl
oder direkt über den Verlag: **www.reise-know-how.de**

**Bildlegende Umschlag und Vorspann** (alle tm)
Titelfoto: Der VW-Bus des Autors
Vordere Umschlagklappe: Halt im tief verschneiten Wald; kleines Bild: Amy, treue Begleiterin des Autors
S. 1: Bäume als Schneeskulpturen
S. 2/3: Entspanntes Reisen auf menschenleeren Straßen

**Wir freuen uns über Kritik, Kommentare und Verbesserungsvorschläge, gern per E-Mail an info@reise-know-how.de.**

**Da die längerfristigen Folgen der Corona-Pandemie gerade für kleine und mittlere Betriebe im Tourismus- und Kulturbereich kaum abzuschätzen sind, bitten wir um Nachsicht, wenn sich in dieser Ausgabe des Buches Informationen finden, die nicht mehr den Gegebenheiten vor Ort entsprechen.**

**Alle Informationen in diesem Buch sind vom Autor mit größter Sorgfalt gesammelt und vom Lektorat des Verlages gewissenhaft bearbeitet und überprüft worden.**

**Da inhaltliche und sachliche Fehler nicht ausgeschlossen werden können, erklärt der Verlag, dass alle Angaben im Sinne der Produkthaftung ohne Garantie erfolgen und dass Verlag wie Autor keinerlei Verantwortung und Haftung für inhaltliche und sachliche Fehler übernehmen.**

**Die Nennung von Firmen und ihren Produkten und ihre Reihenfolge sind als Beispiel ohne Wertung gegenüber anderen anzusehen. Qualitäts- und Quantitätsangaben sind rein subjektive Einschätzungen des Autors und dienen keinesfalls der Bewerbung von Firmen oder Produkten.**

Thomas Momsen

# DURCH LAPPLAND IM WINTER

# Vorwort

In Lappland erlebt man **echten Winter,** mit sehr viel Schnee, kalten Tagen und eisigen Nächten, wunderschönem Licht und einer Stimmung, die es so an keinem anderen Ort der Welt gibt. Ich habe eine Landschaft entdeckt, wie ich sie noch nie zuvor gesehen habe. Eine unendliche weiße Weite, Tannen, die sich unter der Last des Schnees biegen, Rentiere, die die Wälder auf der Suche nach Futter durchstreifen, mit etwas Glück sieht man auch einen Elch, der durch den Schnee stapft. Die **Stille und Einsamkeit,** die einen umgeben, sind mit nichts vergleichbar. Ist man mit seinen Schneeschuhen ein wenig abseits der normalen Pfade unterwegs und macht

eine Pause, kann es passieren, dass man bei Windstille nichts hört außer den eigenen Atem – was anfänglich durchaus irritiert und fast unheimlich wirkt, auf jeden Fall absolut ungewohnt ist. Hat man diese Erfahrung einmal gemacht, will man sie immer wieder erleben!

Wird einem die Stille zu viel, gibt es genug Möglichkeiten, sich in winterliche Abenteuer zu stürzen. **So viel ist zu entdecken:** Ganz einzigartig sind natürlich die Polarlichter, aber auch die Kultur der Sami, eine Fahrt im Hundeschlitten, tolle Skigebiete, das leckere Essen im hohen Norden und die sehr herzlichen Menschen versprechen unvergessliche Eindrücke.

lapp_062 tm

Ausgehend von meiner ersten Wohnmobil-Winterfahrt nach Lappland Ende 2015/Anfang 2016 (siehe dazu den Prolog), möchte ich **sechs Routen** vorstellen, die jede für sich ihren ganz eigenen Reiz hat. Auf landschaftliche und sonstige Highlights wird gezielt hingewiesen, außerdem werden die Herausforderungen der Touren beschrieben, schöne Plätze zum Fotografieren („Fotospots") und empfehlenswerte Stellplätze für das Wohnmobil genannt (eine umfangreiche Liste von Stell- und Campingplätzen in Schweden, Norwegen und Finnland findet sich im Anhang).

Die vorgeschalteten **reisepraktischen Kapitel** enthalten Informationen und Hinweise, die der Vorbereitung und Durchführung der Reise dienen. Ein besonderes Augenmerk gilt dabei den drei Themenbereichen „Mit dem Wohnmobil nach Lappland", „Mit dem Hund nach Lappland" – treue Begleiterin auf meinen Fahrten war meine Hündin *Amy* – und „Polarlichter fotografieren".

Ich wünsche Ihnen eine spannende, sichere und erlebnisreiche Fahrt in den hohen Norden!

*Thomas Momsen*

◁ Einsamkeit im unberührten Schnee

# Inhalt


Vorwort 4
Kartenverzeichnis 8
Hinweise zur Benutzung 8
Lappland – eine kleine Landeskunde 8

**1 Prolog – ein Reisebericht 14**

**2 Anreise 24**

Mit der Bahn 26
Mit dem Bus 29
Mit dem Flugzeug 29
Mit dem Auto/Camper/Wohnmobil 29

**3 Mit dem Wohnmobil nach Lappland 38**

Autofahren in Schweden 40
Autofahren in Norwegen 44
Autofahren in Finnland 45
Das Wohnmobil winterfest machen 47
*Abenteuer Lappland – Aus dem Blog des Autors 48*
Gasversorgung in Lappland 51
*Interview: Winter-Tipps eines Kfz-Sachverständigen 52*

lapp_18 tm


**4 Mit dem Hund nach Lappland 56**

Einreisebestimmungen 58
Hunde im Winter 60

**5 Polarlichter fotografieren 66**

Faszination Polarlichter 68
Was sind Polarlichter? 68
Wann und wo kann man Polarlichter am besten fotografieren? 69
*Die acht Jahreszeiten 70*
Tipps zur Kleidung 73
Die Fotoausrüstung 74
Die richtige Kameraeinstellung bei der Polarlichtfotografie 78
Der Bildaufbau 81

**6 Aktivitäten in Lappland 84**

Wintersportliche Highlights 86
Ski und Snowboard 86
Fahrten mit dem Hundeschlitten 89
Touren und Safaris mit Schneemobil 93
Schneeschuhwandern 97
Fahrten mit dem Rentierschlitten 101
Eisangeln 104
Whale Watching 108

**7 Route 1: Von Luleå nach Abisko 110**

Luleå 113
Storforsen 113
Harads 115
Jokkmokk 118

Nattavaara 121
Porjus 123
Jukkasjärvi 124
Kiruna 126
Nikkaluokta 127
Abisko 128

**8 Route 2: Von Tornio/Haparanda nach Inari 132**

Tornio/Haparanda 135
Rovaniemi 138
Äkäslompolo 147
Kiilopää 150
Inari 152

**9 Route 3: Von Inari zum Nordkap 154**

Von Inari nach Levi 157
Levi 159
*Rezept: Rentiersuppe 162*
Nationalpark Pallas-Yllästunturi 163
Hetta 164
Karasjok 167
Von Karasjok zum Nordkap 169
Das Nordkap 173

**10 Route 4: Von Hammerfest nach Bjerkvik 174**

Hammerfest 176
Alta 178
Skjervøy 183
Tromsø 185
Von Tromsø nach Bjerkvik 189

**11 Route 5: Die schönsten Fotospots der Lofoten und Vesterålen 192**

Einleitung 194
Fotospots auf den Lofoten 197
Fotospots auf den Vesterålen 204

**12 Route 6: Von Moskenes nach Arvidsjaur 206**

Bodø 209
Saltstraumen 211
Von Saltstraumen nach Arjeplog 212
Arjeplog 214
Arvidsjaur 215

**13 Die Sami – ein Volk, viele Grenzen 218**

Einleitung 220
Die Besiedlung Lapplands 220
Die nomadische Rentierhaltung 222
Kolonisation und Grenzziehungen 224
Die Sami heute 226
Die Flagge der Sami, Der Jojk 227
*Interview: Musikproduzentin Mandy Senger 228*

**14 Anhang 230**

Kleine Sprachhilfe 232
*Gasflaschen – damit es schön warm bleibt 238*
Stell- und Campingplätze 242
Register 257
Der Autor 263

## Karten

Lappland — Umschlagklappe vorn

**Routenkarten**

Route 1: Von Luleå nach Abisko 112
Route 2: Von Tornio/Haparanda nach Inari 134
Route 3: Von Inari zum Nordkap 156
Route 4: Von Hammerfest nach Bjerkvik 178
Route 5: Lofoten und Vesterålen (die schönsten Fotospots) Umschlagklappe hinten
Route 6: Von Moskenes nach Arvidsjaur 208

**Thematische Karten**

Straßen und Bahnstrecken 28
Fährverbindungen (Auswahl) 34

## Hinweise zur Benutzung

- Die **GPS-Koordinaten** in diesem Buch sind als geografische Koordinaten (Breite und Länge, Lat./Lon.) in Dezimalgrad angegeben, also z.B. so: **GPS: N 66.914990, E 013.628111.** Weitere Infos zum Thema: www.reise-know-how.de/gps.
- In diesem Reiseführer sind die **Telefonnummern** in Schweden, Finnland und Norwegen **mit der Landesvorwahl** genannt. Telefoniert man in dem jeweiligen Land, lässt man die Vorwahl weg und wählt vor der angegebenen Rufnummer zusätzlich eine 0.
- **Updates nach Redaktionsschluss:** Auf der Produktseite dieses Reiseführers in unserem Internetshop finden Sie zusätzliche Informationen und wichtige Änderungen.

# Lappland – eine kleine Landeskunde

**Wo liegt Lappland?** Welches Gebiet genau ist gemeint? Ist Lappland ein eigenständiger Staat? Dass diese Fragen berechtigt sind und nicht jedermann sofort beantworten kann, zeigt folgende **Anekdote:** Wie so häufig in den letzten Jahren kam ich mitten in der Nacht in Dänemark an. Langsam fuhr ich von der Fäh-

lapp_108 tm

re, meine Hündin *Amy* schlief tief und fest hinten im Bus. An der Kontrollstation fragte ein junger Zöllner nach Ausweis und Führerschein. Ich gab ihm die Papiere, er fotografierte sie und gab sie mir zurück. Zu guter Letzt fragte er mich nach dem Ziel meiner Reise. Ich antwortete, dass ich nach Malmö weiterfahren und von da aus immer weiter nach Norden wolle, bis nach Lappland. Er sah mich etwas verständnislos an und fragte dann, wo das denn sei. Ich verstand die Frage erst gar nicht. Wie, wo das sei? Also fragte ich ihn, ob er denn Lappland nicht kenne – und genau so war es.

Vielleicht liegt diese Unkenntnis vor allem darin begründet, dass Lappland kein (National-)Staat im eigentlichen Sinne ist – anders als der Name vermuten lässt –, sondern ein **geografisches Gebiet,** das sich über die vier Länder **Norwegen, Schweden, Finnland und Russland** erstreckt. Lappland hat keine festen Grenzen, keine Regierung und ist in keiner internationalen Organisation vertreten.

Verschneit und kalt liegt das Land unter einer dicken Schneedecke

*Temperaturtabelle Tromsø / Norwegen*

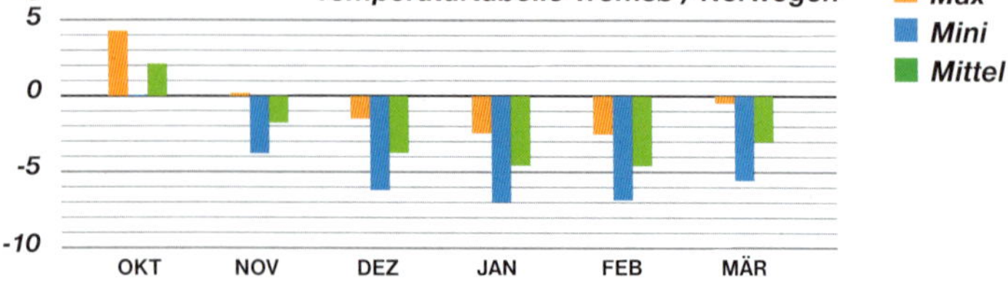


*Temperaturtabelle Hammerfest / Norwegen*

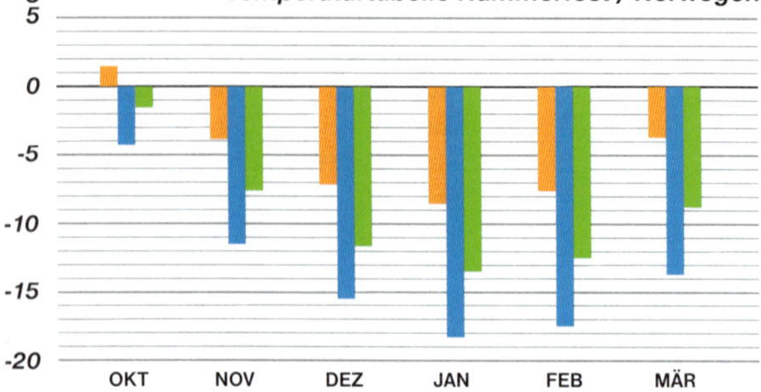


*Temperaturtabelle Kiruna / Schweden*

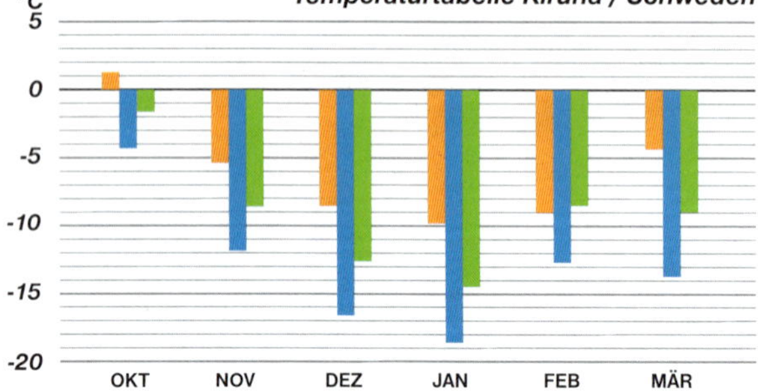


*Temperaturtabelle Rovaniemi / Finnland*

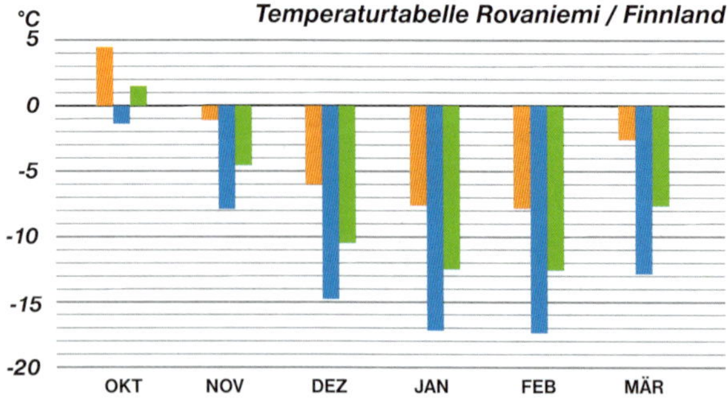

Lappland ist die Heimat der einzigen noch existierenden Urbevölkerung Europas, den **Samen** bzw. **Sami** (in diesem Buch wird einheitlich der Begriff „Sami" verwendet). Sie nennen ihre Heimat Sápmi. Mehr zu ihnen siehe im entsprechenden Kapitel auf S. 206.

In diesem Buch soll es ausschließlich um das **skandinavische Lappland** gehen, das auch **„Nordkalotte"** genannt wird. Damit ist die nördlichste Region der fennoskandinavischen Halbinsel um den **Polarkreis** herum und nördlich davon gemeint.

## Provinzen

Die Nordkalotte umfasst in Skandinavien folgende Provinzen: in Norwegen die **Verwaltungsbezirke** Nordland und Troms og Finnmark, in Schweden die Provinz Norrbottens Län, in Finnland die Provinz Lappland (Lapin lääni).

### In Norwegen

Die Provinz **Nordland** in Norwegen ist etwas über **38.000 km²** groß und beherbergt knapp 240.000 Menschen. Ihre Hautstadt ist Bodø mit gut 52.000 Einwohnern. Zum Gebiet der Provinz gehören auch die Inselgruppe der **Lofoten** und die **Vesterålen** nördlich davon.

Die zweite zur Nordkalotte gehörende norwegische Provinz ist **Troms og Finnmark.** Sie hat eine Fläche von knapp **75.000 km²** und ist damit die größte in Norwegen. Die Einwohnerzahl beträgt gut 243.000.

### In Schweden

**Norrbottens Län** ist mit einer Fläche von über **105.000 km²** etwa so groß wie Baden-Württemberg und Bayern zusammen – und Heimat von gerade einmal 250.000 Menschen. Zum Vergleich: In Baden-Württemberg und Bayern leben über 24 Millionen Menschen. In diesen Zahlen wird die extrem dünne Besiedlung Lapplands deutlich.

### In Finnland

Mit nur 1,8 Einwohnern pro Quadratkilometer ist die finnische Provinz **Lappland (Lapin lääni)** eines der am dünnsten besiedelten Gebiete in Europa. Auf fast **99.000 km²** leben hier gerade einmal etwas mehr als 180.000 Menschen.

## Klima

Siehe zum Thema auch **„Die acht Jahreszeiten"** auf S. 70.

Je nach Region der Nordkalotte sind Klima und Temperaturen im Winter extrem unterschiedlich. Entlang der norwegischen Westküste werden die klimatischen Bedingungen maßgeblich durch den **Golfstrom** geprägt. Diese Meeresströmung im Atlantik befördert warmes Wasser aus dem Golf von Mexiko nach Norden. Welche Bedeutung der Golfstrom hat, versteht man, wenn man sich vor Augen führt, dass die Hudson Bay in Kanada fast das halbe Jahr zugefroren ist, während der Hafen von Hammerfest, der mehr als 1000 Kilometer weiter nördlich liegt, das ganze Jahr über eisfrei bleibt. Dementsprechend sind auch die Winter in Tromsø und auf den Lofoten **relativ mild;** in Tromsø liegt die Durchschnittstemperatur im Januar bei erträglichen minus 4,7 Grad.

Weiter im Norden, Richtung Hammerfest und Nordkap, verlässt man den

Bereich des subarktischen Klimas und trifft auf ein **Kontinentalklima,** das im Winter deutlich **tiefere Temperaturen** aufweist. In Hammerfest liegt der Mittelwert im Januar bei minus 13,4 Grad, nachts bei minus 18,2 Grad. Ähnlich die Werte in Kiruna in Nordschweden mit minus 14,3 Grad und nachts minus 18,7 Grad. Auch hier herrscht kaltes Kontinentalklima, was auch schon mal zu Temperaturen von annähernd minus 40 Grad führen kann.

Auch in der kontinentalen Zone im Norden Finnlands sind die Winter sehr kalt. In **Finnisch-Lappland** liegt sogar die mittlere Jahrestemperatur mit nur minus 2 Grad komplett im negativen Bereich. Die Winter sind sehr lang, der erste Schnee fällt meist schon im Oktober und taut erst wieder im Mai. Von November bis März zeigt das Thermometer praktisch nie Werte über null Grad. Gewaltige Schneedecken sind die Regel.

## Mittwinter

Steigt die Sonne nördlich des Polarkreises nicht mehr über den Horizont, beginnt eine Zeit, die auf Finnisch **Kaamos** genannt wird, was übersetzt so viel wie **Polarnacht** bedeutet. In den Mittwintermonaten von November bis Februar ist es jedoch nicht komplett dunkel, sondern für wenige Stunden am Tag taucht das Sonnenlicht, das sich am Horizont bricht, die Landschaft in einen dämmrigen Schein – eine einzige, lange blaue Stunde, in der Sonnenaufgang und Sonnenuntergang eins sind.

### Tageslichtstunden je nach Region

**Tromsø/Norwegen**

| | |
|---|---|
| 01. Oktober | 11 Std. 4 Min. |
| 01. November | 6 Std. 29 Min. |
| 01. Dezember | Dämmerung |
| 21. Dezember | Dämmerung |
| 01. Januar | Dämmerung |
| 01. Februar | 5 Std. 3 Min. |
| 01. März | 9 Std. 38 Min. |

**Nordkap/Norwegen**

| | |
|---|---|
| 01. Oktober | 10 Std. 59 Min. |
| 01. November | 5 Std. 52 Min. |
| 01. Dezember | Dämmerung |
| 21. Dezember | Dämmerung |
| 01. Januar | Dämmerung |
| 01. Februar | 4 Std. 5 Min. |
| 01. März | 9 Std. 25 Min. |

**Abisko/Schweden**

| | |
|---|---|
| 01. Oktober | 11 Std. 8 Min. |
| 01. November | 6 Std. 55 Min. |
| 01. Dezember | 1 Std. 52 Min. |
| 21. Dezember | Dämmerung |
| 01. Januar | Dämmerung |
| 01. Februar | 5 Std. 40 Min. |
| 01. März | 9 Std. 48 Min. |

**Rovaniemi/Finnland**

| | |
|---|---|
| 01. Oktober | 11 Std. 18 Min. |
| 01. November | 7 Std. 32 Min. |
| 01. Dezember | 3 Std. 47 Min. |
| 21. Dezember | 2 Std. 15 Min. |
| 01. Januar | 2 Std. 44 Min. |
| 01. Februar | 6 Std. 32 Min. |
| 01. März | 9 Std. 54 Min. |

› Magische Nacht unter dem Sternenhimmel am Polarkreis

lapp_109.tm

KLE TM 670

lapp_055 tm

# 1

# Prolog – ein Reisebericht

»Meine erste Fahrt in den Norden trat ich im Winter 2015 an. Reichlich naiv, mit zwei 5-kg-Gasflaschen und ohne Schneeketten, machte ich mich mit meiner Hündin Amy in unserem VW-Bus vom Niederrhein über Dänemark und Schweden auf den Weg zum Nordkap, hin und zurück knapp 6000 Kilometer. Weitere Reisen sollten folgen, und jede Tour brachte neue Erkenntnisse und Erfahrungen.

## 2900 Kilometer

Etwa 2900 Kilometer liegen vor mir. 2900 Kilometer, die mich in eine Gegend führen, in der im Dezember die Sonne so um 10:30 Uhr aufgeht und gegen 13 Uhr wieder untergeht, in der die Durchschnittstemperatur im Winter bei **minus 10 Grad** liegt und ein Glas Bier fast dreimal so viel wie bei uns kostet. Und das alles, um etwas zu sehen, von dem ich gar nicht weiß, ob es da sein wird, wenn ich komme: **Polarlichter.** Da sein wird auf jeden Fall meine Australian Shepherd-Hündin *Amy*, denn sie begleitet mich auf der langen Fahrt.

## Fahren auf Eis

In Schweden, nach fünf Tagen Fahrt, fiel der erste Schnee auf meiner Reise, es war aber nicht genug, um auf den Straßen eine nennenswerte Schneedecke zu hinterlassen. Wenigstens nicht auf der E4. Nach **Skelleftea,** auf der Straße 95 Richtung Arvidsjaur, veränderten sich dann allmählich die Landschaft und das Straßenbild. Die letzten 100 Kilometer vor **Arvidsjaur** bestand die Straße aus einer **geschlossenen, festgefrorenen Eisdecke mit Pulverschneeglasur.** Geschwindigkeiten von 80 bis 90 km/h konnte ich ohne Probleme fahren. Schneller waren nur die Schweden. Aber die haben auch alle Reifen mit Spikes, ich nicht. Aber auch ohne hat sich der Bulli gut geschlagen. Vor Skelleftea wollte ich mit *Amy* an einem geschlossenen Campingplatz eine kurze Rast machen. Die Straße zum Platz war etwas abschüssig, zudem überzog Parkplatz und Straße eine dicke Eisschicht. Jeder Schritt auf dem Eis war eine Rutschpartie. Fahren konnte man deutlich besser, mein VW-Bus kam ohne Probleme über das Eis wieder auf die E4. Ich muss gestehen, ich hatte meine Zweifel bei diesem Untergrund, zumal ich bei derartigen Verhältnissen noch nie Auto gefahren bin.

Tief verschneit zeigt sich Arvidsjaur

lapp_059 tm

## Arvidsjaur

Um Arvidsjaur zeigt sich die Landschaft **tief verschneit,** es ist wunderschön hier – und das erste Mal in meinem Leben, dass ich so viel Schnee sehe. Eine großartige Erfahrung, und ich bedaure, dass ich nicht schon viel früher auf die Idee gekommen bin, im Winter nach Lappland zu fahren. Natürlich muss man nicht so weit in den Norden, um Schneemassen zu sehen, doch das Licht und die Atmosphäre hier sind definitiv einzigartig.

## Amy

Wie sich bisher gezeigt hat, liebt **meine Hündin** den Schnee. Aber mit der gewaltigen Schneehöhe fehlte auch *Amy* die Erfahrung. Bis jetzt. Bei einem kurzen Stopp am Straßenrand sprang sie mit einem großen Satz aus dem Auto direkt in den Schnee und verschwand fast komplett. Sie blieb stecken, drehte sich um und sah mich an, als wenn sie sagen wollte: „Mensch, kannst du mich nicht warnen!?". Als wenn das was genützt hätte, sie wäre ja trotzdem gesprungen.

Ich war kurz davor, die Schneeschaufel zu holen, aber *Amy* konnte sich selbst aus der Schneewehe herauskämpfen.

## Am Ziel

Um 10:45 Uhr, am siebten Tag der Reise, nach 2249 Kilometern, bin ich am **Polarkreis** kurz vor Jokkmokk. Und nach 2573 Kilometern, vorbei an der Kleinstadt Kiruna, komme ich an einem Freitag an meinem Ziel in **Abisko** an.

Mein Zimmer im Hostel der STF Tourist Station in Abisko war erst ab Montag gebucht, es war aber möglich, dort zwei zusätzliche Nächte zu verbringen, allerdings erst ab Samstag, sodass ich noch eine Nacht im Bus schlafen musste. Die **Fahrt** heute **war okay,** aber lang. Wir sind um 8:15 Uhr gestartet, 495 Kilometer über vereiste Straßen gefahren, 8 Kilometer spazieren gegangen (über den Tag verteilt) und um 17:50 Uhr am Ziel angekommen. Zwischen 80 und 100 km/h schnell konnte ich über die eisigen Straßen fahren und wunderte mich jedes Mal, wenn ich ausstieg, dass das geht. Manchmal fühlte es sich an, als würde man über das Eis fliegen. Fährt man Kilometer um Kilometer nur geradeaus, verliert sich irgendwann die Konzentration, und dann wird es gefährlich. Hinter Jokkmokk lief mir ein Elch über den Weg. Im wahrsten Sinne des Wortes. Gefolgt von einigen Rentieren mehrere Kilometer später. Ich konnte gerade noch bremsen.

Meine erste große Erkenntnis auf der Reise: **500 Kilometer in Lappland** zurückzulegen ist **etwas ganz anderes** als 500 Kilometer in der Heimat zu fahren. Sinnvollerweise misst man die Entfernung nicht in Kilometern, sondern in Minuten, Stunden und Tagen und sorgt – eigentlich eine Binsenweisheit – für ausreichend Pausen.

lapp_058 tm

## Schneesturm

Wie gesagt, mein Zimmer konnte ich noch nicht beziehen. Auf einem Parkplatz in der Nähe der Unterkunft hatte ich den Bus letztendlich abgestellt. In-

zwischen war ein richtiger Schneesturm aufgezogen. **Sicht gleich null.** Der Wind war beißend, die **Schneeflocken** fühlten sich an **wie Nadelstiche,** mein Gesicht brannte und tat weh. Auf dem Weg zur Tourist Station bzw. dem dortigen Hotel, wo ich mir einen kleinen Shop ansehen wollte, hielt ich mir beide Hände mit Handschuhen vor das Gesicht, um mich zu schützen. Das Schneetreiben war derart stark, dass man bei ausgestrecktem Arm seine eigene Hand nicht mehr sehen konnte. Für jemanden, der wie ich vom Niederrhein kommt, wo ein „richtiger“ Winter vielleicht alle zehn Jahre mal ein Gastspiel hält, eine weitere neue und eindrucksvolle Erfahrung. Ich hätte mich gerne im Hotel mit meinem Buch an das Feuer im Kaminzimmer gesetzt,

⌃ Der Polarkreis ist erreicht

lapp_060 tm

einen Tee getrunken und ein wenig gelesen. Doch das hätte bedeutet, Amy für die Zeit alleine im Bus zurückzulassen, da Hunde anders als im Hostel im Hotel nicht erlaubt sind. Und das wollte ich wirklich nicht. Also verkroch ich mich nach meiner Rückkehr zum Bus im Schlafsack, *Amy* legte sich ganz dicht daneben, und dann hörten wir zu, wie der Sturm um den Bus tobte.

**Der nächste Morgen.** Der Wind hatte die ganze Nacht am Bus gezerrt und gerüttelt, entsprechend schlecht schlief ich. Inzwischen waren auch die Scheiben von innen gefroren. Die Gasheizung lief gut, aber der Wind kühlte die Scheiben so stark ab, dass die Luftfeuchtigkeit im Inneren nicht nur kondensierte, sondern an der Heckklappe und den Scheiben gefror. Um 8:30 Uhr ging ich mit *Amy* raus. Schon nach 400 Metern ging nichts mehr, der Schneesturm war immer noch zu stark. Und so kam meine vor 25 Jahren zum Motorradfahren erworbene Goretex-Windstopper-Sturmhaube zum Einsatz, erstmals ohne Helm, nur ein schmaler Schlitz für die Augen blieb frei, und dergestalt geschützt war's dann auszuhalten. Zumindest so weit, dass *Amy* raus kam und wir sogar noch mit dem Ball spielen konnten. Im Schneesturm. Ich glaube, dieses Wetter hat nur eine sehr, sehr eingeschränkte Zielgruppe, und mein Hund gehört leider dazu …

Um 15 Uhr bezogen wir unser Zimmer im **Hostel** neben dem Hotel. Wir richteten uns ein und gingen noch einmal nach draußen.

Im VW-Bus hat sich innen an den Fenstern eine Eisschicht gebildet

## Nach dem Sturm

Über Nacht hatte sich der Sturm gelegt. Im Bus hatte ich die Gasheizung durchlaufen lassen, die Scheiben waren wieder frei. Irgendwann hatte sich die Heizung automatisch abgeschaltet, da der Auslass für die Abgase zugefroren war. Ich habe sie dann nicht wieder eingeschaltet. Im Kühlschrank war es inzwischen wärmer als im Bus. Um 9 Uhr machten *Amy* und ich **eine erste Runde.** An der Herberge vorbei liefen wir runter zum See. Bei dem hohen Schnee war jeder Schritt eine sportliche Herausforderung. Was sich nicht nur in den Beinen bemerkbar machte, sondern auch an der Kleidung. Alles war durchgeschwitzt und von innen und außen durchnässt. Zum Glück gab es **im Hostel** einen **klimatisierten Trockenraum.** Die Flure und Schlafräume durfte man nicht mit Schuhen betreten, man konnte sie in einem Vorraum ausziehen und dort in ein Regal stellen. So wurden Schnee und Nässe nicht in die Zimmer getragen.

## Auf Fototour

In Abisko werden geführte Fototouren angeboten, und ich durfte mich kurzfristig einer Gruppe anschließen. Mit dem Motorschlitten ging es in den **Abisko-Nationalpark.** Wir waren bis etwa 1:30 Uhr in der Nacht draußen und ich spürte meine Füße nicht mehr, aber das war es wert, denn zum ersten Mal durfte ich das einmalige Schauspiel der **Nord- bzw.**

Amys und meine Schuhe im Vorraum des Hostels

lapp_056 tm

**Polarlichter** am Himmel mit eigenen Augen bestaunen – ein unvergessliches und unbeschreibliches Erlebnis!

Am vierten Fototag gingen wir zum letzten Mal in die Polarnacht hinaus. Bis zum Abend passierten dann noch einige ärgerliche und kuriose Dinge: Stativ kaputt, Gasflaschen im Auto leer, fremde Frau im Zimmer, Hose gerissen.

## Die Geschichte mit der Frau

Gegen 17:30 Uhr wollten wir uns alle zum Abendessen treffen und anschließend mit zwei Hundeschlitten in den Nationalpark fahren. Vorher ging ich noch eine große Runde mit *Amy*. Wieder zurück im Hostel, schloss ich die Zimmertür auf und blieb verwundert stehen: War ich im **falschen Zimmer** gelandet? Das Stockbett über dem meinen war frisch bezogen, vor meinem Bett standen Flipflops, eine dicke Damenjacke hing am Haken, ein großer rosafarbener Rucksack lehnte an der Wand. Auf dem Schrank standen eine Flasche Wein und ein Kulturbeutel. Verwirrt guckte ich *Amy* an und fragte sie: „Siehst du, was ich sehe?". Wie zur Bestätigung ging sie zum Rucksack und schnüffelte daran. Wir verließen „unser" Zimmer und gingen zurück zu den Schuhen im Vorraum. Als ich gerade meine Winterstiefel anziehen wollte, entdeckte ich dort im Halbdunkel sitzend eine junge Frau Mitte 20. Ich fragte sie, ob das ihre Sachen in meinem Zimmer wären. Sie sagte Ja und widmete sich schnell wieder ihrem Handy. Eine wirkliche Antwort bekam ich nicht, und so ging ich zur Rezeption, um die Situation zu klären. Offensichtlich ein Fehler, sagte man mir. Eine hilfsbereite Dame begleitete mich in den Vorraum und bat die Frau an die Rezeption, um ihr ein neues Zimmer zu geben. Ich fügte hinzu, dass es doch sinnvoll wäre, ihre Sachen aus meinem Zimmer gleich mitzunehmen, da ich noch einen Termin hätte und bald los müsse. Außerdem wollte ich sie mit meiner Kameraausrüstung nicht alleine lassen. Rückblickend betrachtet muss ich gestehen, dass meine Worte vielleicht etwas (zu) unfreundlich waren. Wahrscheinlich auch der Grund dafür, dass die Frau ohne weitere Worte, dafür aber mit einem tödlichen Blick mit gepackten Taschen an mir vorbei aus dem Zimmer ging.

Was aber war schief gelaufen? Es stellte sich heraus, dass die Fremde das Zimmer 1124 bekommen sollte, ausgehändigt aber wurde ihr der Schlüssel 124 für mein Zimmer …

Die **Hose** riss übrigens, als ich mich im Tipi ans Lagerfeuer setzte. Pech gehabt.

Das **Stativ** konnte ich reparieren.

Meine **Gasflaschen** waren leer. Die kommenden Nächte auf der Heimreise hatte ich also keine Heizung mehr – was mir auf meinen Touren in den folgenden Jahren nicht wieder passieren sollte …

Dafür habe ich andere Dinge erlebt und jedes Mal neue Erfahrungen gemacht und viel gelernt. Meine Hoffnung ist, dass ich mit diesem Buch mein Wissen an die Leser weitergeben und **Lust auf eine Wohnmobil-Winterreise nach Lappland** machen kann.

◁ Ein Erlebnis – meine ersten Polarlichter im Abisko-Nationalpark

Einreisebestimmungen | 30
Mit dem Auto/
Camper/Wohnmobil | 29
Mit dem Bus | 29
Mit dem Flugzeug | 29
Mit der Bahn | 26

lapp_076 tm

# 2
# Anreise

» Dieses Buch legt den Schwerpunkt auf die (An-)Reise mit dem Wohnmobil über Dänemark und Schweden, dennoch seien an dieser Stelle auch weitere Möglichkeiten der Anreise genannt.

< Anreise mit der Fähre von Puttgarden nach Rødby (Dänemark); weiter geht es über die Öresundbrücke nach Schweden

# Mit der Bahn

Bei der Deutschen Bahn gibt es aktuell das sogenannte **Super Sparpreis Europa Ticket.** Damit kostet zum Beispiel die Fahrt von Köln nach Stockholm in der 2. Klasse 99,90 €.

In **Schweden** angekommen, hat man die Wahl zwischen mehreren **Bahngesellschaften,** die unterschiedlich große Schienennetze betreiben: SJ, Tagkompaniet, Arlanda Express, Inlandsbanan und Snälltaget. Auf https://reseplanerare.resrobot.se (auch auf Deutsch) kann man seinen Start- und Zielpunkt eingeben und so die verschiedenen Anbieter kombinieren. Auf der Homepage von SJ (www.sj.se) kann man zudem die Fahrpläne der Gesellschaften einsehen (mit Ausnahme von Inlandsbanan, die auf https://inlandsbanan.se informiert).

Ein Ticket für eine schwedische Bahn besorgt man sich am besten vorher online oder an einem Ticketschalter; im Zug beim Schaffner kann man kein Ticket kaufen. Sehr praktisch ist das **schwedische Interrail-Ticket.** Damit ist eine Fahrt an drei, vier, sechs oder acht frei wählbaren Tagen innerhalb eines Monats möglich. Eine Altersbeschränkung gibt es nicht. Weitere Informationen hierzu unter www.interrail.eu.

Ebenso interessant – und eine tolle Möglichkeit, Polarlichter zu sichten – ist der **Arctic Circle Pass.** Damit kann man zwischen Kiruna und Narvik hin- und herfahren und beliebig oft ein- und aus-

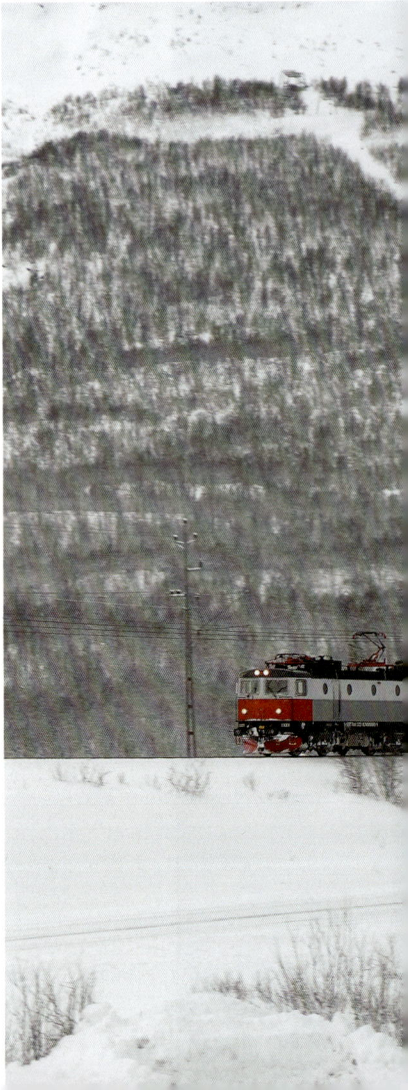

[>] Mit der Bahn durch Lappland

steigen. Es gibt diesen Pass als 3- oder 7-Tage-Ticket. Der Zug fährt die Strecke täglich zweimal in beide Richtungen und hält an folgenden Stationen: Kiruna, Abisko Östra, Abisko Turist Station, Björkliden, Låktatjåkka, Vassijaure, Katterjåkk, Riksgränsen, Bjørnfjell, Søsterbekk, Katteratt, Rombakk und Narvik. Zuletzt kostete ein 3-Tage-Ticket 295 SKr und das für sieben Tage 595 SKr.

lapp_072 tm

0
100 km
©Reise Know-How
Lappla06
2/22
Nordkapp
Hammerfest
E69
E6
Tana Bru
E75
Vardø
NORWEGEN
Øderfjord
Skibotn
Kirkenes
E106
ATLANTISCHER
OZEAN
Tromsø
E8
Karasjok
E45
RUSS-
LAND
Kiilopää
93
VESTRÅLEN
LOFOTEN
E10
Narvik
Stamsund
Batterie Dietl
Kiruna
FINNLAND
Sadankylä
Kolari
Bodø
80
Fauske
Polarkreis
Gålivare
Jokkmokk
Kemijärvi
E63
Rovaniemi
Mio i Rana
Haparanda
Töre
Kuusamo
Mosjøen
Boden
Kalix
Kemi
Arvidsjaur
Luleå
Piteå
Oulu
SCHWEDEN
Skellefteå
Raahe
Grong
Vilhelmina
Kajaani
E4
E76
Steinkjer
Umeå
Kokkola
Levanger
Trondheim
Duved
Ornsköldsvik
Jakobstad
(Pietarsaari)
Östersund
Vaasa
Laihia
E12
Seinäjoki
Kuopio
Röjan
Sundsvall
Koskenkorva
Parkano
Dombås
Jyväskylä
Tampere
Sankt-
Petersburg
Pori
Rauma
Hämeenlinna
Lillehammer
Mora
70
Naantali
Gävle
Falun
Bergen
Borlänge
80
Helsinki
Turku
Uppsala
Hanko
50
E18
Kapellskär
Oslo
Tallinn
Stavanger
Örebro
E20
Stockholm
Strömstad
Norrköping
ESTLAND
OSTSEE
Kristiansand
Uddevalla
Mjölby
Linköping
NORDSEE
Göteborg
Jönköping
Frederikshavn
Värnamo
DÄNEMARK
Helsingborg
Kopenhagen
Malmö
Trelleborg
Sassnitz
Fehmarn
Travemünde
Rostock
Hamburg
POLEN
DEUTSCHLAND
Bahnstrecken in Norwegen
RT 745/744 Sørlandsbanen
RT 605/606 Bergensbanen
RT 405/406 Dovrebanen
RT 475/476 Nordlandsbanen
Bahnstrecken in Schweden
NT 94/93 Arctic Circle Train
NT 92/91 Noorlandståget
NT 76/77 Västra stambanan/Mittbanan
NT 2/1 Södra stambanan
VEO 3900/3901 Snälltåget
Bahnstrecken in Finnland
IC 269/270/272
IC 273/266 Santa Claus Espress
IC 265/274 Santa Claus Espress

## Mit dem Bus

Mit dem Bus nach Schweden zu fahren und innerhalb des Landes mit dem Bus weiterzureisen, erfordert **viel Planung und Recherche,** da es eine Vielzahl von Verbindungen und Anbietern gibt, die man je nach Zielort miteinander kombinieren muss. Dafür ist es eine günstige Möglichkeit, das Land kennenzulernen. Bei der Suche nach Busverbindungen sind folgende **Webseiten** hilfreich:

- www.busliniensuche.de
- www.rome2rio.com
- https://ltnbd.se

Eine Busfahrt **von Köln nach Jokkmokk** zum Wintermarkt könnte zum Beispiel folgendermaßen aussehen: Start am Samstag in Köln um 7:01 Uhr, Ankunft in Kiel um 15 Uhr. Weiterfahrt in der Nacht am Sonntag um 2:10 Uhr von Kiel nach Stockholm, Ankunft dort um 18:45 Uhr. Nach einem kurzen Aufenthalt in Stockholm weiter um 21:08 Uhr nach Luleå, wo der Bus am Montagmorgen um 11 Uhr eintrifft. Um 13:50 Uhr von dort dann weiter nach Jokkmokk, wo man um 16:35 Uhr ankommt.

Ob der Bus wirklich eine Alternative zur Fahrt mit dem Zug ist, sei dahingestellt. Reizvoll kann eine Kombination aus beiden Optionen sein.

## Mit dem Flugzeug

Die Anreise mit dem Flugzeug ist natürlich die schnellste Art, um nach Lappland zu kommen. Die schwedische Fluggesellschaft **SAS** fliegt zum Beispiel von Düsseldorf nach Kiruna in Schweden und nach Tromsø in Norwegen. Mit **Finnair** kann man von Düsseldorf nach Rovaniemi/Finnland fliegen. Da sich die Flugpläne und -zeiten regelmäßig ändern, informiert man sich am besten auf den **Webseiten** der Fluggesellschaften:

- www.sas.dk
- www.finnair.com/de/de

Eine besondere Stellung unter den Airlines nimmt **Flycar** ein. Der Hintergrund: In den Wintermonaten testen fast alle namhaften Autohersteller in Schwedisch- und Finnisch-Lappland ihre neuen Modelle. Insbesondere in Arvidsjaur in Schweden und in Kittilä in Finnland befinden sich Testzentren der Automobilindustrie. Um den Mitarbeitern eine schnelle Anbindung anbieten zu können, hat Flycar Direktflüge nach Arvidsjaur und Kittilä von München, Stuttgart, Frankfurt-Hahn und Hannover im Programm (in den Wintermonaten in der Regel montags und freitags). Der Flugplan lohnt auch für Touristen einen Blick (www.fly-car.de).

## Mit dem Auto/ Camper/Wohnmobil

Der Weg nach Lappland ist weit und kostet Zeit. Ist das **erste Reiseziel Jokkmokk** in der schwedischen Provinz Norrbottens Län am Polarkreis, beträgt die **Entfernung** von Düsseldorf etwa 2400 Kilometer, von Berlin 2100 Kilometer und von München 2600 Kilometer. Und von Jokkmokk weiter bis zum Nordkap sind es noch einmal gut 800 Kilometer.

# Einreisebestimmungen

Schweden und Finnland sind Mitgliedsländer der EU, Norwegen nicht. Für die Einreise nach Schweden und Finnland genügt der **Personalausweis,** für Norwegen ist der **Reisepass** zu empfehlen, da viele norwegische Behörden und Banken den Personalausweis nicht anerkennen. Reisende mit einem gültigen deutschen, österreichischen oder schweizer **Führerschein** dürfen damit auch in Norwegen, Schweden oder Finnland Auto fahren. Der Fahrer muss 18 Jahre alt sein, begleitetes Fahren ab 17 Jahren, so wie man es in Deutschland und Österreich kennt, gibt es in Skandinavien nicht.

Zu den **Zollbestimmungen** der drei Länder geben folgende Webseiten Auskunft:
- **Schweden:** www.tullverket.se
- **Finnland:** https://tulli.fi
- **Norwegen:** www.toll.no

Für die Einfuhr von **Alkohol** nach **Schweden** und **Finnland** muss man mindestens 20 Jahre alt sein. Es gelten keine Höchstmengen, sondern Richtwerte, bei deren Überschreitung man von einer kommerziellen Nutzung ausgeht (bei Bier sind das z.B. 110 Liter). Für **Tabak** gelten vergleichbare Bestimmungen; auch hier darf nur die Menge für den Eigenverbrauch mitgenommen werden, allerdings liegt das Mindestalter bei 18 Jahren.

Für **Norwegen** gelten wesentlich geringere Freimengen für Alkohol und Tabak, bei Bier sind es gerade einmal 2 Liter. Es gibt ein nicht gerade leicht zu verstehendes System, mit dem man verschiedene Freimengen miteinander kombinieren kann; siehe dazu die Norwegian Customs App (www.toll.no/en/services/norwegian-customs-app).

An der Grenze zu Norwegen gibt es einen roten und einen grünen Fahrstreifen (= nichts zu verzollen). Ist man sich unsicher, nimmt man besser die rote Spur und fragt beim Zoll nach, ob die Freimengen korrekt eingehalten wurden. Das ist wesentlich günstiger, als bei einer Kontrolle die Ware verzollen und eine Strafe bezahlen zu müssen.

Achtung: Die Einfuhr von **Kartoffeln** nach Norwegen ist grundsätzlich verboten.

Besondere **Gesundheitsbestimmungen** sind für alle drei Länder nicht zu beachten. Details und aktuelle Infos unter www.crm.de.

Die länderspezifischen Bestimmungen zur **Einreise mit Hund** sind im Kapitel „Mit dem Hund nach Lappland" beschrieben.

### Botschaften in Deutschland

- **Königlich Norwegische Botschaft**
Rauchstraße 1, 10787 Berlin, Tel. 030 50 50 58 600, www.norway.no/de/germany
- **Schwedische Botschaft**
Rauchstraße 1, 10787 Berlin, Tel. 030 50 50 60, www.swedenabroad.se/de
- **Botschaft von Finnland**
Rauchstr. 1, 10787 Berlin, Tel. 030 50 50 30, https://finlandabroad.fi/web/deu/startseite

### Botschaften Deutschlands

- **Norwegen:** Oscarsgate 45, 0258 Oslo, Tel. 0047 23 27 54 00, www.oslo.diplo.de
- **Schweden:** Skarpögatan 9, 11527 Stockholm, Tel. 0046 8 67 01 500, https://stockholm.diplo.de
- **Finnland:** Krogiuksentie 4b, 00340 Helsinki, Tel. 00358 9 45 85 80, https://helsinki.diplo.de

### Botschaften Österreichs

- **Norwegen:** Thomas Heftyes Gate 21, 0264 Oslo, Tel. 0047 22 54 02 00, oslo-ob(at)bmeia.gv.at
- **Schweden:** Kommendörsgatan 35/V, 11458 Stockholm, Tel. 0046 8 66 51 770, stockholm-ob(at)bmeia.gv.at

- **Finnland:** Unioninkatu 22, 4. Stock, 00130 Helsinki, Tel. 00358 9 68 18 600, helsinki-ob(at)bmeia.gv.at

**Botschaften der Schweiz**

- **Norwegen:** Oscarsgate 29, 0352 Oslo, Tel. 0047 22 54 23 90, oslo@eda.admin.ch
- **Schweden:** Valhallavägen 64, 11427 Stockholm, Tel. 0046 8 67 67 900, stockholm@eda.admin.ch
- **Finnland:** Kalliolinnantie 16A 2a, 00140 Helsinki, Tel. 00358 9 62 29 500, helsinki@eda.admin.ch

## Sonstiges

- Die **Währung** in Norwegen ist die Norwegische Krone (10 NOK = 0,98 €), in Schweden die Schwedische Krone (10 SEK = 0,95 €), in Dänemark die Dänische Krone (10 DKK = 1,34 €) und in Finnland der Euro.
- Die **Uhrzeit** in Schweden und Norwegen entspricht der deutschen (MEZ), in Finnland muss die Uhr eine Stunde vorgestellt werden. In allen drei Ländern gelten Sommer- und Winterzeit.
- **Ländervorwahlen:** Schweden 0046, Finnland 00358, Norwegen 0047 (bei Anrufen aus dem Ausland ist nach der Landesnummer immer die erste 0 der folgenden Rufnummer wegzulassen, so wie in diesem Buch angegeben; im Land ist die 0 voranzustellen).

Wie viel Zeit man für die Anreise einplanen muss, hängt letztlich von der konkreten **Anfahrtsroute** ab. Der meistgenutzte Weg führt von Puttgarden auf Fehmarn **über Dänemark nach Schweden.** Je nach Fähre kann man aber auch über Norwegen oder Finnland in den Norden reisen. In Norwegen sind viele Strecken mautpflichtig, was beim Reisebudget zu berücksichtigen ist. Nördlich des Polarkreises allerdings ist die einzige Mautstelle auf norwegischer Seite kurz hinter dem Kreisverkehr, wenn man von der E 6 auf die E 10 Richtung Riksgränsen/Schweden abbiegt.

Zum **Vergleich:** Von Stockholm nach Tromsø **durch Schweden** sind es knapp 1600 Kilometer, was einer reinen Fahrzeit von ungefähr 20 Stunden entspricht. Fährt man von Oslo **durch Norwegen** nach Tromsø, sind es ca. 1800 Kilometer und man benötigt etwa 24 Stunden. Es fallen in Norwegen Kosten für die Maut an, zudem ist der Treibstoff wesentlich teurer als in Schweden. Bis auf die Citymaut in Göteborg und Stockholm und die Maut für die Brücke Sundsvall sind in Schweden keine weiteren Straßengebühren zu bezahlen.

Bei der **Maut** bzw. „Infrastrukturabgabe“ **in Schweden** wird das Kennzeichen erfasst und man bekommt innerhalb weniger Wochen eine Rechnung per Post. Die einzelnen Beträge liegen im Cent-Bereich bis etwa 4 €. Alternativ kann man seine Bankdaten auf der Webseite www.epass24.com hinterlegen, dann wird die Mautgebühr automatisch abgebucht, Rechnung und Zahlungsbeleg werden an die angegebene Mail-Adresse geschickt. Diesen Weg bevorzuge ich und habe bisher keinerlei Probleme damit gehabt.

Die **schnellste und günstigste Anfahrt** nach Lappland ist wohl von Puttgarden im Norden der Insel Fehmarn nach Rødby in Dänemark bzw. von Rostock nach Gedser/Dänemark und dann über die Öresundbrücke nach Schweden oder über die Fährverbindung Travemünde/Rostock nach Trelleborg, in die südlichste Stadt Schwedens. Anschließend fährt man durch Schweden an Stockholm vorbei über die E 4 bis Luleå. Hier kann man sich entscheiden, ob man eine Route durch Finnland wählt oder den Weg durch Schweden nach Norwegen fortsetzt (siehe dazu die verschiedenen Routenbeschreibungen in diesem Buch).

## Anfahrt über Brücke

Will man bei der Anreise auf die Überfahrt mit der **Fähre verzichten,** sind die Storebælt-Brücke in Dänemark und dann die Öresundbrücke nach Schweden zu benutzen.

Man fährt über Hamburg auf der **A 7,** die nach der deutsch-dänischen Grenze in die **E 45** übergeht, bis nach Kolding und dort auf die E 20, auf der man über eine Brücke die Insel Fyn erreicht. An Odense vorbei fährt man dann hinter Nyborg auf die **Storebælt-Brücke** über den Großen Belt und erreicht bei Halskov die Insel Seeland (Sjælland). Die Storebælt-Brücke ist mautpflichtig (siehe auf storebaelt.dk/priser-rabatter/privat). Zuletzt betrug der Preis für einen Pkw mit max. 6 Metern Länge und für ein Wohnmobil unter 6 Metern Länge und unter 3500 kg Gesamtgewicht 35 €, für größere Wohnmobile bis zu 130 €.

Die Öresundbrücke verbindet Dänemark und Schweden

lapp_073 tm

Hat man die Maut bezahlt, fährt man auf der **E 20** südlich an Kopenhagen vorbei und dann über die **Öresundbrücke** bis nach Malmö in Schweden. Auch die Öresundbrücke ist mautpflichtig (siehe dazu www.oresundsbron.com/de). Bezahlt werden kann online oder vor Ort, günstiger ist das Online-Ticket (einfache Fahrt für Fahrzeuge bis zu 6 m Länge 55 €, für Fahrzeuge 6–10 m 110 €). Bereits ab der ersten Rückfahrt amortisiert sich die Anschaffung eines **BroPas** für 45 € Jahresgebühr: Hin- und Rückfahrt kosten dann zum Beispiel für einen Camper von 6 bis 10 Metern Länge an der Bezahlstation 220 €, mit BroPas nur 96 €. Rechnet man die 45 € für den BroPas hinzu, kommt man auf 141 € und spart so 79 € gegenüber einer Überfahrt ohne BroPas. Mit registriertem Nummernschild (Voraussetzung für den BroPas-Erwerb) kann man ohne Wartezeit nach Schweden einreisen.

## Anfahrt mit der Fähre

Es gibt eine **riesige Auswahl** an Verbindungen und (Kombinations-)Möglichkeiten, sodass an dieser Stelle nur grundsätzliche Hinweise gegeben werden.

Auf allen Fähren ist der **Aufenthalt auf den Fahrzeugdecks** und somit auch im Camper während der Überfahrt **verboten.** Die **Gasflaschen** im Wohnmobil müssen zugedreht werden; je nach Dauer der Überfahrt kann man Kühlpacks oder gefrorene Wasserflaschen in den Kühlschrank legen, um die Temperatur zu halten. Bei langen Überfahrten kann eine **Kabine** oder ein **Liegesessel** gebucht werden, was natürlich teurer ist. Bei der unten gezeigten Beispielbuchung startet die Fähre um 22 Uhr und erreicht morgens um 8:30 Uhr Trelleborg. Verbringt man die Nacht in einer Kabine, kommt man ausgeruht in Schweden an, zudem darf ein Hund mit in die Kabine.

# Fährverbindungen (Auswahl)

0 100 km
©Reise Know-How
Lappla07 2/22
E4
Gävle
Ålandinseln
Eckerö
Mariehamn
Grisslehamn
Kapellskär
Stockholm
E4
Norrköping
OSTSEE
Gotland
Öland
FINNLAND
Naantali
Turku
Helsinki
Tallinn
ESTLAND
LETTLAND
POLEN
Color Line
Kiel – Oslo, ca. 20 Std.
Finnlines
Travemünde - Helsinki, ca. 29 Std.
Travemünde - Malmö, ca. 9 Std.
Scandlines Deutschland
Puttgarden - Rødby, ca. 45 Min.
Rostock - Gedser, ca. 1¾ Std.
Helsingør - Helsingborg, ca. 20 Min.
Stena Line
Kiel - Göteborg, ca. 14 Std.
Rostock - Trelleborg, ca. 6 Std.
Sassnitz - Trelleborg, ca. 4 Std.
Frederikshavn - Oslo, ca. 9¾ Std.
Frederikshavn - Göteborg, ca. 3½ Std.
Grenå - Halmstad, ca. 4½ Std.
TT-Line
Travemünde - Trelleborg, ca. 10 Std.
Rostock - Trelleborg, ca. 5½ Std.

lapp_074 tm

Hier eine **Beispielbuchung** mit den zuletzt gültigen Preisen:

■ **Travemünde – Trelleborg**
Abfahrt Sa., 9. März, 22 Uhr, Ankunft So. 8:30 Uhr, Rückfahrt Fr., 29. März, 22 Uhr, Ankunft Sa. 7 Uhr, zwei Erwachsene ab 18 Jahren und ein Hund in einem Wohnmobil (bis 6 m) 114,50 € plus eine 1- bis 4-Bett-Innenkabine mit Haustier 78 €; Gesamtpreis hin und zurück 385 €. Auf der Fähre stehen übrigens Hundetoiletten zur Verfügung.

Alle Reedereien bieten den **Kauf von Tickets** im Internet an, was die günstigste Option ist: So kostet zum Beispiel die Überfahrt von Puttgarden auf der Insel Fehmarn nach Rødby in Dänemark online 10 € weniger als vor Ort an der Kasse, es sei denn, man zahlt am Automaten mit Geldkarte. Anders als zur Hauptreisezeit im Sommer muss man bei einer Wintertour nach Lappland keine Sorge haben, dass eine Fähre ausgebucht sein könnte. Bei meinen zahlreichen Winterfahrten bin ich noch nie auf eine ausgebuchte Fähre gestoßen oder musste längere Wartezeiten in Kauf nehmen, ganz im Gegenteil: Einmal am Fährterminal angekommen, ging es recht schnell auf die Fähre, und die verbleibende Zeit reichte kaum aus, um meinen Hund noch mal schnell rauszulassen.

### Fährgesellschaften und -verbindungen (Auswahl)

**Vorbemerkung:** Bei der Wahl der Fähre ist für mich neben den Kosten die Dauer der Überfahrt entscheidend. Da ich immer mit Hund reise, ist mir eine möglichst kurze Verweildauer auf der Fähre

lapp_075 tm

[^] Hundetoilette auf der Fähre von Travemünde nach Trelleborg

[>] Schöner Blick vom Stellplatz am Hafen (GPS: N 55.596034, E 012.932917) auf Malmö

wichtig. Daher bevorzuge ich die 45-minütige Überfahrt von Puttgarden auf der Insel Fehmarn nach Rødby in Dänemark, von wo es dann wie oben beschrieben weiter mit dem Wohnmobil über die Öresundbrücke nach Malmö geht, wo die erste Übernachtung erfolgt.

**Color Line**
Tel. 0431 73 00 100, www.colorline.de
Kiel – Oslo, ca. 20 Std.

**Finnlines**
Tel. 0451 15 07 443, www.finnlines.de
Travemünde – Helsinki, ca. 29 Std.
Travemünde – Malmö, ca. 9 Std.

**Scandlines Deutschland**
Tel. 0381 77 88 77 66, www.scandlines.de
Puttgarden – Rødby, ca. 45 Min.
Rostock – Gedser, ca. 1¾ Std.
Helsingør – Helsingborg, ca. 20 Min.

**Stena Line**
Tel. 0180 60 20 100, www.stenaline.de
Kiel – Göteborg, ca. 14 Std.
Rostock – Trelleborg, ca. 6 Std.
Sassnitz – Trelleborg, ca. 4 Std.
Frederikshavn – Oslo, ca. 9¾ Std.
Frederikshavn – Göteborg, ca. 3½ Std.
Grenå – Halmstad, ca. 4½ Std.

**TT-Line**
Tel. 0180 66 66 600, www.ttline.com
Travemünde – Trelleborg, ca. 10 Std.
Rostock – Trelleborg, ca. 5½ Std. (die Fahrzeit kann je nach Fähre variieren)

Auf einigen Fähren besteht während der Überfahrt eine **Leinen- und Maulkorbpflicht** für Hunde. Die gültigen Bestimmungen können auf der Homepage der Fährgesellschaften nachgelesen werden.

Abenteuer Lappland –
Aus dem Blog des Autors | 48
Autofahren in Finnland | 45
Autofahren in Norwegen | 44
Autofahren in Schweden | 40
Das Wohnmobil winterfest machen | 47
Gasversorgung in Lappland | 51
Winter-Tipps von dem Kfz-Sachverständigen Martin Gossens | 52

lapp_098 tm

# 3
# Mit dem Wohnmobil nach Lappland

Die Northern Lights Route führt durch Finnland, Schweden und Norwegen; sie beginnt in Tornio/Haparanda, folgt dann der Europastraße 78 bzw. der Nationalstraße 99 bis Kilpisjärvi in Nordfinnland und endet im norwegischen Tromsø

# Autofahren in Schweden

In Schweden, aber auch in Norwegen und Finnland, sind die **Hauptstraßen im Winter grundsätzlich geräumt.** Ein Rest Schnee bleibt aber immer liegen und fährt sich fest, was zu einer zentimeterdicken Schneedecke führt. Aufgrund der trockenen Kälte kann es passieren, dass frischer Schnee wie Puderzucker durch den Fahrtwind aufgewirbelt wird. Kommt ein Lkw entgegen, der eine Schneewolke hinter sich herzieht, hat man das Gefühl, in eine weiße Wand zu fahren, und sieht für einen Moment kaum mehr etwas. Große Vorsicht ist hier geboten! Insgesamt können die **winterlichen Straßenverhältnisse** eine echte Herausforderung sein, der mit Vor- und Umsicht zu begegnen ist. Also runter vom Gas, vorausschauend fahren und die Landschaft genießen!

Schweden hat sich mittelfristig zum Ziel gesetzt, die Zahl der Verkehrstoten

## Drei Hinweise

### Verkehrslage

Gerade im Winter ist es wichtig, die aktuelle Verkehrslage im Auge zu behalten und sich über mögliche **Streckensperrungen** zu informieren. Das macht man für Norwegen am besten unter www.vegvesen.no. Die entsprechenden **Informationen** für Schweden sind nicht ganz einfach zu finden. Man besucht die Seite www.trafikverket.se und wählt dann den Stichpunkt „Trafikinformation / Trafikläget i realtid" und klickt auf das Autosymbol; es öffnet sich eine Karte mit Realzeitinformationen. Für Finnland ist https://liikennetilanne.fintraffic.fi/kartta die richtige Adresse.

Darüber hinaus kann man sich auf https://maps.adac.de oder www.viamichelin.de/web/Verkehr die Verkehrslage in Echtzeit anzeigen lassen. Ebenso informiert Google Maps über die Verkehrssituation.

### Tanken

Auch im hohen Norden findet man ein **dichtes Tankstellennetz,** sodass man sich über die Spritversorgung keine Sorgen machen muss. Dennoch sollte man darauf achten, immer ausreichend Kraftstoff im Tank zu haben, insbesondere dann, wenn man auch mit Diesel heizt. Um sicher zu gehen, dass Paraffinkristalle bei besonders niedrigen Temperaturen nicht die Kraftstoffleitung verstopfen, empfehle ich frühzeitig die **Zugabe eines Additivs** beim Tanken, um das Ausflocken von Paraffinen bei sehr niedrigen Temperaturen zu reduzieren.

### AdBlue

Besitzer **moderner Fahrzeuge,** die über einen AdBlue-Tank verfügen, müssen sich keine Sorgen machen, dass die Flüssigkeit einfrieren könnte. AdBlue-Tanks werden im Stand und im Betrieb beheizt, sobald eine kritische Temperatur unterschritten wird. Zusätzlich werden die Leitungen zum Motor leer gepumpt, sobald dieser abgestellt wird. Bei der Firma Biltema und an den Tankstellen kann man AdBlue im Kanister nachkaufen.

[>] Brücke über den Luleälven bei Harads in Schweden

auf Null zu senken („Vision Zero“). Entsprechend **strenge Verkehrsregeln** und **niedrige Höchstgeschwindigkeiten** gelten, die von der Polizei und den Behörden auch mit Nachdruck durchgesetzt werden.

## Verkehrsregeln

- Auch tagsüber muss mit **Abblendlicht** gefahren werden. Das Fahren mit Tagfahrlicht ist erlaubt, wenn das Fahrzeug eine EU-Zulassung hat und mit einem Sensor ausgerüstet ist, der das reguläre Abblendlicht bei Dämmerung bzw. Dunkelheit automatisch einschaltet.
- Die **Promillegrenze** liegt bei 0,2. Bei Verstößen wird es sehr teuer.
- Die **Straßenbahn** hat immer Vorfahrt.
- Eine durchgehende **gelbe Linie** am Fahrbahnrand bedeutet **Halte- bzw. Parkverbot.** Eine gestrichelte gelbe Linie oder eine gelbe Zickzack-Linie am Fahrbahnrand bzw. unser Schild „eingeschränktes Halteverbot“ bedeuten Parkverbot.

lapp_091 tm

lapp_01 tm

- Bis 10 Meter vor Fußgängerüberwegen und bis 10 Meter vor und hinter Straßeneinmündungen besteht **Parkverbot.**
- In größeren **Städten** gelten oft Sonderregelungen für Halten und Parken sowie für die Aufstellung und Markierung der Schilder. Bei Unklarheiten erkundige man sich vor Ort.
- Besonders markierte **rechte Fahrstreifen** auf einigen Land- und Schnellstraßen dienen zum Ausweichen vor schnelleren Fahrzeugen.
- **Winterreifen** sind vom 1. Dezember bis 31. März auch für ausländische Verkehrsteilnehmer vorgeschrieben. Auch ein Anhänger oder Wohnwagen muss mit Winterreifen bestückt sein. Eine Schaufel muss ebenfalls mitgeführt werden. Es ist gesetzlich vorgeschrieben, genügend Frostschutzmittel in der Scheibenwaschanlage zu haben.
- Bei **Unfällen** mit Personen oder schweren Sachschäden muss sofort die Polizei gerufen werden. Die Unfallstelle darf nicht verlassen, die betroffenen Fahrzeuge dürfen nicht bewegt werden. Bei geringen Sachschäden ist die Verwendung des „Europäischen Unfallberichts" zu empfehlen (z.B. beim ADAC mehrsprachig erhältlich). Jegliche Kollision mit einem Tier (Elch, Hirsch, Rentier, Wildschwein, Bär, Wolf, Luchs etc.) muss unverzüglich der Polizei gemeldet werden, auch wenn das Tier nicht verletzt oder getötet wurde. Die Unfallstelle ist zu kennzeichnen. Unfälle mit kleineren Tieren (Dachse, Hasen, Füchse etc.) müssen nicht gemeldet werden.
- Seit dem 1. Februar 2018 darf in motorbetriebenen Fahrzeugen kein **Mobiltelefon** oder eine andere Kommunikationsausrüstung während der Fahrt in der Hand gehalten werden.
- Die Polizei kann das **Benutzen elektronischer Kommunikationsausrüstung** – dazu gehören auch Radio und Navigationsgerät – ahnden, wenn ihres Erachtens die Benutzung der Geräte die Verkehrssicherheit gefährdet oder den Fahrer anderweitig von seiner Sorgfaltspflicht im Verkehr abgelenkt hat.

### Höchstgeschwindigkeit

Innerhalb **geschlossener Ortschaften** beträgt die Höchstgeschwindigkeit 50 km/h, wird aber in vielen Orten aktuell auf 40 km/h abgesenkt. Auf **Landstraßen** liegt sie in der Regel bei 70 km/h, auf **Fernstraßen** bei 80 km/h und auf **Autobahnen** zwischen 110 und 120 km/h. Seit dem Herbst 2016 wird die Höchstgeschwindigkeit auf vielen Streckenabschnitten der Fernstraßen von 90 auf 80 km/h reduziert. Auf Fernstraßen mit Mittelleitplanke beträgt die Höchstgeschwindigkeit 90 oder 100 km/h.

Für **Wohnmobile** bis 7,5 Tonnen gelten die gleichen Verkehrsregeln wie für Pkw, Wohnmobile ab 7,5 Tonnen dürfen maximal 90 km/h schnell fahren, solche mit Lkw-Zulassung höchstens 80 km/h.

Man sollte sich unbedingt an die Geschwindigkeitsbeschränkungen halten. **Bußgelder** sind in Schweden wesentlich höher als in Deutschland: Sind zum Beispiel 50 km/h erlaubt und man fährt 10 km/h zu schnell, werden schon 1500 SEK (ca. 146 €) Strafgeld fällig, bei einer Geschwindigkeitsüberschreitung von 30 bis 40 km/h sind es 4000 SEK (ca. 390 €) – eine teure Angelegenheit also! Auch sonst sind die Bußgelder happig: So kostet zum Beispiel der nicht angelegte Sicherheitsgurt bei Erwachsenen 1500 SEK (ca. 146 €) und das Fahren ohne Winterreifen 1200 SEK (ca. 117 €).

- Alle Bußgelder und weitere **Informationen** gibt es auf www.poliskontroll.se/trafikregler und www.korkortonline.se/fakta/boter.

Vorsicht vor Hundeschlitten, die die Straße kreuzen

## Wichtige Telefonnummern für den Notfall

- **Polizei:** 112
- **Rettungsdienst:** 112
- **Feuerwehr:** 112
- **Pannennotdienst:** 020 91 00 40 (Zentrale Larmtjänst AB, Tag und Nacht, für ADAC-Mitglieder kostenlos)

## Wildwechsel

Das Warnschild mit dem Elch kennt in Deutschland fast jeder. Das nette Motiv hat aber einen ernsten Hintergrund: Es ist ein Hinweis auf möglichen Wildwechsel. Und mit dem muss man tatsächlich zu jeder Tages- und Nachtzeit rechnen. Dies gilt für **Elche** ebenso wie für **Rentiere.** Insbesondere im Winter nutzen Rentiere gerne geräumte Straßen als Fußweg, weil es sich hier einfacher laufen lässt als im hohen Schnee. Außerdem stehen sie oft in Gruppen auf der Straße und lecken das Streusalz auf.

Begegnet man einem Elch oder Rentier auf der Straße, sollte man eine **Kollision** vermeiden und ausweichen, falls man nicht mehr rechtzeitig bremsen kann. Der hohe Schwerpunkt und das hohe Gewicht eines Elches haben bei einem Aufprall oft zur Folge, dass der Körper durch die Windschutzscheibe ins Auto fliegt. Auch das Geweih kann dann zu schweren Verletzungen führen. Daher ist es besser, das Auto oder Wohnmobil in den Graben oder Schnee am Straßenrand zu steuern, als die Spur zu halten und mit dem Tier zu kollidieren.

Eine **defensive Fahrweise** und **angepasste Geschwindigkeit** sind gerade im Winter bei den vorherrschenden Straßenverhältnissen unglaublich wichtig. Sollte ein Fahrzeug mit Lichthupe oder eingeschalteter Warnblinkanlage entgegenkommen, so bedeutet das meistens, dass der Fahrer Wildtiere auf oder in der Nähe der Fahrbahn gesehen hat. Diese Warnung sollte man sehr ernst nehmen und das Tempo drosseln. Hat man selbst Wildtiere gesichtet, sollte man ebenfalls den entgegenkommenden Verkehr warnen. Kommt es zu einem **Unfall** und wird dabei ein Tier verletzt oder getötet, ist man verpflichtet, die Unfallstelle zu sichern und unverzüglich die Polizei zu benachrichtigen.

## Autofahren in Norwegen

Die Verkehrsregeln in Norwegen ähneln denen in Schweden. Eine Besonderheit ist, dass Fahrer über dem 75. Lebensjahr ein **Gesundheitsattest** mitführen müssen. Das gilt jedoch nicht für Deutsche, Österreicher und Schweizer, die sich als Tourist im Land aufhalten und einen gültigen Führerschein besitzen.

Während der Wintersaison sind etliche **Berg- und Passstraßen** gesperrt. Informationen (auch in englischer Sprache) über die aktuelle Situation erhält man beim Servicebüro des Straßendienstes unter der Telefonnummer 175 in Norwegen oder aus dem Ausland mobil unter der Nummer 0047 81 54 89 91 oder online unter www.vegvesen.no.

Auf **Bergpässen** kann es nach sehr starken Schneefällen zu **„Kolonnekjøring“** kommen, d.h. die Straße wird für den Verkehr gesperrt und nur kurzfristig für die Durchfahrt einer geführten Kolonne freigegeben. Fahrzeuge in der **Kolonne** müssen in einem technisch einwandfreien Zustand sein und **Winterreifen** mit der Kennzeichnung **M + S** (*Mud and Snow* = „Matsch und Schnee“) haben. Für Fahrzeuge über 3,5 Tonnen sind Ketten vorgeschrieben. Mitzuführen sind warme Kleidung und Winterschuhe, Taschenlampe, Abschleppseil und Schneeschaufel (für einen schnellen Zugriff muss gesorgt werden). Es ist ratsam, Essen und heiße Getränke dabeizuhaben. Die Fahrer der Räumfahrzeuge können Fahrzeuge, die nicht ausreichend ausgerüstet sind, von der Fahrt in der Kolonne ausschließen.

### Verkehrsregeln

- Auch tagsüber muss mit **Abblendlicht** gefahren werden.
- Die **Promillegrenze** liegt bei 0,2. Bei Verstößen sind sogar Gefängnisstrafen möglich, teuer wird es auf jeden Fall.
- Die **Straßenbahn** hat immer Vorfahrt.
- **Park- und Halteverbote** sind durch Verbotszeichen mit der Beschriftung „All stans forbudt“ gekennzeichnet (zum Teil mit Zeitangabe).
- Eine durchgehende **weiße Linie** am Fahrbahnrand bedeutet Parkverbot.
- Bis 10 Meter vor Fußgängerüberwegen und bis 10 Meter vor und hinter Straßeneinmündungen besteht **Parkverbot.**
- In größeren **Städten** gelten oft Sonderregelungen für Halten und Parken sowie für die Aufstellung und Markierung der Schilder. Bei Unklarheiten erkundige man sich vor Ort.
- Eine **Dashcam,** also eine Videokamera, die während der Fahrt frontal aufzeichnet, ist erlaubt, sie muss jedoch leicht entfernbar sein und die Aufnahmen kontinuierlich überschrieben werden.
- Eine generelle Winterreifenpflicht für Fahrzeuge (Pkw sowie Lkw) bis 3,5 Tonnen besteht nicht. Fahrzeuge mit **Sommerreifen** müssen bei winterlichen

Straßenverhältnissen (Schnee und Eis) allerdings mit Schneeketten ausgerüstet sein. Sofern **Winterreifen** verwendet werden, müssen diese eine Profiltiefe von mindestens 3 mm aufweisen. Vom 15. November bis 31. März besteht eine generelle Winterreifenpficht für Fahrzeuge und deren Anhänger mit einem zulässigen Gesamtgewicht von jeweils über 3,5 Tonnen. Auch „Ganzjahres-" bzw. „Allwetterreifen" kommen als Winterreifen in Betracht, sofern sie über die Kennzeichnung M + S (s.o.) verfügen. Die Reifen müssen eine Mindestprofiltiefe von 5 mm aufweisen. Fahrzeuge über 3,5 Tonnen müssen in der Wintersaison Schneeketten mitführen, ansonsten kann unter Umständen die Einreise verweigert werden.

#### Höchstgeschwindigkeit

In Norwegen beträgt die Höchstgeschwindigkeit **innerorts** in der Regel 50 km/h, **außerhalb** von Ortschaften 80 km/h. Auf **Schnellstraßen** und **Autobahnen** sind es für Wohnmobile bis 3,5 Tonnen je nach Beschilderung 90 oder 100 km/h, für Wohnmobile über 3,5 Tonnen grundsätzlich 80 km/h.

Die **Bußgelder** bei Verstößen sind auch in Norwegen wesentlich höher als in Deutschland. Sind zum Beispiel 80 km/h erlaubt und man fährt nur 10 km/h schneller, werden 2100 NOK (ca. 200 €) fällig.

Bei der **Messung der Höchstgeschwindigkeit** gibt es eine Besonderheit: Auf einigen Streckenabschnitten wird mit zwei Fotoboxen gemessen. Die erste Box fotografiert jedes Fahrzeug, die Daten werden auf einem Server gespeichert. Eine zweite Fotobox ein paar Kilometer weiter macht ebenfalls Fotos, auch hier landen die Daten auf einem Server. Aus dem Abgleich der Werte wird die Durchschnittsgeschwindigkeit der Fahrzeuge errechnet. Liegt diese unterhalb der zulässigen Höchstgeschwindigkeit, werden beide Bilder gelöscht, liegt sie darüber, blinkt in der zweiten Fotobox ein gelbes Licht auf, das dem Fahrer signalisiert, dass er zu schnell gewesen ist und bald Post von der Polizei bekommt. Darüber hinaus gibt es selbstverständlich Kontrollen durch „normale" stationäre Blitzanlagen oder auch mit Laserpistolen, selbst in den abgelegensten Regionen des Landes.

### Wichtige Telefonnummern für den Notfall

- **Polizei:** 112
- **Rettungsdienst:** 113
- **Feuerwehr:** 110
- **Pannennotdienst:** 81 00 05 05

(Tag und Nacht, für ADAC-Mitglieder kostenlos)

### Wildwechsel

Zu diesem Thema gelten die gleichen Hinweise wie für Schweden.

## Autofahren in Finnland

Von Dezember bis Ende Februar sind **M + S-Winterreifen** für alle Kraftfahrzeuge vorgeschrieben, in Lappland von Mitte Oktober bis Ende April. Bei Anhänger-Gespannen besteht diese Pflicht auch für gebremste Anhänger. Die Profiltiefe muss mindestens 3 mm betragen, empfohlen werden mindestens 5 mm.

**Schneeketten** können (zusätzlich zur Winterbereifung) montiert werden, wenn es die Straßen- und Wetterverhältnisse erfordern.

Das Fahren mit **Spike-Reifen** ist für Fahrzeuge bis 3,5 Tonnen Gesamtgewicht von November bis Ende März gestattet, wenn die Witterung es erfordert; alle Reifen (auch die des Anhängers) müssen mit Spikes ausgestattet sein.

## Verkehrsregeln

- Auf allen Straßen muss ganzjährig mit **Abblendlicht** (oder alternativ Tagfahrleuchten) gefahren werden. Diese Vorschrift gilt auch während der Mitternachtssonne.
- Die **Promillegrenze** liegt bei 0,5. Bei Verstößen sind sogar Gefängnisstrafen möglich, teuer wird es auf jeden Fall.
- Die **Straßenbahn** hat immer Vorfahrt, ebenso Busse im Stadtverkehr, auch beim Ausfahren an Haltestellen.
- Die Strafen bzw. **Bußgelder** für Verkehrsverstöße sind verhältnismäßig hoch; die jeweilige Bußgeldhöhe wird einkommensabhängig berechnet.

lapp_110 tm

- Eine **Dashcam** ist erlaubt (falls die Aufnahmen als Beweismittel verwendet werden sollten, sind andere Unfallbeteiligte unmittelbar nach dem Unfall über die Aufnahmen zu informieren).
- Alle Fußgänger sind verpflichtet, außerorts bei Dunkelheit und schlechten Sichtverhältnissen **reflektierende Kleidung** zu tragen. Dies kann eine Warnweste oder andere Leuchtkleidung sein.

### Höchstgeschwindigkeit

In Finnland beträgt die Höchstgeschwindigkeit **innerorts 50 km/h** und **außerorts 80 km/h.** Auf abweichende Regelungen weisen Schilder hin. Dies betrifft häufig die größeren Straßen, auf denen man 100 km/h fahren darf.

## Wichtige Telefonnummern für den Notfall

- **Polizei:** 112 (Unfälle, auch mit Wildtieren, sind der Polizei unter dieser Nummer zu melden)
- **Rettungsdienst:** 112
- **Feuerwehr:** 112
- **Pannennotdienst:** (09) 77 47 64 00 (finnischer Automobilclub Autoliitto, Tag und Nacht, für ADAC-Mitglieder kostenlos)

## Wildwechsel

Zu diesem Thema gelten die gleichen Hinweise wie für Schweden.

< Diesel wird in Finnland oft als Sommer- und Winterdiesel angeboten

> Im Winter kann es sehr, sehr kalt werden, was sich auch am Fahrzeug bemerkbar macht – entsprechend ist eine gute Vorbereitung des Wagens nötig

lapp_093 tm

## Das Wohnmobil winterfest machen

Mit dem Wohnmobil oder Auto im Winter nach Lappland zu fahren, verlangt dem Wagen einiges ab. Vor allem die eisige Kälte ist nicht zu unterschätzen. Daher muss das Wohnmobil in **technisch einwandfreiem Zustand** sein und winterfest gemacht werden.

Zunächst ein **technischer Hinweis:** Bei Wohnmobilen unterscheidet man zwischen wintertauglich und winterfest, was durch unterschiedliche Prüfverfahren definiert wird. Ein Wohnmobil gilt als **wintertauglich,** wenn es – nachdem es über zehn Stunden bei einer Außentemperatur von null Grad heruntergekühlt wurde – nach einer Heizphase von zwei Stunden 20 Grad oder mehr erreicht hat. Die Messung erfolgt an mehreren Stellen. Ob das Wassersystem frostsicher ist, wird hierbei nicht überprüft.

Soll das Wohnmobil **winterfest** sein, wird es bei einer Außentemperatur von minus 15 Grad zehn Stunden heruntergekühlt. Nach einer Heizphase von zwei Stunden müssen ebenfalls 20 Grad erreicht worden sein. Zusätzlich wird hier nach einer weiteren Stunde das Wassersystem befüllt und muss nach einer zusätzlichen Stunde ohne Probleme funktionieren bzw. darf nicht eingefroren sein. Dafür die Voraussetzungen zu schaffen, ist sehr aufwendig: Die Wasser- und Abwassertanks sowie sämtliche Leitungen müssen isoliert und beheizt sein, der Wagen muss mit einem doppelten Boden, einem beheizten Armaturenbrett und doppelverglasten Fenstern ausgestattet sein. Ein sogenannter Frostwächter kontrolliert und reguliert tempera-

# Abenteuer Lappland – Aus dem Blog des Autors

**Letzte Nacht** zeigte das Thermometer zum ersten Mal Temperaturen von unter null Grad an. Um 1 Uhr waren es minus 8 Grad. Im Bus sind es immer zwischen 13 und 16 Grad. **Am Morgen** habe ich ein wenig rumgetrödelt, *Amy* und ich sind lange spazieren gegangen und erst um 9 Uhr aufgebrochen. Der Himmel war ganz klar und blau, die Sonne ging langsam auf, es schien ein schöner Tag zu werden. Beste Bedingungen, um heute eine längere Etappe zu fahren. Wenn wir es bis Arvidsjaur schaffen, können wir dort die nächsten zwei Nächte bleiben, dachte ich. Die Strecke mit etwas über 700 Kilometern sollte zu schaffen sein.

Leider ist der Plan so nicht aufgegangen. Eigentlich bin ich froh, dass ich alles ohne Unfall überstanden habe. Bei Umeo habe ich die E4 verlassen und wollte über kleine Straßen bis Arvidsjaur fahren. 300 Kilometer über **schnee- und eisbedeckte Pisten** lagen vor uns. Die Sonne war untergegangen, es war 16 Uhr und dunkel. Um 20 Uhr hätte ich laut Navi in Arvidsjaur sein sollen. Dann fing es 200 Kilometer vor dem Ziel an zu regnen. Das wird jetzt nicht schön, dachte ich. Es dauerte keine 10 Minuten und aus der Straße wurde eine **blanke Eisfläche.** Der VW-Bus schlingerte, die Bremsen reagierten nicht mehr, ich konnte nicht mehr lenken. Nur mit der Motorbremse konnte ich die Geschwindigkeit reduzieren. 3. Gang, 2. Gang, 1. Gang, Kupplung immer langsam kommen lassen. Rechts am Straßenrand konnte ich etwas Schnee erkennen. Ich versuchte, langsam rechts rüber zu rollen, in der Hoffnung, dass wenigstens zwei Reifen greifen und ich den Bus wieder unter Kontrolle bekommen würde. Die Straße fiel von der Mitte zum Rand hin leicht ab. Ich spürte, wie das Heck auf dem Eis ins Rutschen kam. Lenken ging immer noch nicht. Da ich mittlerweile langsam war, stoppte zum Glück aufgeschütteter Schnee die **Rutschpartie.** Wir standen. Tief durchatmen. Am liebsten wäre ich ganz rechts rangefahren, hätte den Motor ausgemacht und wäre stehen geblieben. Aber bei genauer Betrachtung sah ich, es gab kein Rechts, es gab dort nur einen tiefen Graben.

Mist, dachte ich, ich kann doch nicht hier mitten im Nirgendwo auf einer unbeleuchteten Straße stehen bleiben und die Nacht verbringen. Da ist es nur eine Frage der Zeit, bis mir einer hinten ins Heck fährt. Der **Regen** wurde auch noch stärker, die Straße war schon schlecht und jetzt auch die Sicht. Auf meinem Navi sah ich, dass etwa 2 Kilometer entfernt ein Dorf lag. Irgendwie muss ich dahin, beschloss ich. Die Heizung konnte ich ausmachen, inzwischen war mir warm genug. Langsam setzte sich der Bus in Bewegung. Im Schritttempo rollte ich in Richtung der kleinen Siedlung. Bis die Straße fast unmerklich, aber stetig bergauf ging. Die Räder drehten durch, der Bus rutschte zur Seite und ich stand wieder im aufgeschütteten Schnee. Zwei weitere Versuche, anzufahren – vergeblich. **Nichts ging mehr vorwärts.** Und das, obwohl mein Bus Allradantrieb hat. Eine Chance habe ich noch, dachte ich. Wenn das jetzt nicht funktioniert, bin ich aufgeschmissen. Ich atmete noch einmal tief durch, drückte den Schalter für die Warnblinkanlage und dann den Knopf für die **Differenzialsperre.** Kupplung langsam

[>] Driften auf Eis macht nur Spaß, wenn es mit Absicht geschieht

kommen lassen, die Räder drehten kurz durch und griffen dann. Ich rutschte und schlingerte immer noch, merkte aber auch, wie der Bus sich immer wieder stabilisierte. Im 1. Gang habe ich es dann bis Vänjaurbück geschafft. Das war knapp!

**Amy** verhielt sich die ganze Zeit ruhig, als wenn sie wüsste, dass Störungen gerade keine gute Idee waren. Sie beobachtete mich, das konnte ich sehen, und versuchte wohl auch die Situation einzuschätzen, nutzte aber keinen Moment, um zu nerven oder auf sich aufmerksam zu machen. Sie hatte sich aufgesetzt und gab keinen Laut von sich, als wollte sie sich auf keinen Fall einmischen, im Sinne von: Ich gucke zu, halte die Klappe, Du machst das schon.

Ich weiß, sie ist „nur" eine Hündin und als solche manchmal echt nervtötend, aber in schwierigen Situationen ist *Amy* als **Teammitglied** unersetzlich. Keine Ahnung, wie sie das macht, aber zur rechten Zeit reagiert sie genau richtig.

Erst als der Bus stand und ich den Motor ausgemacht hatte, signalisierte sie mir, dass sie raus wollte. Da bin ich dann an der Reihe, ihr so schnell wie möglich die Luft und den Freiraum zu geben, den sie nach solchen Abenteuern braucht. Ich ging um den Bus, machte die Schiebetür auf und *Amy* sprang auf mein Kommando aus dem Bus. Wir standen nebeneinander, mitten in der Nacht, im Regen, irgendwo im schwedischen Nirgendwo, schauten uns an und wussten: **Wir haben es geschafft.**

lapp_094 tm

lapp_02 tm

turabhängig das Wassersystem. Die wenigsten Wohnmobile sind derart gut auf den Winter vorbereitet – und das muss auch gar nicht sein, wie ich auf meinen Reisen erfahren habe.

Das Auto meiner Wahl ist ein **VW-Bus T5.2 4 Motion** von 2015. Vorbereitung und Ausrüstung des Wagens sind relativ unkompliziert bzw. einfach, was auch daran liegt, dass er kein WC hat, um das ich mir Sorgen machen muss. Die Vorbereitung einer Lappland-Fahrt ist bei einem großen Wohnmobil natürlich etwas aufwendiger als bei einem VW-Bus, das Prinzip bleibt letztlich aber dasselbe.

Vorsicht! Unter dem Pulverschnee kommt oft eine dicke Eisschicht zum Vorschein

Grundsätzlich empfiehlt sich als erstes eine **Winterinspektion in der Werkstatt;** sinnvollerweise erklärt man dort, was man vorhat, damit auf bestimmte Aspekte besonders geachtet wird. Die Leistung der Autobatterie und die Ladekapazität der Lichtmaschine sollten geprüft werden, der Frostschutz im Kühlwasser sollte für mehr als minus 30 Grad ausreichen, das Scheibenreinigungswasser ist mit ausreichend Frostschutz aufzufüllen, die Wischblätter müssen gut funktionieren. Reifen, Scheinwerfer und das Motoröl sind zu überprüfen.

Was meine eigenhändig durchgeführten **Vorbereitungsarbeiten** anbelangt, hat sich bei mir im Laufe der Zeit ein immer wiederkehrender Ablauf eingespielt.

Zurück von der Werkstatt reinige ich den Wagen zunächst gründlich und kümmere mich ganz besonders um alle **Gummis bzw. Dichtungen** an den Türen und der Heckklappe. Diese reinige ich erst mit einem Allzweckreiniger und streiche sie dann mit einem Pflegemittel ein. Man kann Glycerin oder ein auf Silikon basierendes Mittel verwenden. Wobei ich von Silikonspray abrate, denn der feine Nebel legt sich nicht nur auf den Türgummis ab, sondern auch auf Sitzen, Polster, Armaturen usw. Wirklich sehr gute Erfahrungen habe ich mit **Silikonfett** aus dem Tauchsport gemacht. Nachdem die Türgummis gereinigt wurden, trägt man das Fett auf einem Lappen auf und reibt damit die Dichtungen ein. Während der Reise sollte man das durchaus wiederholen. So geht man auf Nummer sicher, dass die Dichtungen in der Kälte nicht spröde werden oder Türen und Heckklappe einfrieren.

Als nächstes achte ich darauf, dass meine **Wasser- und Abwassertanks** ausgebaut (bei meinem Bus kann ich sie rausnehmen) und **wasserführende Leitungen** leer sind. Im VW-Bus sind diese nicht beheizt und würden zufrieren, was dann möglicherweise zu Schäden am ganzen System führen würde. Ein Wassertank könnte undicht werden, Leitungen könnten platzen, Verbindungen sich lösen. Das alles würde ich aber erst im Sommer merken, wenn ich wieder Wasser ins System fülle, und dann hätte ich die Sauerei im Auto. Mein **Nutzwasser** zum Kochen oder Zähneputzen befindet sich in mehreren **Plastikflaschen,** die in einer Plastikkiste im Stauraum liegen. Auch wenn der Bus innen geheizt und bei Außentemperaturen von minus 30 Grad mit ca. 15 Grad angenehm warm ist, sind mir die Flaschen unter der Sitzbank noch jedes Mal eingefroren. Plastikflaschen haben jedoch den Vorteil, dass sie sich bis zu einem gewissen Grad dehnen und nicht platzen. Und sollte mal eine kaputtgehen, hat man nicht überall Glassplitter und Scherben rumliegen. Um die Flaschen aufzutauen, stelle ich sie über Nacht vor die Lüftungsgitter der Heizung.

Nachts sollten die **Scheibenwischer** hochgestellt werden, damit sie nicht festfrieren. Außerdem ist es ratsam, ein paar Ersatzwischer dabeizuhaben.

## Gasversorgung in Lappland

**Wie lange hält eine Gasflasche im Winter?** Tja, es kommt darauf an. Der Hersteller Truma zum Beispiel gibt auf seiner Homepage als Richtwert an, dass eine 11-kg-Flasche bei null Grad vier bis fünf Tage hält, bei minus 15 Grad nur drei bis vier Tage (angeschlossen sind Herd, evtl. Kühlschrank, Heizung und Wasser). **Mit zunehmender Kälte steigt der Gasverbrauch** nicht linear, sondern eher exponentiell, was bedeutet, dass bei minus 30 Grad und geringer Isolierung eine Flasche Gas schon nach einem Tag leer sein kann.

Will man den **Gasverbrauch senken,** stellt sich als erstes die Frage: Müssen es wirklich 20 Grad im Wagen sein? Eine Reduzierung der Heizleistung spart Gas. Betreibt man den Kühlschrank mit Strom und verzichtet auf warmes Wasser im Camper, weil man zum Beispiel auf dem Campingplatz spült, verringert sich der Gasverbrauch entsprechend. Das Wohnmobil sollte auch niemals komplett auskühlen. Auch wenn man den Camper verlässt, sollte die Heizung auf niedriger Stufe weiterlaufen. Kommt man zurück, muss man nicht voll aufdrehen, um es schön warm zu haben.

# Winter-Tipps des Kfz-Sachverständigen Martin Gossens

**Thomas Momsen:** *Martin,* Du bist Kfz-Sachverständiger und fährst selbst einen VW-Bus. Wie würdest Du Deinen Bus auf eine Wintertour nach Lappland vorbereiten?

**Martin Gossens:** Als erstes kontrolliere ich den Frostschutz und die Menge der Kühlflüssigkeit. Als nächstes messe ich den Zustand meiner Starterbatterie und meiner Zusatzbatterien und überprüfe so, ob diese noch ausreichend Kapazität haben. Dann folgen meine Beleuchtung, der Ölstand und der Reifendruck. Die Türgummis pflege ich mit Glycerin oder Hirschtalg. Ebenso teste ich, ob meine Zusatzheizung ordnungsgemäß funktioniert. Es wäre blöd, wenn ich erst in Lappland meine Heizung das erste Mal einschalte und dann merke, dass sie nicht funktioniert. Unnötiges Gepäck und Zubehör, das sich noch vom Sommer im Auto befindet, räume ich aus. Dafür packe ich meine Winterausrüstung wie Eiskratzer, Schneeschaufel, Besen, ausreichend Scheibenreiniger mit Frostschutzmittel und Ersatzlampen in den Wagen. Bei der Gelegenheit schaue ich immer nach, ob sich das Warndreieck an Ort und Stelle befindet und das Gültigkeitsdatum des Verbandskastens abgelaufen ist. Meine Wasser- und Abwassertanks leere ich, damit sich kein Wasser mehr im Kreislauf befindet. Auch wenn viele Wohnmobile und Busse isoliert sind oder eine Heizung für das Frisch- und Abwasser haben, bei minus 35 Grad ist auch bei diesen Fahrzeugen die Grenze erreicht, und es kann passieren, dass das Wasser im Tank und in den Leitungen einfriert. Lieber auf Nummer sicher gehen und vorher alles ablassen.

**Momsen:** Nicht alle Reise- und Wohnmobile verfügen über eine Standheizung, die den Motor vor dem Starten vorwärmt. Kann man einen Motor ohne Vorwärmen bei minus 35 Grad starten? Schadet ihm das?

**Gossens:** Wenn der Motor startet, bewegen sich viele mechanische Teile im Motor, z.B. die Kolben im Zylinder, die Kurbelwelle, die Ventile. Diese Teile müssen ausreichend geschmiert werden, um Verschleiß zu minimieren. Bei einem Kaltstart ist der Verschleiß jedoch besonders hoch, weil auf der einen Seite die Reibung im Motor höher ist, auf der anderen Seite das Öl noch nicht seine volle Schmierfähigkeit erreicht hat. Darum haben in Skandinavien fast alle Autos eine Art Tauchsieder im Kühlwasser. Man erkennt das daran, dass häufig ein Stecker vorne aus dem Kühlergrill schaut. Damit wird das Kühlwasser im Motor und somit auch das Motoröl vorgewärmt und der Verschleiß verringert sich deutlich. Unsere Autos haben so etwas in der Regel nicht. Darum ist es umso wichtiger, für die richtige Schmierung zu sorgen. Bei einer Tour im Winter nach Lappland sollte man darauf achten, dass das Öl auch bei den dortigen Temperaturen von der Ölpumpe noch transportiert werden kann. In meinem Bus verwende ich z.B. ein Öl mit der Bezeichnung 5W-30. Je kleiner die Zahl vor dem W ist, desto besser fließt das Öl bei niedrigen Temperaturen. 5W bedeutet, dass die tiefste Temperatur, bei der das Öl noch von der Ölpumpe gepumpt werden kann, bei minus 35 Grad liegt. Bei 0W wären es minus 40 Grad. Wichtig ist aber auch, dass die Herstellervorgaben bei der Wahl des richtigen Motoröls berücksichtigt werden. Hier kommt die Batterie ins Spiel. Hat sie nicht mehr die volle Kapazität, springt der Motor beim Starten aufgrund der Kälte und des höheren Strombedarfs (kaltes Öl ist dickflüssiger und zäher, die beweglichen Teile müssen gegen einen erhöhten Widerstand ankämpfen) evtl. nicht an. Ist jedoch die Batterie zu 100 Prozent in Ordnung und befindet sich das richtige Öl im Motor, sollte dieser auch bei minus 30 Grad ohne Vorwärmen anspringen. (Der Autor: Ich kann das bestätigen, die erste Minute klang es aber nicht schön.)

**Momsen:** Nun zu einem anderen Thema: Winterreifen. Verändert sich eigentlich der Reifendruck im Winter?

**Gossens:** Der Reifendruck verändert sich tatsächlich in Abhängigkeit von der Außentemperatur. Er sinkt um 0,1 bar pro 10 Grad weniger. Das bedeutet: Bei einem Reifendruck von 2,5 bar zu Hause bei plus 10 Grad sind es in Lappland bei minus 30 Grad 0,4 Bar weniger, also nur noch 2,1 bar, und das ist schon erheblich. Der verringerte Reifendruck hat negative Auswirkungen auf die Fahrsicherheit und den Spritverbrauch. Darum ist es wichtig, den Reifendruck immer im optimalem Bereich zu halten.

**Momsen:** Über die Winterreifenpflicht in den einzelnen Ländern wurde in diesem Kapitel ja schon was gesagt. Kannst Du noch was zu Winterreifen grundsätzlich sagen, und benötigt man Deiner Meinung nach unbedingt Spike-Reifen in Lappland?

**Gossens:** Ganz entscheidend ist eine ausreichende Profiltiefe. Man sagt, bei einem Winterreifen sollten es mindestens 4 mm sein, aber je mehr Profil der Reifen hat, desto besser ist die Bodenhaftung. Von Ganzjahresreifen würde ich für so eine Tour abraten. Sie sind nicht so gut wie eine echter Sommerreifen und auch nicht so gut wie ein echter Winterreifen, eben ein Kompromiss, der bei uns im Winter funktioniert, aber in Lappland ganz bestimmt nicht. Ein Winterreifen hat eine wesentlich weichere Gummimischung und ein spezielles Winterprofil mit vielen Lamellen. Er haftet aufgrund seiner Beschaffenheit deutlich besser auf der winterlichen Straße als ein Ganzjahresreifen und kann Schnee und Matsch deutlich besser verdrängen. Mit den Jahren können diese Weichmacher sich jedoch verflüchtigen und der Reifen verliert seine Haftfähigkeit. Darum sollte man darauf achten, dass der Reifen nicht zu alt ist. Das Alter ist auf jedem Reifen auf der Flanke angegeben. Steht z.B. in einem Oval die Zahl 3418, bedeutet das, dass der Reifen in der 34. Kalenderwoche im Jahr 2018 hergestellt wurde. Die Reifenhersteller und der VDK (Verband der Kautschukindustrie) empfehlen, die Winterreifen alle fünf Jahre zu erneuern. Spike-Reifen sind ein anderes Thema. Da hast Du mehr Erfahrung.

(Der Autor: Die Übergangszeit vom Herbst zum Winter und vom Winter ins Frühjahr ist durchaus nicht ungefährlich. Am Tag steigen die Temperaturen über null Grad, es fällt Regen oder der Schnee taut an der Oberfläche, in der Nacht sinken die Werte wieder unter den Gefrierpunkt und es bildet sich eine spiegelglatte Eisschicht auf der Straße. Wer hier ohne Spike-Reifen unterwegs ist, hat praktisch keine Chance, seinen Weg sicher fortzusetzen. Auch Schneeketten helfen nicht weiter. Man wartet dann am besten auf das nächste Streufahrzeug. Vorbeugend sollte immer die aktuelle Wettervorhersage im Auge behalten werden, denn weiß man, was einen erwartet, ist man besser vorbereitet.

Bei meiner ersten Tour hatte ich keine Spike-Reifen und brauchte auch keine, bei meinen letzten Touren war es ebenso. 2017 war das anders, denn aufgrund einer aufziehenden Warmfront setzte auf einmal Regen ein, der auf der Straße zu blankem Eis gefror. Ohne Spike-Reifen bin ich nur mit zugeschaltetem Allradantrieb extrem langsam bis zum nächsten Ort gekommen und habe dort über Nacht auf den Streuwagen gewartet. Am nächsten Morgen war die Straße wieder befahrbar. Beim nächsten Reifenhändler habe ich mir trotzdem Spike-Reifen aufziehen lassen; der Reifen gab mir Sicherheit und ein gutes Fahrgefühl. Er ist also definitiv hilfreich, mit Geduld geht es aber auch ohne.)

Im Wohnmobil sind es in erster Linie die **Fenster,** durch die die Wärme entweicht. Mit **Isoliermatten** davor kann dem vorgebeugt werden. Im Handel gibt es passgenaue Matten für das jeweilige Wohnmobil.

Ein großes Problem im Winter ist **Kondenswasser,** das sich aufgrund von Temperaturunterschieden zum Beispiel an den Scheiben bildet. Um die Feuchtigkeit im Wohnmobil zu verringern, ist wie zu Hause regelmäßiges **Lüften** angesagt; bewährt hat sich intensives Stoßlüften, d.h. man öffnet alle Türen und Fenster für mehrere Minuten. Im ersten Moment ist es natürlich sehr kalt, da sich frische Luft aber besser erwärmt als abgestandene, verbrauchte Luft wird es schnell wieder warm und das Wohnmobil kühlt nicht komplett aus.

Unter Umständen kann es passieren, dass am **Auspuff** der Heizung außen das Kondenswasser gefriert und so über die Zeit den Auspuff verstopft. Dann geht die Heizung auf Störung. Sprüht man den Bereich um den Auslass mit **Silikonspray** ein, perlt das Wasser ab und der Auspuff bleibt frei. Das darf man aber **nur machen, wenn die Heizung aus ist,** andernfalls kann es aufgrund des Sprühnebels zu einer Verpuffung im Auspuff kommen und die Heizung beschädigt werden.

Eine Alternative zum Gas ist eine **Dieselheizung,** mit der man auf der sicheren Seite ist, was den Brennstoff angeht, denn Diesel sollte eigentlich immer im Tank des Wohnmobils sein.

Heizt man mit Gas, hat man in Skandinavien das Problem, dass es dort ein

lapp_095 tm

gänzlich **anderes Anschluss- und Flaschensystem** als bei uns gibt. Nur wenige Tankstationen füllen oder tauschen deutsche bzw. ausländische Gasflaschen. Um eine deutsche Flasche zu befüllen, wird in der Regel ein **Adapter** benötigt, z.B. das Euro Füllset 4 Teilig. Hat man gar keine Möglichkeit, seine Flasche füllen zu lassen, ist die letzte Option der Kauf einer schwedischen oder norwegischen Gasflasche (Leihflaschen sind unüblich). Zum Betrieb in einem deutschen Wohnwagen oder Wohnmobil benötigt man wiederum einen Adapter, z.B. das Euro Set Gasflaschenadapter. Hilfreich ist zudem das Übergangsstück GOK Euro für Skandinavien zum Anschluss eines Druckreglers an eine deutsche Flasche. Man sollte auch unbedingt darauf achten, dass die skandinavische Flasche in den Gaskasten passt, da sie andere Bauformen haben.

## Tankstationen, die deutsche Gasflaschen befüllen/tauschen

### Nord-Schweden

- **Piteå Transport AB**
  Bjälkvägen 4, 94336 Öjebyn,
  Tel. 0046 91 12 46 210, www.piteatransport.se.
  Lt. telefonischer Auskunft werden auch deutsche Flaschen getauscht bzw. gefüllt.
- **Skoogs Bränsle**
  Besiktningsvägen, 97345 Luleå,
  Tel. 0046 92 02 57 510, www.skoogs.se.
  Laut telefonischer Auskunft hat der Betrieb öfters (nicht immer!) deutsche 11-kg-Stahlflaschen zum Tausch vorrätig.
- **Gasspecialisten/ Takspecialisten i Kiruna AB**
  Lastvägen 44, 98138 Kiruna, Tel. 0046 70 30 42 225, info@takspecialisten.com.

### Norwegen

- **LPG Alta**
  Myggveien 14, 9514 Alta, Tel. 0047 91 10 790
- **LPG Tromsø**
  Skattøravegen 40, 9018 Tromsø,
  Tel. 0047 46 87 90 00
- **LPG Nordreisa**
  Industriveien 26, 9152 Sorkjosen,
  Tel. 0047 77 72 91 00
- **LPG Brostadbotn**
  Espenesveien 75, 9311 Brostadbotn,
  Tel. 0047 77 18 82 28
- **Ess Partner**
  Rønvikfjæra 1, 8012 Bodø,
  GPS: N 67.297072, E 14.395197
- Laut ADAC können bei den rund 800 Filialen der Firma **AGA** Camper norwegische Gasflaschen (ca. 1200 NOK inkl. Füllung) und Adapter (ca. 300 NOK) kaufen. Jede Zweigstelle nimmt die Flasche zurück und erstattet dafür 400 NOK. Voraussetzung ist, dass man eine weniger als sechs Monate alte Quittung vorweisen kann. Adapter werden nicht zurückgenommen.

→ Anhang: Gasflaschen – damit es schön warm bleibt

Nur selten teilt man sich die Zapfsäule mit einem Schneemobil

Einreisebestimmungen | 58
Hunde im Winter | 60

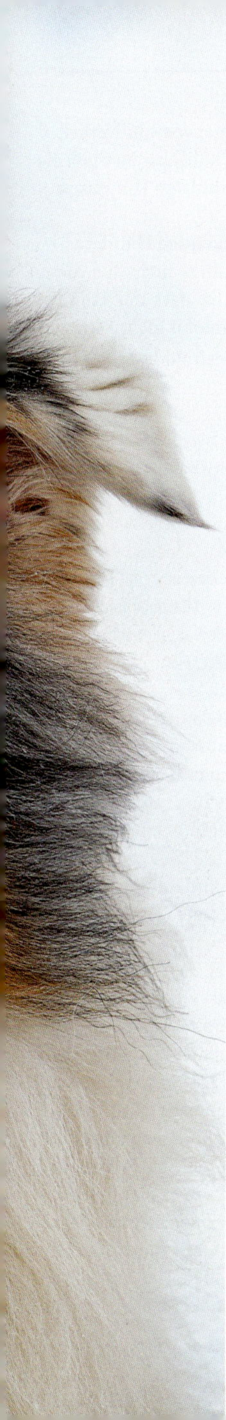

lapp_100 tm

# 4

# Mit dem Hund nach Lappland

Amy, die Hündin des Autors, wartet darauf, dass der Winterspaß beginnt

# Einreisebestimmungen

Die **Einreise** mit Hund nach Skandinavien ist **relativ unkompliziert.** Allerdings ist zu beachten, dass Dänemark, Schweden und Finnland in der Europäischen Union sind, Norwegen hingegen nicht. Das hat unterschiedliche Einreisebestimmungen zur Folge. Die nachfolgenden Hinweise gelten für EU-Bürger und Schweizer, andernfalls können die Bestimmungen abweichen.

Die **Bestimmungen** zur Einreise von Haustieren nach Skandinavien sind in den letzten Jahren **immer weiter gelockert worden.** Man benötigt keine schriftliche Genehmigung mehr, keinen Gesundheitsattest und auch keinen Nachweis einer Impfung gegen Leptospirose und Hundestaupe (die Impfungen werden allerdings weiterhin empfohlen).

Im Folgenden kann nur ein Überblick zu den Einreisebestimmungen gegeben werden, zu Details, Fristen und sonstigen Fragen ist unbedingt ein **spezialisierter Tierarzt aufzusuchen.**

Auch wenn die Wahrscheinlichkeit einer **Grenzkontrolle** im hohen Norden relativ gering ist, insbesondere im Winter, sollte man die Einreisebestimmungen befolgen. Mögliche Strafen sind sehr hoch, zudem sollte die Gesundheit des Hundes an erster Stelle stehen.

## Dänemark und Schweden

Das Tier muss bei der Einreise **dem Zoll gemeldet** werden; dazu zeigt man den Heimtierausweis vor.

Für die Einreise nach **Schweden** kann man seinen Hund **vorab online** beim schwedischen Zoll unter www.tullverket.se anmelden (auch englisch); im Suchfeld „Dog“ eingeben und den Hinweisen und Links folgen.

**In Dänemark sind einige Hunderassen verboten,** allerdings nicht für die Durchreise. Das heißt, dass der Hund das Auto bzw. Wohnmobil nicht verlassen darf. Zu den Rassen im Detail siehe die folgende Website.

- Informationen zu den Einreisebestimmungen für **Dänemark** siehe z.B. www.dansk.de/hund/reisebestimmungen.
- Informationen zu den Einreisebestimmungen für **Schweden** erteilt z.B. das Schwedische Zentralamt für Landwirtschaft in Jönköping, das auch ein Servicetelefon für Hunde- und Katzenanfragen unterhält: https://visitsweden.de/uber-schweden/hunde-und-andere-haustiere.

### EU-Pass für Haustiere (Heimtierausweis)

In diesem Ausweis müssen alle **tierärztlichen Behandlungen und vorgeschriebenen/empfohlenen Impfungen** registriert sein, insbesondere eine gültige **Tollwutimpfung.** Das Tier muss mit **Mikrochip** markiert und **mindestens 12 Wochen alt** sein, um eine Grundimmunisierung gegen Tollwut zu bekommen. Danach muss man 21 Tage warten, bevor man mit seinem Tier reisen darf. Wurde das Tier geimpft, trägt der Tierarzt die Gültigkeitsdauer der Impfung im Heimtierausweis ein. Man muss die im Ausweis angegebenen Wiederholungsintervalle für Impfungen einhalten, d.h. man muss das Tier spätestens am letzten Gültigkeitsdatum erneut geimpft haben. Wird das Tier innerhalb der Gültigkeitsdauer geimpft, gilt die Wartezeit von 21 Tagen zwischen Impfung und Reiseantritt nicht. Ist bei einem Tier die

lapp_03 tm

Impfung abgelaufen, entspricht die neue Impfung einer Grundimmunisierung und die Wartezeit ist einzuhalten.

## Norwegen und Finnland

Auch hier muss das Tier bei der Einreise durch **Vorlage des Heimtierausweises** (s.o.) gemeldet werden, es gelten aber zusätzliche Vorschriften.

Hunde müssen gegen **Bandwurmbefall** *(Echinococcus multilocularis)* mit einem anerkannten Präparat, zum Beispiel Praziquantel oder Epsiprantel, behandelt werden. Die Behandlung muss 120 bis 24 Stunden vor der Einreise nach Norwegen oder Finnland erfolgen und im Heimtierausweis mit Datum, Uhrzeit und Nennung des Mittels bescheinigt werden. Alternativ kann eine 28-Tage-Regelung in Anspruch genommen werden, d.h. der Hund hat innerhalb von 28 Tagen vor der Einreise zweimal eine Wurmkur bekommen. Dann ist man zeitlich flexibler und kann zum Beispiel erst einige Tage durch Schweden fahren, bevor man nach Norwegen oder Finnland einreist. Auch kann man so die Grenze zwischen Norwegen, Schweden und Finnland mehrfach passieren.

Als EU-Bürger oder Schweizer wählt man an der Grenze zu **Norwegen** die rote und nicht die grüne Fahrspur. Dann sind die notwendigen Einreisedokumente für Mensch und Tier und evtl. das Tier selbst vorzuzeigen. Steht kein Zöllner an der Grenze, parkt man sein Auto und geht in das Zollgebäude, um dort die Formalitäten zu erledigen (meinen Hund habe ich immer im Auto gelassen, das Vorzeigen der Papiere reichte).

⌃ Auch für Hunde kann es trotz dickem Fell sehr kalt werden, darum immer gut warm halten

Beim Passieren der Grenze zu **Finnland** gibt es keine grüne oder rote Fahrspur, hier sagt man dem Zöllner einfach, dass man einen Hund dabeihat und zeigt ihm den Heimtierausweis. Vorausgesetzt an der Grenze steht ein Beamter – ich habe nie einen zu Gesicht bekommen.

Auch in **Norwegen** sind **einige Hunderassen verboten** und können somit nicht eingeführt werden; genaue Informationen erteilt die norwegische Botschaft in Berlin.

## Hunde im Winter

In Lappland können die Temperaturen im Winter schnell bei **minus 20 Grad** und tiefer liegen. Darüber freuen sich fast nur Huskies. Daher sollte man nicht nur sich selbst, sondern auch seinen Vierbeiner auf die Tour durch das eisige und verschneite Land vorbereiten.

Auch wenn Hunde ein **Fell** haben, bedeutet das nicht, dass sie nicht frieren oder unterkühlt sein können. Wichtig (nicht nur) im Winter ist die Fellpflege: Das Fell soll nicht getrimmt, geschnitten (außer an den Augen vielleicht) oder geschoren werden, aber natürlich darf der Hund auch im Winter regelmäßig gebürstet werden. Verfilztes Fell isoliert nämlich nicht und schützt auch nicht vor Schnee und Kälte.

Wie stark ein Hund auf Kälte reagiert, ist hauptsächlich von der **Größe** und der **Rasse** des Tieres abhängig. Grundsätzlich kann man jedoch sagen: Je kleiner ein Hund, desto größer die Gefahr, dass er unter Kälte leidet. Ältere oder kranke Tiere sind anfälliger als junge und widerstandsfähige Hunde. Doch ganz egal, ob alt oder jung, sobald das Tier **zittert,** ist ihm kalt. Das kann bei kleinen Rassen oder bei Hunden mit kurzem Fell und wenig Unterwolle schon bei Temperaturen um null Grad der Fall sein.

Mein Tipp: Etwa vier Wochen, bevor wir unsere Tour starten, erhöhe ich langsam die **Futterration** von *Amy,* sodass sie ein wenig Fett gegen die Kälte ansetzt und beim Start etwa zehn Prozent über ihrem Idealgewicht liegt. Meine Tierärztin hat mir davon abgeraten, diesen Tipp zu geben, da sie aus ihrer Praxiserfahrung weiß, dass die meisten Hunde eh zu dick sind. Daher am besten zusammen mit dem Tierarzt entscheiden, ob eine erhöhte Futtermenge sinnvoll ist.

Grundsätzlich (ver-)braucht ein Hund (genauso wie ein Mensch) bei kalten

lapp_04 tm

Temperaturen deutlich **mehr Energie,** um die Körpertemperatur zu halten, und das zusätzlich zu dem Energiebedarf, der sich durch Aktivitäten wie Wandern oder Toben im Schnee ergibt. Deshalb ist es wichtig, dass der Hund **regelmäßig frisst.** Unter Umständen muss man die Futterration erhöhen, wenn man bei eisigen Temperaturen draußen unterwegs ist. Dabei ist es jedoch nicht ratsam, dem Hund zu den Mahlzeiten einfach mehr Futter zu geben. Besser ist es, die größere Futtermenge auf mehrere Portionen zu verteilen, also besser zwei kleine als eine große Portion anzurichten. Das macht es dem Hund einfacher, sein Futter zu verdauen, und belastet den Magen nicht zu sehr. Mit einem Maßband kann man übrigens den Bauchumfang des Hundes regelmäßig messen und die Gewichtsentwicklung erkennen und die Futterrationen entsprechend anpassen.

Genauso wichtig ist **regelmäßiges Trinken.** Hier sollte man auf die Temperatur des Wassers achten. Auch wenn die Raumtemperatur in meinem VW-Bus immer um die 16 Grad lag, bildete sich auf dem Wasser in *Amys* Saufnapf auf dem Boden regelmäßig eine dünne Eisschicht. Zu kaltes Wasser kann zu Magenproblemen führen, daher bekam *Amy* immer leicht aufgewärmtes Wasser.

Spielwiese Schnee

Was Hund und Herrchen gleichermaßen gegen Kälte hilft, ist **viel Bewegung.** Herumlaufen, mit dem Ball spielen, Futtersuche im Schnee oder auch Schlittenziehen (die Leine immer am Geschirr befestigen, nie am Halsband!) sind nur einige Möglichkeiten, Hauptsache, der Hund steht nicht einfach nur herum.

An dieser Stelle schon der Hinweis, dass Hunde auf dem **Wintermarkt in Jokkmokk** fehl am Platze sind. In dem dichten Gedränge ist die Gefahr einfach zu groß, dass ein Besucher ihm auf die Füße tritt. Im Übrigen bedeutet die Menschenmenge schon an und für sich zu viel Stress für das Tier, den man ihm ersparen sollte.

MEIN TIPP: Ist zu erwarten, dass dem Hund (zu) kalt werden könnte, habe ich für *Amy* immer eine Winterjacke und einen **OP-Body** dabei. Die Idee mit dem OP-Body hatte ich nach ihrer letzten Bauchoperation. *Amy* hat als Australian Shephard von Natur aus zwar langes Deckhaar, aber wenig bis gar kein Fell am Bauch. Daher habe auf die Bauchseite des OP-Bodys von meiner Schneiderin Watte und einen Vliesstoff nähen lassen und darüber von einer meiner Motorradhosen ein Stück Stoff mit Goretex-Membrane. Dadurch wird der Bauch warm gehalten, und sollte sich *Amy* in den Schnee legen, ist ihr Körper bzw. der Body an der Unterseite durch die Goretex-Membrane zusätzlich vor Feuchtigkeit geschützt.

Den Body trägt *Amy* nur hin und wieder, den **Wintermantel** bei entsprechenden Außentemperaturen jedoch immer, auch wenn wir wandern oder im Schnee

lapp_089 tm

toben. Problematisch bleiben allerdings nach wie vor die Bereiche der **Ohren** und der **Rutenspitze.** Da es keine Hundemützen gibt, die die Ohren schützen – und über die die meisten Hunde wenig begeistert wären –, muss man bei Frost die Spitzen der Ohren und die Rute gut beobachten. Laufen sie weiß/grau oder rot an und fühlen sich hart und trocken an, kann bereits eine Erfrierung vorliegen. Dann sollte man den Hund sofort in eine Decke wickeln und zum Tierarzt oder in eine Tierklinik fahren.

Ein weiterer sensibler Bereich sind die **Pfoten.** Unter den Pfoten und zwischen den Ballen können sich beim Spazierengehen Eisklumpen bilden, die nicht nur unangenehm sind und den Hund behindern: Im schlimmsten Fall können sie auch die Haut verletzen, denn die ist zwischen den Zehballen recht dünn, was die Eiskristalle wie kleine, scharfkantige Messer wirken lässt. Die Pfoten werden wund, und da bei Temperaturen unter null Grad die Wundheilung aussetzt, ist der Winterspaß ganz schnell vorbei.

**Hundeschuhe** sind der beste Pfotenschutz, nicht nur gegen Eis und Schnee, sondern auch vor Streusalz und Split. Außerdem ist es ratsam, das Fell an den Pfoten und zwischen den Ballen kurz zu schneiden, sodass weniger Schnee haften bleiben kann. Zusätzlich kann man die Pfoten mit Vaseline oder Melkfett schützen, sollte der Hund unter keinen Umständen Hundeschuhe bzw. Booties anziehen wollen.

MEIN TIPP: Bevor man seinem Hund Schuhe anzieht, sollte man überprüfen, ob die **Krallen** kurz genug sind, und sie gegebenenfalls schneiden, sonst kann auch ein normalerweise passender Schuh drücken und Schmerzen bereiten.

Mit Hundeschuhen aus den einschlägigen Tiermärkten habe ich leider keine guten Erfahrungen gemacht. Sie sind oft nicht passgenau, *Amy* verliert sie beim Toben und Rennen im Schnee. Ziehe ich sie strammer zu, schmerzt es und meine Hündin humpelt. Außerdem lösten sich in kürzester Zeit die Nähte der Klettverschlüsse und die Schuhe waren völlig unbrauchbar. Meine Tierärztin gab mir den Tipp, im **Hundeschlittenbedarf** nachzuschauen, und tatsächlich bin ich dort fündig geworden. Die Schuhe sind um einiges teurer als beim Tier-Discounter, passen und schützen aber wesentlich besser und sparen so unter Umständen Tierarztkosten.

MEIN TIPP: Den **Schlafplatz** von *Amy,* ein Kissen, lasse ich immer zu Hause. Ich habe ihr ein **Rentierfell** gekauft, auf dem sie auf unseren Wintertouren schläft. Es gibt fast nichts Besseres, das so gut vor Kälte schützt und isoliert. Das Fell ist leicht zu reinigen (meist reicht Abbürsten) und braucht wenig Platz, da man es einrollen kann. Empfehlenswert sind außerdem ausreichend **Handtücher** für den Hund. Zum einen natürlich zum Abtrocknen, zum anderen aber auch, um damit den Schlafplatz des Hundes auszulegen, wenn er voller Schnee ins Auto kommt. Das Wasser von tauendem Schnee wird gut aufgenommen, und man kann die Handtücher problemlos zum Trocknen nach draußen hängen.

< OP-Body, am Bauch mit Watte und Vlies gefüttert, und darüber eine Lage Goretex aus den Resten meiner Motorradhose

## Tierärzte/-kliniken (Auswahl)

**In fast allen größeren Städten** gibt es Tierärzte bzw. -kliniken. Da die Öffnungszeiten nach Jahreszeit und Wochentag sehr unterschiedlich sind, ist es sinnvoll, sich vorab im Internet zu informieren.

- Tierarzt auf **Schwedisch:** *Veterinär*
- Tierarzt auf **Norwegisch:** *Veterinæren*
- Tierarzt auf **Finnisch:** *Eläinlääkäri*

### Schweden

- **Lapplands Djurklinik Arvidsjaur**
Storgatan 6C, 93331 Arvidsjaur,
H5VC+Q2 Arvidsjaur, Tel. 0046 96 02 40 40,
www.lapplandsdjurklinik.se
- **District Veterinarians Kiruna**
Värmeverksvägen 13, 98138 Kiruna,
R6QV+QC Kiruna, Tel. 0046 10 12 28 100,
www.distriktsveterinarerna.se
- **District Veterinarians Gallivare**
Energiplan 3, 98238 Gällivare,
5M44+XJ Malmberget, Tel. 0046 10 12 28 120,
www.distriktsveterinarerna.se
- **Animal Clinic Luleå**
Stengatan 47, 97252 Luleå,
H3FW+RW Luleå, Tel. 0046 70 40 00 068,
www.ewhdjurklinik.se
- **Distriktsveterinärerna Kalix**
Maskinvägen 2, 95261 Kalix,
R5XX+85 Kalix, Tel. 0046 10 12 28 140,
www.distriktsveterinarerna.se
- **District Veterinarians Haparanda**
Västra Esplanaden 63, 95331 Haparanda,
R4QH+W2 Haparanda, Tel. 0046 10 12 28 140,
www.distriktsveterinarerna.se

### Norwegen

- **AniCura Dyreklinikken Tromsdalen**
Turistvegen 48, 9020 Tromsø,
JXVX+RQ Tromsø, Tel. 0047 77 63 50 35,
www.anicura.no
- **AniCura Animal Hospital Tromsø**
Stakkevollvegen 14A, 9010 Tromsø,
MX58+XP Tromsø, Tel. 0047 77 63 50 35,
www.anicura.no
- **Animal clinic Narvik**
Torgveien 6, 8520 Ankenesstrand,
C99P+WQ Ankenes, Tel. 0047 76 96 02 92,
www.dyrlegenett.no

> Schlecht sitzende Hundeschuhe bringen nichts – während einer unserer Wanderungen ging ein Schuh verloren und fand sich auch nicht wieder

**Allvet Dyresykehuset Alta**
Altaveien 281, 9515 Alta,
X9FC+45 Alta, Tel. 0047 78 44 58 00

**Dyreklinikk AS Alta**
Altahøyden 2, 9513 Alta,
X62R+99 Alta, Tel. 0047 78 43 58 66

**Dyrlegene i Kirkenes**
Industriveien 5, 9900 Kirkenes,
P3FC+C9 Kirkenes, Tel. 0047 78 99 30 30

**Mo animal clinic**
Høvleriveien 10, 8622 Mo i Rana,
848Q+X4 Mo i Rana, Tel. 0047 75 14 31 30,
www.mo.dyreklinikk.no

### Finnland

**Euromedivet Oy**
Kemintie 25, 95420 Tornio,
R5VG+49 Tornio, Tel. 00358 16 44 58 91,
www.euromedivet.fi

**Evidensia Rovaniemi**
Lampelankatu 25, 96320 Rovaniemi,
FMVV+58 Suosiola, Tel. 00358 20 18 00 890,
www.evidensia.fi

**Eläinlääkärikeskus Kieppi**
Pohjolankatu 4, 96100 Rovaniemi,
GP27+43 Laivaniemi, Tel. 00358 50 57 47 631
www.rovaniemenelainkeskus.fi

lapp_090 tm

Der Bildaufbau | 81
Die acht Jahreszeiten | 70
Die Fotoausrüstung | 74
Die richtige Kameraeinstellung
bei der Polarlichtfotografie | 78
Faszination Polarlichter | 68
Tipps zur Kleidung | 73
Wann und wo kann man
Polarlichter in Lappland
am besten fotografieren? | 69
Was sind Polarlichter? | 68

# 5
# Polarlichter fotografieren

< Polarlicht über dem Abisko-Nationalpark

## Faszination Polarlichter

Für viele Menschen ist die winterliche Fahrt in den Norden sicher mit dem Wunsch verbunden, einmal Polarlichter zu sehen. Es gibt kaum beeindruckendere Naturphänomene als die **faszinierenden Lichterscheinungen am nächtlichen Himmel.** Mein Gefühl, als ich zum ersten Mal im Winter am Ufer des Torneträsk-Sees in Abisko stand und das grün leuchtende Band am Himmel tanzen sah, ist kaum zu beschreiben. Vor lauter Begeisterung vergaß ich fast, dass ich das Stativ mit Kamera aufgebaut hatte. Wie ein flimmender Seidenvorhang schwebten die Lichter minutenlang am Firmament und erstrahlten in immer neuen Mustern – für mich definitiv eines der großartigsten Schauspiele der Erde!

## Was sind Polarlichter?

Als die Menschen noch keine wissenschaftliche Erklärung für dieses Phänomen hatten, dachten sie, der grüne „Vorhang“ am Himmel sei ein **Zeichen der Götter.** Viele Legenden und Sagen ranken sich um die Erscheinung am Firma-

lapp_077 tm

ment. Heute wissen wir, dass es sich bei den Polarlichtern (*Aurora borealis* als **Nordlicht** auf der Nordhalbkugel, auf der Südhalbkugel Südlicht bzw. *Aurora australis*) um **elektrisch geladene Teilchen** handelt, die mit der Sonnenstrahlung ausgesendet werden und zu leuchten beginnen, sobald sie auf Stickstoff- und Sauerstoffatome in der Hochatmosphäre treffen. Dabei hängt die Intensität der Lichter von der Stärke des Sonnenwindes ab, der die Teilchen ins All schleudert: Je stärker die Sonnenaktivität, desto intensiver die Polarlichter. So erklärt sich, warum die Polarlichter nicht in jeder Nacht gleich gut zu sehen sind. Natürlich muss auch das Wetter mitspielen. Ein wolkenloser Nachthimmel ist ebenso wichtig wie der Mondstand: Neumond ist besser als Vollmond, erst recht zum Fotografieren, denn der Vollmond strahlt so hell, dass die Belichtungszeit oft nicht ausreicht bzw. zu kurz ist, um ein vernünftiges Foto hinzubekommen. Auch im Sommer gibt es übrigens Polarlichter, aufgrund der Mitternachtssonne und der damit verbundenen Helligkeit ist es jedoch nahezu unmöglich sie zu sehen.

## Wann und wo kann man Polarlichter in Lappland am besten fotografieren?

### Die beste Zeit

Mit ihren langen Nächten und kurzen Tagen sind die Monate **Oktober bis März** die beste Zeit, um Polarlichter zu sehen. Zur Wintersonnenwende steigt die Sonne nördlich des Polarkreises nicht über den Horizont, und nur in der Mittagszeit ist es für einige Stunden hell, wobei „dämmerig" die vorherrschenden Lichtverhältnisse besser beschreibt.

Um möglichst genau vorhersagen zu können, wann es sich lohnt, die Kamera aufzustellen, empfiehlt sich ein Blick auf die **Aurora-Prognose.** Ähnlich wie zum Wetter gibt es sehr gute Apps, die bis auf die Stunde genau eine Polarlicht-Voraus-

< Spektakuläres Schauspiel am Himmel

# Die acht Jahreszeiten

## Januar und Februar

Die Tage werden langsam wieder heller, doch noch liegt das Land unter einer dicken Schneeschicht begraben. Es ist kalt, **sehr kalt.** Die Rentiere bewegen sich nur langsam, um Energie zu sparen. Mit den Hufen scharren sie Schnee und Eis beiseite, um an die als Nahrung dienenden Flechten heranzukommen. Die Sonne erscheint langsam wieder am Horizont, die ersten Strahlen vertreiben die Dämmerung und die Menschen freuen sich auf das kommende Jahr.

## März bis April

Mit der **Sonne** kommt das Leben zurück. Von den Eiszapfen tropft das Wasser. Die Wärme sorgt für Bewegung. Bei den Menschen, die auf Loipen und Pisten oder beim Schneeschuhwandern unterwegs sind, und bei den weiblichen Rentieren, die kurz davor sind, ihre Kälber zu bekommen.

## Mai und Juni

In Lappland ist das **Frühjahr** angebrochen. Der Schnee schmilzt. Eisplatten bahnen sich auf den Flüssen geräuschvoll ihren Weg zum Meer. Die Zugvögel kehren zurück, die Natur erwacht aus ihrem Winterschlaf. *Miessemánnu* ist das samische Wort für den Mai, den „Kalbmonat". Die neugeborenen Kälber machen ihre ersten wackeligen Gehversuche. Die entbehrungsreiche Zeit ist vorbei, Knospen und Blätter entwickeln sich an Pflanzen und Bäumen, es gibt wieder ausreichend Futter und damit Kraft für die anstehenden Wanderungen. Es ist eine Zeit, in der man sich noch nicht vor den Milliarden Mücken schützen muss.

## Juni und Juli

In diesen Monaten geht die Sonne nicht unter. Die **Mitternachtssonne** lässt die Nacht zum Tag werden. Der **Sommer** ist kurz. Die Tiere nutzen die Zeit, um sich Fettreserven für den Winter zuzulegen. Die Menschen hält es nicht in ihren Häusern, sie bleiben wach, Schlafen ist nicht so wichtig, sondern Bewegung an der warmen Luft.

## Juli und August

Es wird geangelt und die ersten Beeren werden gepflückt. Kräuter und Pilze vervollständigen die Vorräte für den Winter. Die **Tage** sind **noch angenehm warm,** die Nächte werden aber schon merklich kühler. Der Herbst hat noch nicht begonnen, aber man spürt, dass er kommt. Die ersten Polarlichter kündigen ihn an. Die Rentiere ziehen über das Fjell, bald werden sie in ihrem Herbstfell durch die Natur streifen.

## September

Der finnische Indian Summer *(Ruska)* mit seiner atemberaubenden Farbpracht dominiert das Bild, in Lappland aber nur kurze zehn Tage. Nachts gibt es den **ersten Frost.** Das Gras der Wiesen und die Blätter der Bäume verlieren ihre Farbe. Die Jagdsaison auf Elche hat begonnen,

lapp_078 tm

die letzte Gelegenheit, die Vorratskammer zu füllen. Die lange **Zeit der Dunkelheit beginnt.** Am Lagerfeuer werden die Geschichten der Ahnen erzählt.

## Oktober und November

Der **erste Schnee** fällt und bedeckt die Erde, die Sonne wandert weiter Richtung Süden. Stille legt sich über das Land, die Vögel sind der Sonne gefolgt, die Rufe der anderen Tiere verstummen. Die Rentiere wandern zu ihren Winterweiden. Der **Nordwind bringt den Winter,** in den Morgenstunden hat sich Raureif auf die Bäume und den Boden gelegt.

## November und Dezember

Die **Kaamos-Zeit** beginnt, die Zeit des blauen Lichts, der nicht enden wollenden Dämmerung, in der die Sonne nicht mehr über den Horizont steigt. Die Nacht beginnt früh, Sterne leuchten am Firmament. Der Schnee, der die Erde vor dem eisigen Frost schützt, knirscht unter den Winterstiefeln. **Polarlichter** tanzen am Himmel, es ist Zeit innezuhalten und sich zu besinnen.

Im Vordergrund die Aurora Sky Station, im Hintergrund das Felstor Lapporten

sage geben. Mein Favorit ist die **App Aurora Alerts.** Sie bietet für drei Tage im Voraus eine stundengenaue Voraussage und für 27 Tage eine Tendenz.

Entscheidend ist der sogenannte **KP-Index.** Sehr vereinfacht beschrieben gibt er auf einer Skala von 0 bis 9 Auskunft über die Wahrscheinlichkeit, Polarlichter zu sehen (immer vorausgesetzt, es zeigen sich nur wenige Wolken oder es ist wolkenlos). Je höher die Zahl, desto besser die Chance auf Polarlichter. Erfahrungsgemäß lohnt sich ein Ausflug in die Nacht ab einem KP-Index von 3 und höher.

In der Aurora-App kann man sich gezielt die **Vorhersage für eine bestimmte Stadt** anzeigen lassen. In Kombination mit einer **Wetter-App** (hier ist mein Favorit die App des norwegischen Wetterdienstes yr.no) kann man dann seine Polarlicht-Tour gut planen. Sieht man zum Beispiel, dass es in der Umgebung von Tromsø in den nächsten Tagen gutes, wolkenloses Wetter geben soll und gleichzeitig ein hoher KP-Index angezeigt wird, kann man sicher sein, in den Genuss von Polarlichtern zu kommen. Ist man mit dem Wohnmobil unterwegs, kann man dann flexibel reagieren und seine Polarlicht-Tour entsprechend planen und/oder anpassen.

Einen Ort ohne nächtliche Wolkendecke zu finden, reicht allerdings nur be-

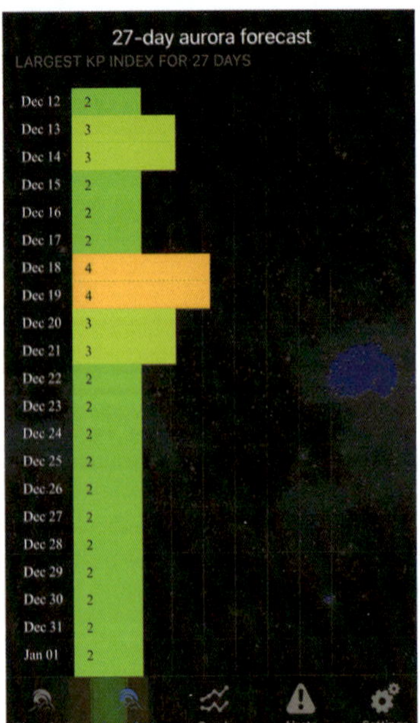


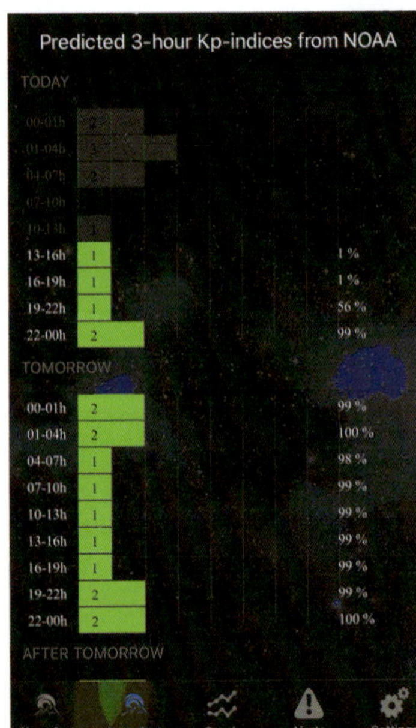


KP-Index: Gut für den 18. und 19. Dezember (Abb. links), schlecht für den rechts angezeigten Tag

dingt aus, um ein gutes Foto zu machen. Um beim Beispiel Tromsø zu bleiben: Hier sollte man darauf achten, dass man weit genug **von der Stadt entfernt** ist, um urban bedingten Lichtverschmutzungen am Himmel aus dem Weg zu gehen. Ähnlich wie bei Vollmond können auch die Lichter der Stadt unter Umständen den Polarlicht überstrahlen.

Erwähnt seien zwei weitere Apps, die die Planung eines nächtlichen Fotoshootings vereinfachen: **Sun Surveyor Lite** hilft bei der Prognose der Position und Zeit von Sonnenauf- und Sonnenuntergang, **Mondphase Super** liefert Informationen zu den Mondphasen.

**Hinweis:** Unter Umständen muss man die jeweilige App kaufen, um sie in vollem Umfang nutzen zu können, so zum Beispiel Aurora Alerts.

### Gute Orte

Einer meiner Lieblingsorte, um Polarlichter zu fotografieren, ist der **Abisko-Nationalpark.** Abisko liegt etwa 195 Kilometer nördlich des Polarkreises und 39 Straßenkilometer östlich der schwedisch-norwegischen Grenze auf 385 Metern Höhe. Laut „Spiegel online" handelt es sich um einen der besten Polarlicht-Plätze in Europa. Dort hieß es: „Dank ihres einzigartigen Mikroklimas – wenig Regen und oft wolkenloser Himmel – ist die Gegend um Abisko in Schwedisch-Lappland der wissenschaftlich nachweislich ideale Ort, um die Polarlichter in ihrer ganzen Intensität zu erleben. Nahe dem Abisko National Park gibt es in klaren Polarnächten ein Phänomen zu beobachten: Über dem 70 Kilometer langen Torneträsk-See tut sich das berüchtigte „Blaue Loch von Abisko" auf, ein Stück klarer Himmel, auch wenn der Rest des Himmels doch wolkenverhangen sein sollte." Hier liegt auch die **Aurora Sky Station,** von der man einen grandiosen Blick über den Torneträsk-See, Abisko und die umliegenden Berge hat (siehe dazu Route 1).

Hervorragende **Beobachtungsstellen** sind aber auch die Lofoten, die Umgebung von Kiruna, die Küste bei Tromsø oder in Finnland Nellim, Utsjoki, Kakslauttanen und die Umgebung von Ivalo.

Bei der **Wahl des Foto-Platzes** sollte man darauf achten, dass man niemanden behindert, insbesondere nicht den (nachfolgenden) **Verkehr.** Einfach kurz auf der Fahrbahn anzuhalten, den Warnblinker einzuschalten und im Dunkeln das Stativ neben oder gar auf der Straße aufzubauen, ist keine gute Idee. Und in der Regel auch gar nicht zu realisieren, denn neben den Straßen türmt sich meist ein aufgeschobener Schneewall auf, der es unmöglich macht, mal eben einen Stopp am Straßenrand einzulegen. Womöglich noch mit ausgeschalteten Scheinwerfern, weil die beim Fotografieren ja stören könnten. Auch Bushaltestellen sind kein guter Platz, denn der nächste Bus kommt bestimmt.

## Tipps zur Kleidung

Verbringt man auf Fototour eine lange Polarnacht im Freien, bei Temperaturen von minus 20 Grad, ist angemessene Kleidung unabdingbar. Es gilt das **Zwiebelprinzip,** nach dem man Textilien in dünnen Lagen übereinander anzieht. Dabei lieber zu viel als zu wenig tragen, denn ausziehen kann man einen Pulli oder ein Shirt immer noch. Über der normalen Unterwäsche bevorzuge ich ein Langarmshirt und eine lange Unterhose aus Merinowolle, dazu dünne Socken und darüber ein weiteres Paar Socken, ebenfalls aus Merinowolle. Dann ein zusätzliches Langarmshirt, darüber einen Fließpulli und eine dicke Daunenjacke. Über meine normale lange Hose kommt eine Thermohose mit Hosenträgern. Bei den Füßen ist darauf zu achten, dass sie nicht durch zu dicke Socken zu eng im Schuh sitzen, damit die Blutzirkulation nicht beeinträchtigt wird; das kann schnell zu kalten Füßen führen und die sind extrem unangenehm – daher Winterschuhe lieber eine Nummer größer kaufen, damit genug Platz für die Strümpfe ist. Da man in der Regel die ganze Zeit im Schnee steht, sind **Schuhe** mit einer dicken Sohle und einem Innenfutter aus Fell die erste Wahl.

Für Fotografen gibt es spezielle **Handschuhe,** bei denen man den Fingerbereich zurückklappen kann oder nur der Zeigefinger und der Daumen eine kleine Kappe haben. Allerdings sind diese Handschuhe zu dünn, um die Hände bei eisigen Temperaturen ausreichend warm zu halten. Hier empfehle ich dicke, gut gefütterte Fäustlinge mit Bändern, die man ums Handgelenk legt, damit die Handschuhe nicht zu Boden fallen, wenn man sie auszieht.

Den Kopf solle man unbedingt mit einer **Mütze** bedecken, die auch die Ohren umschließt.

Hilfreich ist ein **Mundschutz.** Er verhindert, dass man die eiskalte Luft direkt einatmet (das tut einfach nur weh) und, was genauso wichtig ist, dass der Atem beim Ausatmen auf der Kamera kondensiert und gefriert. Sollte das passieren, können die Bedienknöpfe der Kamera einfrieren und man kann nichts mehr einstellen oder die Kamera auslösen. Auch das Objektiv kann einfrieren oder sich eine Eisschicht auf der Linse bilden. Auch dann ist es sehr schnell vorbei mit einem Polarlichtfoto. Daher darauf achten, ob mit oder ohne Mundschutz, dass man nicht direkt auf die Kamera oder das Objektiv atmet, wenn man etwas einstellt bzw. gerade durch den Sucher schaut. Besser den Kopf wegdrehen oder kurz die Luft anhalten.

Zur Ausrüstung sollte ein **Rucksack** gehören, in dem der persönliche Bedarf und eine Thermoskanne mit heißem Tee und/oder heißer Hühner- oder Gemüsebrühe Platz findet.

## Die Fotoausrüstung

Die Fotoausrüstung ist eigentlich recht überschaubar. Man benötigt ein **Stativ,** einen **Fernauslöser,** ein **Weitwinkelobjektiv** (bis 50 mm Brennweite – je geringer die Brennweite, desto größer das Blickfeld, also der Aufnahmewinkel) und eine **Kamera,** bei der man Belichtungszeit, Blende, Autofokus und Lichtempfindlichkeit (ISO) manuell einstellen kann (diese Einstellungen sind entscheidend für technisch gute Fotos). Wichtig sind vollgeladene **Ersatz-Akkus**, denn die Akku-Kapazität kann bei eisiger Kälte schnell einbrechen. Um Haltbarkeit und Kapazität der Akkus zu garantieren, sollten diese dicht am Körper getragen und möglichst warm gehalten werden.

> Gute Aufnahmen von Polarlichtern setzen eine passende Fotoausrüstung voraus

Das grundsätzliche **Prinzip der Fotografie** hat sich im Laufe der Jahrzehnte nicht wesentlich verändert: Eine bestimmte Menge Licht trifft durch ein kleines Loch auf ein lichtempfindliches Material. Früher war das der Kleinbildfilm, heute ist es in der Regel ein Sensor. Davon ausgehend, dass fast jeder Lappland-Fahrer mit einer Digitalkamera in der Polarnacht unterwegs sein wird, ist an dieser Stelle immer eine **Digitalkamera** und keine analoge Kleinbildkamera gemeint.

### Die richtige Kamera

Um ein richtig belichtetes Foto aufzunehmen, ist es zunächst wichtig, zu bestimmen, wie viel Licht auf den Sensor trifft. Drei Punkte sind dafür verantwortlich: die **Blende,** die **Belichtungszeit** und wie **lichtempfindlich** der Sensor eingestellt ist. Um die größtmögliche Kontrolle über diese Faktoren zu bekommen, wählt man bei der **Kameraeinstellung** am besten **„Manuell".** Das bedeutet, dass man eine Kamera benötigt, bei der der **Aufnahmemodus „M"** möglich ist und man so Blende und Zeit selbst vorgibt und sie sich nicht von der Kameraautomatik vorschreiben lässt. Gleiches gilt für die Lichtempfindlichkeit des Sensors, die in ISO angegeben wird. Auch hier sollte die ISO-Automatik ausgeschaltet werden, sodass man die ISO-Zahl selbst definieren kann.

Im Grunde erfüllt jede **digitale Spiegelreflexkamera** diese Bedingungen, ebenso **moderne Systemkameras.** Diese haben für mich jedoch den Nachteil eines höheren **Stromverbrauchs,** da die Sucheranzeige immer Strom benötigt, um das Motiv anzuzeigen. Bei Temperaturen von minus 20 Grad kann das ein entscheidender Faktor sein, denn je kälter es ist, desto stärker verkürzt sich die Kapazität, also die nutzbare Zeit eines Akkus. Darum ist es besser, eine Kamera zu benutzen, deren Stromverbrauch sich auf das Wesentliche beschränkt, auf das Fotografieren. Außerdem kann bei sehr niedrigen Minustemperaturen das Display seinen Dienst versagen. Bei meinem Test mit einer Systemkamera ist das Display zwar nicht ausgefallen, im Live-View-Modus wurde das Bild jedoch nur noch verzerrt dargestellt.

### Die Blende

Um das **Zusammenspiel von Belichtungszeit, Blende und Lichtempfindlichkeit (ISO)** besser zu verstehen, im Folgenden ein kleiner Ausflug in die Theorie.

Die Blende ist ein **Lamellenverschluss,** in der Regel aus Metall, der durch Veränderung des Durchmessers die **Lichtmenge,** die auf den Sensor trifft, steuert. Sie arbeitet ähnlich wie die Pupille des menschlichen Auges. Die Lamellen öffnen bzw. schließen sich, sobald man den Auslöser drückt. Die Größe der Öffnung kann man bei älteren Objektiven direkt am Objektiv einstellen, in der Regel von 2,8 bis 22. Dabei gilt: Je kleiner die Zahl, desto größer die Objektivöffnung und damit die Lichtmenge, die auf den Sensor trifft.

▷ Im Uhrzeigersinn von links oben: Blende 2,8, Blende 5,6, Blende 11, Blende 22 – wie man sieht, kommt bei Blende 2,8 die größte und bei Blende 22 die geringste Lichtmenge durch das Objektiv

Bei heutigen Kameras stellt man die Blende üblicherweise direkt an der Kamera über ein kleines Drehrad oder über Tasten ein. Beim Fotografieren von Polarlichtern will man **so viel Licht wie möglich** einfangen, daher stellt man die Blende auf 2,8 ein.

### Die Belichtungszeit

Drückt man auf den Auslöser, klappt bei Spiegelreflexkameras der Spiegel nach oben, und ein Verschluss, eine Art Vorhang, öffnet sich und das **Licht gelangt auf den Sensor.** Dieser **„Vorhang“** besteht in der Regel aus Metall, in der Vergangenheit war er jedoch tatsächlich aus Stoff, daher der Begriff des Vorhangs.

Zurück zu den Einstellungen. Bei der Blende ging es darum, wie viel Licht auf den Sensor fällt. Bei der Zeit geht es nun darum, wie lange das Licht den Sensor belichtet. Die **Verschlusszeit** wird ebenfalls an der Kamera eingestellt und bestimmt, wie lange der Verschluss der Kamera geöffnet bleibt. Dies kann bei strahlendem Sonnenschein eine tausendstel Sekunde sein (1/1000), bei einem Sternenhimmel auch schon mal 20 Sekunden.

Dabei stehen **Blende und Belichtungszeit** in einem direkten **Zusammenhang.** Verkleinert man die Blende, muss man dementsprechend die Belichtungszeit verlängern, um ein Bild mit

gleicher Helligkeit zu erhalten. Halbiert man zum Beispiel den Durchmesser der Blendenöffnung, so verringert sich die Fläche, durch die das Licht fällt, um den Faktor 4. Das heißt, man muss bei halbierter Blende die Belichtungszeit um das Vierfache verlängern, um ein Bild mit der gleichen Helligkeit zu bekommen. Blende 2,8 bei 1/1000 Sekunde entspricht 1/250 Sekunde bei Blende 5,6 bei einer unveränderten ISO-Zahl von 100.

### Die ISO-Zahl

Die ISO-Zahl ist der dritte wichtige Faktor für die Einstellung der Kamera bei der Polarlichtfotografie. Die Angabe ISO stammt noch aus der Zeit des Kleinbild- und Mittelformatfilms und gab Auskunft darüber, wie **lichtempfindlich** der Film war: Je höher die ISO-Zahl, desto lichtempfindlicher der Film. Die gängigsten Filme waren Filme mit ISO 50, 100, 400 und 800. Die Empfindlichkeitsangaben des Sensors bei Digitalkameras sind an die für Filme angelehnt; auch hier findet sich also eine Taste mit der Aufschrift „ISO" an der Kamera. Das Prinzip bleibt gleich: Je höher die eingestellte ISO-Zahl, desto lichtempfindlicher der Sensor. Was sich wiederum **auf Zeit und/oder Blende auswirkt.** Im oben genannten Beispiel betrug der ISO-Wert 100 bei Blende 2,8 und 1/250 Sekunden. Verändert man nun die Empfindlichkeit von ISO 100 auf ISO 200, stellt den Sensor also empfindlicher ein, verändert sich die Belichtung um den Faktor 2. Das bedeutet bei ISO 200 und Blende 2,8: Die Belichtungszeit beträgt nicht 1/250 Sekunden, sondern die Hälfte, also 1/500 Sekunden. Eine zu hohe ISO-Zahl sollte man jedoch nicht einstellen, denn sonst sieht man auf dem Foto Farberscheinungen, die nicht zum Motiv gehören und als **„Rauschen"** bezeichnet werden. Ab welcher ISO-Zahl dieses Rauschen anfängt, ist von Hersteller zu Hersteller sehr unterschiedlich. Hier empfiehlt es sich, vor der Reise zu Hause Tests zu machen.

## Die richtige Kameraeinstellung bei der Polarlichtfotografie

Der erste wichtige Parameter ist die **Belichtungszeit.** Richtet man seine Kamera aus und wählt eine sehr lange Belichtungszeit, um ein möglichst eindrucksvolles Bild vom Nachthimmel zu bekommen, kann es passieren, dass die Sterne nur noch als Streifen zu sehen sind. Das liegt schlicht am Zusammenspiel von Belichtungszeit und Erdrotation. Der Effekt tritt erfahrungsgemäß ab einer Belichtungsdauer von ca. 30 Sekunden auf. Will man ihn also vermeiden, wählt man eine Belichtungszeit von **25 Sekunden oder kürzer,** dann sollten die Sterne als solche zu erkennen sein (sieht man Sterne und Streifen, handelt es sich bei den Streifen meistens um Satelliten).

Um möglichst viel Licht einzufangen, ist die **Blende voll geöffnet,** d.h. Blende 2,8 bzw. die größte Blende, die das Objektiv hergibt. Als ISO-Zahl wählt man 100. Diese Einstellungen kann man als **Grundeinstellung** der Kamera nehmen

[>] Die Fotos vom Objektiv zeigen die Einstellungen „Unendlich Anschlag" (links) und „Unendlich Mitte" (rechts)

und ein erstes Foto machen. Wahrscheinlich wird das Bild jedoch zu dunkel sein. Da man die Belichtungszeit nicht großartig verändern kann und die Blende bereits voll geöffnet ist, bleibt im Grunde nur noch die **Erhöhung der Lichtempfindlichkeit** des Sensors, also der ISO-Zahl. Aber Vorsicht: Eine zu hohe ISO-Zahl führt zu „Rauschen" im Bild (siehe oben).

In diesem Zusammenhang ist es von Vorteil, wenn man sein Foto nicht als jpg aufnimmt, sondern im **Raw-Format,** denn so kann man mit wesentlich höheren ISO-Werten fotografieren, und das Bild wird nicht durch die Elektronik der Kamera bearbeitet und kann am PC „entwickelt" werden. In diesem Format erhält das Foto alle Bildinformationen, die der Bildsensor aufgenommen hat. Dadurch ist die Datei zwar sehr groß, aber es wurden eben alle Informationen abgespeichert. Darum bezeichnet man diese Bilder auch als „digitale Negative". Mit einem Raw-Converter (z.B. Adobe Photoshop) kann man dann am Computer genau beeinflussen, wie das fertige Foto aussehen soll. Man kann den Weißabgleich verändern, Rauschen und Kontrast **bearbeiten** und das alles, ohne die (technische) Qualität des Bildes zu beeinflussen. Alle Eingriffe lassen sich wieder rückgängig machen, wenn einem das Ergebnis nicht gefällt. Selbstverständlich gibt es auch hier Grenzen der Bildbearbeitung, jedoch viel weniger als bei Fotos im jpg-Format.

Sinnvoll ist es, sich langsam an die richtige Kameraeinstellung **heranzutasten.** Das übt man am besten in einer sternenklaren Nacht zu Hause. Außerdem sollte man verschiedene ISO-Werte ausprobieren. Anschließend kann man am PC beurteilen, ab welchem Wert das „Rauschen" zu stark wird.

Vor Ort ist nun noch eine letzte Einstellung notwendig, die des **Autofokus** am Objektiv. Auch er sollte wie die ganze Kamera auf „Manuell" eingestellt sein, andernfalls kann es passieren, dass die Kamera am Nachthimmel keinen Punkt zum Fokussieren findet und das Objektiv vor- und zurückfährt (es pumpt). Um das zu verhindern, wird der Fokuspunkt des Objektivs per Hand auf **„Unendlich"** eingestellt, in der Regel mit einer liegen-

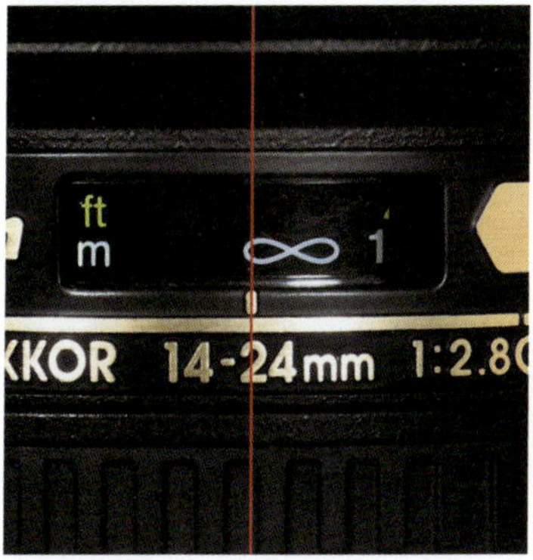

den 8 gekennzeichnet. Man dreht die Entfernungseinstellung des Objektivs ganz bis zum Anschlag bei der liegenden 8 und dann ein klein wenig zurück, bis der Strich auf dem Objektiv in der Mitte der 8 steht (so wie in den Abbildungen zu sehen). Abhängig vom Hersteller des Objektivs kann anstelle der liegenden 8 auch ein Strich mit einem Winkel das Symbol für „Unendlich" sein (oder beides); das Prinzip bleibt das Gleiche.

Nun ist an der Kamera **alles eingestellt.** Man befestigt sie sicher auf dem **Stativ** (Sicherungshebel umlegen) und richtet sie mit dem Weitwinkelobjektiv Richtung Himmel bzw. Horizont aus. Ab jetzt muss man aufpassen: darauf, dass man die Polarlichter nicht verpasst oder versäumt, im richtigen Moment ein Foto zu machen, und auch darauf, dass man das Bild nicht verwackelt. Darum löst man die Kamera immer mit einem **Fernauslöser** aus. Mit dicken Handschuhen kann man den Auslöseknopf direkt an der Kamera kaum bedienen, ohne dass das Stativ wackelt und das Foto im schlimmsten Fall unbrauchbar wird. Einen **Funk-Fernauslöser** mit Handschuhen zu bedienen, ist allerdings auch nicht ganz leicht. Entweder man hat ganz viel Gefühl im Daumen oder man steckt die Hand (ohne Handschuh) mit dem Auslöser in eine der gefütterten Taschen der Jacke, die man trägt. Einen **Fernauslöser mit Kabel** kann man meistens auch mit einem Handschuh bedienen, da der Druckknopf wesentlich dicker ist.

Achten muss man auch darauf, dass man während der Belichtungszeit von mehreren Sekunden nicht gegen das Stativ stößt. Im Dunkeln kann das schnell passieren, dass man sich bewegt, ein Stativbein übersieht und im schlimmsten

lapp_086 tm

Fall alles im Schnee landet. Trotzdem sollte eine **Taschen- oder Stirnlampe** während der Belichtungszeit aus bleiben und nur eingeschaltet werden, wenn man an den Einstellungen der Kamera etwas ändern möchte. Nicht bei jeder Kamera kann man Sucher lichtdicht verschließen. Geht das nicht, können sich bei eingeschalteter Stirnlampe ungewollte Lichtreflexionen negativ auf das Bild auswirken, der Vordergrund des Bildes könnte überbelichtet werden. Ist man mit einer Gruppe oder anderen Fotografen unterwegs, könnte man diese stören; will/muss man also die Stirnlampe benutzen, sollte das mit Rücksicht auf andere anwesende Personen geschehen. Am besten die Lampe nur auf kleinster Stufe einschalten, den Lichtkegel nach unten richten und wenn nötig das Licht mit der Hand abschirmen.

## Der Bildaufbau

Einfach nur die Kamera in den Himmel halten und den Auslöser drücken, ergibt vielleicht ein Foto von Polarlichtern, eine gelungene Aufnahme wird das aber eher nicht sein. Denn der Mensch bzw. das Gehirn weiß gerne, wo es ist, wo oben und unten ist, wo der Himmel anfängt und wo er endet. Und diese Verortung bzw. **Orientierung** schaffen wir mit Hilfe der Bildgestaltung.

Dazu **zwei Bilder als Beispiele:** Das Foto auf S. 80 zeigt den Nachthimmel, schön, aber eben nur Himmel, irgendwie fehlt etwas, nämlich Struktur und Begrenzung. Anders im Bild auf S. 81: Es

lapp_087 tm

[<] [v] Beispiele für „falsche" (links) und „richtige" (rechts) Aufnahmen von Polarlichtern

gibt einen Vordergrund, einen Mittelteil und den Himmel. Da der Fokus auf dem Himmel liegt, nimmt er den größten Raum des Bildes ein. Er steht aber nicht alleine da. Der Vordergrund stützt ihn gewissermaßen und schafft einen Bezugspunkt, der Halt, Struktur und eben diese Orientierung gibt, die der Betrachter benötigt, um sich im Foto zurechtzufinden und es lange anzusehen, was ja erwünscht ist.

## Polarlichter fotografieren – die Grundregeln auf einen Blick

- Kamera auf „Manuell" stellen
- Blende 2,8
- Belichtungszeit max. 25 Sek.
- Autofokus auf „Aus" bzw. „Manuell" stellen
- Mit ISO 500 beginnen und so weit erhöhen bis das Bild hell genug ist
- Im Raw-Format fotografieren
- Kamera sicher auf dem Stativ arretieren
- Weitwinkelobjektiv auf „Unendlich" stellen
- Dem Stativ einen sicheren Stand geben und aufpassen, dass man nicht dagegen rennt
- Einen Fernauslöser benutzen, um Verwackelungen zu vermeiden.
- Nicht direkt auf die Kamera oder das Objektiv atmen
- Akkus warm halten
- Lichtverschmutzung vermeiden und Stirnlampe sparsam einsetzen
- Bei der Wahl des Standortes auf (Verkehrs-)Sicherheit achten
- Fotos so schnell wie möglich extern sichern

Daher sollte man seine Fotos immer so aufbauen, dass es einen Vordergrund oder einen anderen **Bezugspunkt im Bild** gibt. Diesen kann man auch inszenieren, zum Beispiel ein kleines Lagerfeuer entzünden, oder man macht sich die vorhandene Vegetation oder einen Berg zunutze.

Wie man sein Bild nun konkret gestaltet und seine Möglichkeiten nutzt, ist die **kreative Leistung.** Der erfahrene Fotograf *Detlev Motz* hat einmal gesagt: „Wer als Anfänger die Gestaltungsregeln der Fotografie ignoriert, hat keinen Verstand. Wer sich aber fotolebenslang daran klammert, hat keine Fantasie." Und wer seine ganz persönliche **Fantasie** fotografisch ausleben will, findet in Lappland mit seinen Polar- bzw. Nordlichtern beste Voraussetzungen.

▷ Im Tipi brennt das Lagerfeuer, am Himmel tanzt das Polarlicht

lapp_102 tm

Eisangeln | 104
Fahrten mit
dem Hundeschlitten | 89
Fahrten mit
dem Rentierschlitten | 101
Schneeschuhwandern | 97
Ski und Snowboard | 86
Touren und Safaris
mit dem Schneemobil | 93
Whale Watching | 108
Wintersportliche Highlights | 86

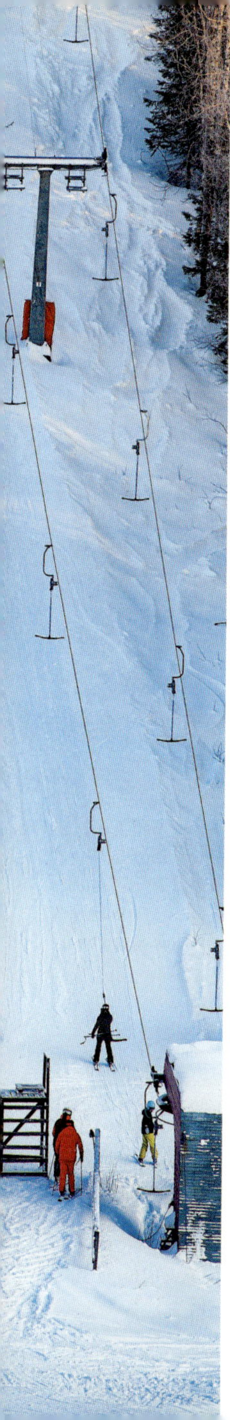

lapp_103 tm

# 6
# Aktivitäten in Lappland

Das Skigebiet Storklinten bei Boden in Schweden

# Wintersportliche Highlights

Im hohen Norden kann man auch im Winter einiges unternehmen. Es gibt **unzählige Anbieter für unterschiedlichste Aktivitäten.** Die Palette reicht vom kleinen Familienbetrieb, der Fahrten in einem Rentierschlitten anbietet, bis zu großen Agenturen, die Expeditionen über Ländergrenzen hinweg möglich machen. Besonders beliebt sind natürlich Skifahren, Schneemobil- und Hundeschlittentouren und nächtliche Ausflüge, um Polarlichter zu sehen. Aber auch Schneeschuhwandern und Whale Watching sind möglich.

In der Regel können alle Aktivitäten **online gebucht** werden. Zu allen Details lohnt sich ein ausführlicher Blick auf die Webseiten der jeweiligen Anbieter. Je nach Schneelage und Eisbedingungen kann der **Startpunkt** einer Tour variieren. Daher gibt es häufig den Service, dass man an seiner Unterkunft oder sogar am Campingplatz abgeholt wird. Will man auf eigene Faust anreisen, muss der Startpunkt der Tour gegebenenfalls telefonisch oder per Mail erfragt werden.

[>] Lappland bietet hervorragende Bedingungen für Skifahrer und Snowboarder

# Ski und Snowboard

## Norwegen

Die **Skigebiete** in Nordnorwegen sind eher klein, dafür aber **familienfreundlich.** Im Folgenden eine Auswahl:

### Kongstind Alpinsenter

Svolvær Alpinklubb, Svolværmarka,
8300 Svolvær, www.lofotenalpin.no.
GPS: N 68.248548, E 014.532092

Das Skigebiet Kongstind ist eines der wenigen Skigebiete auf den **Lofoten** und liegt unweit der Stadt Svolvær. Zur Verfügung stehen gerade einmal **zwei Lifte** und **1,1 Kilometer Pisten.**

### Narvikfjellet

Postboks 335, 8505 Narvik,
Tel. 0047 76 97 72 82, www.narvikfjellet.no.
GPS: N 68.431705, E 017.446639

**Fünf Lifte** bringen die Gäste auf bis zu 1003 Metern Höhe. Von oben hat man einen wunderbaren Blick über die Stadt Narvik und den Fjord. Auf **20 Kilometer Pisten** geht es wieder hinunter zur Skistation. Man trifft hier viele Snowboarder und Freerider.

### Tromsø Alpinpark

Jadevegen 129, 9022 Krokelvdalen, Tel. 0047 92 62 83 33, www.kampanje.tromsoalpinpark.no.
GPS: N 69.676796, E 019.069050

Das Skigebiet von Tromsø oberhalb des Stadtteils Kroken hat **drei Lifte** und **4 Kilometer Piste** – und durchaus seinen Reiz, vor allem wenn man im Dunklen den Blick über die beleuchtete Stadt schweifen lässt.

**Skaidi Alpin**
Riksvei 94, 9620 Kvalsund,
Tel. 0047 90 76 40 71, www.skaidialpin.no.
GPS: N 70.447980, E 024.395239

In dem familienfreundlichen Skigebiet bringen **zwei Lifte** die Besucher bis in eine Höhe von 290 Metern. **5,1 Kilometer Pisten** stehen zum Ski- und Snowboardfahren zur Verfügung. Die Gegend um Skaidi bietet auch schön gespurte Loipen zum Skilanglaufen.

## Schweden

Bis auf Björkliden und das Skigebiet Lapland Resorts Riksgränsen sind auch die schwedischen Skigebiete eher überschaubar.

**Galtis**
Galtisbouda 4, 93896 Arjeplog,
Tel. 0046 96 14 40 26, www.galtis.se.
GPS: N 66.108797, E 017.930276

In dem Skigebiet zum Skifahren und Snowboarden stehen **7,5 Kilometer Pisten** und **drei Lifte** zur Verfügung. Das Gebiet liegt auf einer Höhe von 530 bis 800 Metern.

**Kåbdalis Skidliftar**
Box 4, 96205 Kåbdalis,
Tel. 0046 92 85 01 47, www.kabdalis.com.
GPS: N 66.156185, E 019.985319

Vor etwas mehr als 50 Jahren baute die Familie *Gunnarstedt* den ersten Lift für Skifahrer in Kåbdalis. Heute zählt das Skigebiet zu einem der meistbesuchten

lapp_064 tm

in Norrbotten. Zum Skifahren, Snowboarden und Langlaufen stehen **9 Kilometer Pisten** und **4 Kilometer gespurte Loipen** zur Verfügung, **vier Lifte** befördern die Gäste.

**Storklinten**
96198 Övre Svartlå, Tel. 0046 92 11 38 50, www.storklinten.se.
GPS: N 66.022792, E 021.248502

Das Skigebiet Storklinten liegt etwa 70 Kilometer von Luleå bzw. der Küste entfernt und mit 60 bis 240 Metern nicht sonderlich hoch. Dank des **geringen Schwierigkeitsgrades** ist es bei Familien mit Kleinkindern sehr beliebt.

**Björkliden**
Lapland Resorts, 98193 Björkliden, Tel. 0046 98 06 41 00, www.bjorkliden.com.
GPS: N 68.407143, E 018.674866

**Lapland Resorts**
Riksgränsen, Björklidenvägen 70, 98193 Björkliden, Tel. 0046 98 06 41 00, www.riksgransen.se.
GPS: N 68.426742, E 018.123473

Björkliden und Lapland Resorts Riksgränsen liegen unmittelbar beieinander und können als ein großes Skigebiet betrachtet werden. Tatsächlich ist es auch das größte in Nordschweden. Über **30 Kilometer Skipisten** stehen zur Verfügung, **elf Lifte** befördern die Gäste den Berg hinauf. Die Schwierigkeitsgrade der Pisten variieren (von grün für Anfänger bis schwarz für Profis), es gibt auch einige Strecken abseits des offiziellen Geländes. Darüber hinaus eignet sich das Gebiet sehr gut für Langlauf, Skitouren und Heliskiing.

## Finnland

Die **größten Skigebiete Lapplands** liegen im Norden Finnlands, wo auch schon mal ein Ski-Weltcup stattfindet.

**Rukatunturi**
Rukatunturintie 9/Kumpare, 93830 Rukatunturi, Tel. 00358 88 60 02 50, www.ruka.fi/en/rukainfo.
GPS: N 66.169041, E 029.139129

Rukatunturi liegt im Osten des Landes an der Straße E 63 am 493 Meter hohen gleichnamigen Fjell Rukatunturi im Gebiet von Kuusamo. Hier gibt es die **längste Skisaison in** ganz **Finnland.** Die Lifte nehmen meist schon im Oktober den Betrieb auf, die Wintersportsaison endet erst Anfang Mai. Mit **28 Pisten** ist Rukatunturi vor allem als nordisches Zentrum mit internationalen Wettbewerben im Skispringen und Langlaufen bekannt.

**Ounasvaaran Hiihtokeskus**
Taunontie 14, 96600 Rovaniemi, Tel. 00358 44 76 42 830, www.ounasvaara.fi.
GPS: N 66.507392, E 025.789905

Dieses Skigebiet in unmittelbarer Nähe von Rovaniemi ist insbesondere für **Anfänger** gut geeignet, was nicht bedeutet, dass fortgeschrittene Skifahrer hier keinen Spaß hätten. **Vier Lifte** bringen die Gäste zu den Pisten.

**Pyhä Ski Resort**
Kultakeronkatu 21, 98530 Pyhätunturi, Tel. 00358 88 60 04 00, www.pyha.fi.
GPS: N 67.020052, E 027.253012

Dieses Skigebiet am Pyhä-Luosto-Nationalpark ist landschaftlich sehr reizvoll.

Die Infrastruktur ist modern, es gibt Pisten aller Schwierigkeitsgrade inklusive der **steilsten Skipiste in Finnland,** der berühmten „Huttu-Ukko". Die meisten Pisten sind im Winter beleuchtet. Mit ein bisschen Glück fährt man nicht nur im Licht der Strahler, sondern auch im Schein der Polarlichter den Berg hinunter. Auch für Anfänger und Kinder finden sich geeignete Abfahrten, außerdem entwickelt sich das Gebiet immer mehr zum Treff der „Backcountry"-Fangemeinde in Finnland. **Sieben Freeride Areas** stehen rund um das Skigebiet und im Pyhä-Luosto-Nationalpark zur Verfügung.

**Sport Resort Ylläs**
Iso-Ylläksentie 44, 95980 Ylläsjärvi, Tel. 00358 16 51 03 500, www.sportresortyllas.com.
**Skigebiet Ylläs-Ski** in Äkäslompolo:
GPS: N 67.582285, E 024.204266
**Skigebiet Iso-Ylläs** in Ylläsjärvi:
GPS: N 67.549749, E 024.258586

Das wohl größte Skigebiet Finnlands befindet sich in Ylläs. Der **Yllästunturi** ist ein 718 Meter hohes Fjell im Westen der Provinz Lappland. Am Fuße des Berges liegen die zwei Orte Äkäslompolo (im Norden) und Ylläsjärvi auf der Südseite, jeder mit seinem eigenen Skigebiet: Iso-Ylläs in Ylläsjärvi und Ylläs-Ski in Äkäslompolo. Insgesamt über 50 Kilometer verteilen sich auf **61 Pisten** und **29 Lifte.** Aufgrund der nördlichen Lage ist Skifahren von Oktober bis Mai möglich. Auch eine 2 Kilometer lange **Gondelbahn** bringt die Urlauber in 15 Minuten auf den Berg. Eine der Gondeln ist mit Holz verkleidet und beherbergt eine Sauna, die auf der Fahrt benutzt werden kann; Platz ist für vier Personen.

**Oy Levi Ski Resort**
P.O. Box 1, Hissitie 8, 99130 Levi,
Tel. 00358 20 79 60 200, www.levi.fi.
GPS: N 67.804385, E 024.809820

Das Wintersportgebiet von Levi ist mit **24 Liften** und knapp **40 Kilometern Skipisten** nur unwesentlich kleiner als das in Ylläs. Im Ort findet sich alles, was man für den Skiurlaub braucht, zum Beispiel Sportgeschäfte, die Ausrüstung verleihen, und gute Restaurants, in denen man den Tag nach der Verausgabung auf der Piste gemütlich ausklingen lassen kann.

## Fahrten mit dem Hundeschlitten

Wann und wo ein Hund zum ersten Mal einen Schlitten zog, lässt sich nicht exakt belegen. Es wird vermutet, dass im hohen Norden bereits vor 2000 Jahren Hunde die Menschen **bei der Jagd begleiteten.** Der Hundeschlitten war bis zur Erfindung des Motorschlittens die einzige Möglichkeit, Menschen und Güter in der Polarregion zu transportieren und Handel zu treiben. Schlittenhunde werden als **Huskys** bezeichnet, womit aber keine eigene Hunderasse benannt ist; es handelt sich ganz einfach um die Sammelbezeichnung für Schlittenhunde. Die wichtigsten darunter sind der Siberian Husky, der Alaskan Malamute, der Grönlandhund und der Alaskan Husky. Und dann gibt es noch den Europäischen Schlittenhund bzw. Scandinavian Hound, der jedoch nicht zu den Huskys gezählt wird und auch keine eigene Rasse darstellt.

## Norwegen

**Bardu Huskylodge**
9360 Bardu, Tel. 0047 99 40 27 28,
www.huskylodge.no.
GPS: N 68.642211, E 018.244354

Die Bardu Huskylodge wird von *Jan* und *Ane* betrieben, einem deutsch-norwegischen Paar, das eine **nachhaltige, die Natur schonende Philosophie** verfolgt. Alle Hundeschlitten-Touren folgen dem Expeditionsstil vergangener Tage, auf Motorschlitten als Begleitfahrzeuge wird komplett verzichtet. Das mitzuführende Gepäck wird auf die Schlitten verteilt, jeder übernimmt also eine Last für alle. Die Teilnehmer bekommen eine ausführliche Einweisung, wie ein Hundeschlitten zu fahren ist. Das **Angebot** reicht **von mehrstündigen Husky-Touren bis zu richtigen Expeditionen,** die bis zu 28 Tage dauern können. Eine achttägige Tour kostet aktuell ca. 2500 €

lapp_065 tm

inkl. Transfer vom Flughafen Bardufoss, Übernachtungen, Vollpension, Guide, Husky-Gespann, Rentierfell, Schneeschuhe und bei Bedarf warmer Overall, Winterstiefel und ein Überschlafsack. Garantiert ist ein einmaliges Erlebnis in der Wildnis der norwegischen Winterlandschaft!

**Husky-Andøy – Dog Sledding & Accommodation**
Nygård, 8484 Risøyhamn,
Tel. 0047 90 80 07 97, www.husky-andoy.com.
GPS: N 68.933354, E 015.571888

Auf dieser **familiären Husky-Farm** mit 21 Hunden auf Andøy werden im Winter Hundeschlittenfahrten, im Sommer Husky-Wagenfahrten angeboten.

**Tromsø Wilderness Center – Dog sledding**
Straumsvegen 601, 9105 Kvaløya,
Tel. 0047 77 69 60 02, www.villmarkssenter.no.
GPS: N 69.623823, E 018.765678

Das Center befindet sich auf der Walinsel Kvaløya 25 Minuten von Tromsø entfernt und beschreibt sich als einen der größten Anbieter von Abenteuertouren in Norwegen. Mit 300 Alaskan Huskys werden im Winter (1.11.–30.4.) **Hundeschlittenfahrten und Nordlichtsafaris** angeboten, die vier Stunden bis fünf Tage dauern können. Das familiengeführte Unternehmen wurde von *Tove Sørensen* gegründet und fing 1988 als Heim für Hunde an. *Tove* nahm bereits 19 Mal am längsten Hundeschlittenrennen Europas, dem FINNMARKSLØPET, teil. Seine Erfahrungen hat *Tove* an seinen Sohn *Torkil* weitergegeben. Dieser führt die Gäste als Tourguide durch die schneebedeckte Landschaft.

◁ Schlittenfahrt mit Huskys – ein Erlebnis

**Holmen Husky Lodge**
Holmen 100, 9516 Alta,
Tel. 0047 91 76 48 66, www.holmenhusky.no.
GPS: N 69.940074, E 023.272949

Die Holmen Husky Lodge bietet Tages- und Wochenendtouren an. Auch hier genießt man die Fahrt auf dem Hundeschlitten durch die arktische Landschaft Nordnorwegens. Spannend ist die **Wochenendtour,** ein Angebot für alle, denen eine sechstägige Tour zu lang und eine Tagestour zu kurz ist. Am ersten Tag bekommt man eine Einweisung und steuert auf einem ersten kleinen Ausflug seinen eigenen Hundeschlitten. Am zweiten Tag fährt man über ein Bergplateau und übernachtet in einer Berghütte. Der dritte Tag bringt die Gäste wieder zurück zur Lodge, wo die Sauna mit Jacuzzi und ein 3-Gänge-Menü warten. Am vierten Tag erfolgt nach dem Frühstück die Abreise.

**Engholm Husky Lodge**
9730 Karasjok, Tel. 0047 91 58 66 25,
www.engholm.no.
GPS: N 69.448511, E 025.359461

Etwa 6 Kilometer außerhalb von Karasjok liegt diese Lodge an der Straße 92. Neben verschiedenen Husky-Touren, die mit denen anderer Anbieter vergleichbar sind, hat Engholm auch **Touren für Menschen mit Handicap** oder körperlichen Einschränkungen, die den Umgang mit einem Hundeschlitten erschweren, im Angebot. Will oder kann man nicht selbst die Hunde führen, sitzt man gemütlich in ein Rentierfell gewickelt im Schlitten eines Guides, oder man fährt in einem zweiten Schlitten mit, der dem Führungsschlitten angehängt wird.

## Schweden

### Storberg Wildact Adventure

Storberg 4, 93399 Arvidsjaur,
Tel. 0046 70 63 16 052, www.wildact.ch.
GPS: N 65.511998, E 018.938163

Hinter Wildact Adventure stehen *Simone Mendelin* und *Jürg Eugster*, die es beide aus der Schweiz in den hohen Norden verschlagen hat. Neben Hundeschlittentouren bieten sie im Winter Schneeschuh- und Skitouren sowie Eisangeln an. Eine schöne Möglichkeit, den Winter in Lappland richtig kennenzulernen, ist ihr Package **„Lappland Abenteuer“:** Nach der Ankunft folgt am zweiten Tag eine Hundeschlittentour, am nächsten Tag geht es auf eine kulinarische Schneeschuhwanderung, während man sich am vierten Tag im Eisangeln üben kann. Die beiden nächsten Tage stehen dann eine Skiwanderung und ein Ausflug nach Jokkmokk auf dem Programm. Am siebten und letzten Tag gibt es nach einem Outdoor-Frühstück und einem individuellen Tagesprogramm einen gemeinsamen Abschlussabend.

### blue eyes & white snow

*Nico Rosenwirth,*
Brännan 6 (bei Lauker), 93391 Arvidsjaur
Tel. 0049 179 34 77 315,
www.blueeyes-whitesnow.com.
GPS: N 65.662362, E 19.795864

*Nico* fährt nur auf selbst angelegten Naturtrails. Je nach Jahreszeit und Wetter können die Touren variieren. Die **Huskyschlittentour auf dem großen Holzschlitten (Familienschlitten)** mit max. vier Personen (2 Erwachsene plus 2 Kinder oder 3 Erw.) wird durch die traumhafte Landschaft in Schwedisch-Lappland von einem erfahrenen *Musher* (Hundeschlittenlenker) mit ca. zwölf Huskys gefahren. Zum Abschluss gibt es Kaffee/Tee und Waffeln. Die 14 km lange Tour kostet aktuell pro Person ca. 135 €, die 22 km lange Variante ca. 175 €. Man kann einen Hundeschlitten auch **selber lenken,** selbstverständlich in Begleitung durch einen *Musher* (14 km kosten pro Person ca. 155 €, 22 km ca. 195 €). Kinder bis zwölf Jahre können nur auf dem Familienschlitten mitfahren und zahlen die Hälfte.

## Finnland

### Husky Ranch Lapland

B, Kurtakontie 205, 95990 Kurtakko,
Tel. 00358 40 84 24 469, www.huskyranch.fi.
GPS: N 67.397618, E 024.217734

Die Husky-Touren von *Juho* wurden bereits im Rahmen der Route 2 beschrieben. Das kleine Familienunternehmen hat sich auf **Husky-Abenteuer für Kleingruppen** spezialisiert. Im Angebot sind diverse Husky-Safaris, von kürzeren Tagesausflügen im Taiga-Wald bis hin zu mehrtägigen Abenteuern in der Tundra. Die Husky Ranch Lapland befindet sich unweit des Ylläs Fjell etwa 30 Kilometer von Äkäslompolo entfernt.

**Rami's Huskies**
Karankisseläntie 61, 99100 Kittilä,
Tel. 00358 40 53 70 593, www.ramishuskies.fi.
GPS: N 67.571137, E 024.469793

Seit dem Jahr 2000 bietet *Rami Kulppi* **Husky-Safaris** an. Die meisten Ausflüge führen in den Nationalpark Pallas-Ylläs und seine Umgebung, Dauer und Länge der Ausflüge variieren. Die kürzeste Tour ist 5 Kilometer lang und dauert nur etwa 1½ Stunden. Wer ein kleines Winterabenteuer erleben möchte, entscheidet sich für die **„National Park Safari Tour 2“**. Insgesamt 23 Kilometer geht es durch die verschneite Landschaft im wunderschönen Nationalpark Pallas-Ylläs. Unterwegs wird eine Pause am Lagerfeuer gemacht, um ein kleines Mittagessen (Würstchen, Brot und heiße Getränke) zu sich zu nehmen. Vor dem Start wird genau erklärt, wie man einen Schlitten fährt und wie man sich auf ihm bewegen bzw. verhalten muss.

**Hetta Huskies**
Hetantie 211, 99400 Enontekiö,
Tel. 00358 16 64 15 90, www.hettahuskies.com/en.
GPS: N 68.381485, E 023.557482

Über die großen **Tierfreunde** von Hetta Huskies ist schon in Route 3 ausführlich berichtet worden. In den letzten Jahren haben sie sich eingehend mit dem Thema verantwortungsbewusster Schlittenhundepflege befasst, ein ganzer Abschnitt auf ihrer Homepage setzt sich ausführlich mit Schlittenhundethik auseinander, einschließlich vieler Informationen über **P.R.I.D.E.** als Organisation (die Abkürzung steht übersetzt für „Bereitstellung verantwortungsbewusster Informationen über die Bedürfnisse eines Hundes“, unterstützt wird die verantwortungsvolle Pflege und artgerechte Behandlung und Haltung von Hunden).

## Touren und Safaris mit dem Schneemobil

Eines der erste Schneemobile mit Kettenantrieb baute *Joseph-Armand Bombardier* im Jahr 1922. Es sollte die Hundeschlitten ablösen und wurde *Ski-Dog* genannt. Daraus wurde **Ski-Doo,** eine Bezeichnung, die heute noch verwendet wird. Wer selbst ein Schneemobil fahren möchte, braucht einen gültigen **Führerschein** zum Führen eines Autos bzw. Motorrads. Versicherung, Benzin etc. sind in der Regel im Preis inbegriffen. Unter Umständen ist eine **Kaution** zu hinterlegen. Die Regelung für selbst verschuldete Unfälle ist von Anbieter zu Anbieter sehr unterschiedlich und sollten unbedingt vorher in Erfahrung gebracht werden, um im Falle des Falles keine böse Überraschung zu erleben.

### Norwegen

**Sorrisniva Alta**
Sorrisniva 20, 9518 Alta,
Tel. 0047 78 43 33 78, www.sorrisniva.no.
GPS: N 69.865455, E 023.317271

Sorrisniva Alta bietet neben vielen sonstigen Winteraktivitäten auch Schneemobil-Touren an. Hier eine Tour zu buchen, ist sinnvoll, wenn man in der Nähe von Alta Station macht. Sorrisniva ist nach eigenen Angaben einer der ersten Anbieter von Touren durch die Natur

Nordnorwegens und verfügt über **große Erfahrung** im Umgang mit Schneemobilen. Das Angebot reicht von einfachen bzw. mehrstündigen Fahrten über das Eis bis hin zu Angebotskombinationen mit einer Übernachtung im Iglu oder Eisfischen.

**Nordic Safari Wildlife Adventures**
Vidar Karlstad, 9770 Mehamn,
Tel. 0047 90 14 75 09, https://nordicsafari.no.
GPS: N 71.038067, E 027.835155

Ein Ausflug mit dem Schneemobil macht Spaß – Leichtsinn ist aber fehl am Platz

Nordic Safari versteht sich als Abenteuercamp mit verschiedenen Angeboten in der Winter- und Sommerzeit. Im Winter werden unter anderem **mehrtägige Expeditionen** mit dem Schneemobil über Ländergrenzen hinweg angeboten. Wer zum Beispiel einmal 850 Kilometer mit dem Schneemobil durch die abgelegensten und wildesten Landschaften Schwedens, Finnlands und Norwegens fahren möchte, ist hier richtig. Aber auch Ausflüge zum Nordkap oder zweistündige Schneemobil-Safaris in die Polarnacht werden angeboten. Ein **Wohnmobilstellplatz** ist vorhanden. Am besten fragt man vorher per Mail an und erläutert seine konkreten Vorstellungen.

### BARENTS SAFARI

Fjellveien 28, 9900 Kirkenes, Tel. 0047 90 19 05 94, www.barentssafari.no (auch auf Deutsch, alle notwendigen Informationen bekommt man per Mail). GPS: N 69.719517, E 030.059103

Schneemobil-Safaris in den Taiga-Wald im Pasvik-Tal, geführte Touren mit kulturellem und historischem Hintergrund, frische Königskrabben und die Jagd nach dem Nordlicht, das alles bietet diese Agentur. Zu empfehlen ist die Tour **„Königskrabben- und Nordlicht-Safari mit dem Schneemobil“.** Nachdem man die Krabben aus den Fallen geholt und dem Koch übergeben hat, fährt man – während die Schalentiere zubereitet werden – mit dem Schneemobil in die Nacht hinaus, um Polarlichter zu fotografieren. Die Tour führt über den zugefrorenen Langfjord bis in den Taiga-Wald im Pasvik-Tal. Nach der Tour werden die Königskrabben im Lavvo, einem Zelt nach Art eines Tipis, serviert.

lapp_066 tm

## Schweden

### Luleå Swedish Lapland

Småbåtsgatan 1, 97235 Luleå, Tel. 0046 72 45 33 828, www.lulea-swedishlapland.com.

Die Homepage stellt die **Aktivitäten verschiedener Anbieter** der Region vor. Neben Schneemobil-Touren, Eisangeln und Fahrten im Hundeschlitten ist der „Flug“ in einem Hovercraft-Luftkissenboot über das Eis der zugefrorenen Ostsee vor Luleå sicherlich eine der spannendsten Unternehmungen.

### Kiruna Sleddog Tours

Karhuniemi Djurgården 446, 98134 Kiruna, Tel. 0046 70 55 59 303, www.sleddog.se. GPS: N 67.881176, E 020.191467

Kiruna Sleddog Tours bietet neben Hundeschlitten-Touren auch Fahrten mit dem Schneemobil an, insbesondere in die Nacht zum Fotografieren der **Polarlichter** außerhalb von Kiruna.

### Lights over Lapland

Abisko Turist Station, 98107 Abisko, Tel. 0046 98 03 30 892, www.lightsoverlapland.com. GPS: N 68.358566, E 018.783678

Bei Lights over Lapland kann man eine zwei- oder vierstündige Tour in den **Abisko-Nationalpark** buchen.

## Finnland

### Aurora eMotion

Lehtoahontie 27, 97220 Rovaniemi, Tel. 00358 40 13 93 878, https://auroraemotion.com.
GPS: N 66.637410, E 025.340806 (Start der Touren)

Wie in Route 2 beschrieben, ist Aurora eMotion der erste Anbieter von Touren mit **Elektro-Schneemobilen.** Das Mobil **eSled** ist eine innovative Möglichkeit, um die finnische Wildnis ohne das Dröhnen von Motoren und den Gestank von Abgasen zu genießen. Die Routen führen über gut gespurte Wanderwege, über zugefrorene Seen, schroffe Hänge und durch Kiefernwälder und zugefrorene Sumpfgebiete. Es werden ausreichend Pausen zum Fotografieren gemacht.

### Arctic Circle Snowmobile Park

Joulumaantie 5, 96930 Rovaniemi, Tel. 00358 46 95 80 419, www.snowmobilepark.com.
GPS: N 66.543033, E 025.850269

Wie der Name schon vermuten lässt, steht hier ein ganzer Schneemobilpark zur Verfügung. Es gibt Touren von 30 Minuten bis zu 3 Stunden Dauer. Im Angebot ist auch eine **Schneemobil-Tour in Kombination mit Aktivitäten** wie Eisfischen, dem Besuch einer Rentier- und Husky-Farm oder eines Museums.

Historische Schneeschuhe …

lapp_067 tm

**Tokka Safaris**
Leviraitti 13, 99130 Sirkka,
Tel. 00358 40 06 70 993, www.tokkasafaris.fi.
GPS: N 67.810857, E 024.806264

Tokka Safaris liegt nahe dem Zentrum von Levi und bietet 14 verschiedene Safaris mit dem Schneemobil an. Zudem ist Tokka eine der wenigen Agenturen, bei der man ein **Schneemobil ausleihen** kann, um die Natur auf eigene Faust zu erkunden. Der Mietpreis für einen halben Tag beginnt aktuell bei 180 €.

**Due North Safaris**
Sivulantie 8, 95970 Äkäslompolo, Tel. 00358 40 36 09 257, www.duenorthsafaris.com.
GPS: N 67.601705, E 024.155629

Bei Due North Safaris ist die **Tour Akas 360°** zu empfehlen. Von Äkäslompolo geht es hoch hinauf ins Fjell von Ylläs und Kuertunuri. Oberhalb der Baumgrenze hat man einen grandiosen 360-Grad-Panoramablick über das Fjell. Und einfacher als mit dem Schneemobil kommt man hier nicht hin.

## Schneeschuhwandern

Bereits vor mehr als 6000 Jahren nutzten Jäger und Sammler ein Geflecht aus Ästen, um ihre **Trittfläche** zu **vergrößern** und so besser durch den Schnee laufen zu können. Später kamen Lederriemen hinzu. Moderne Schneeschuhe bestehen aus Aluminium und Kunststoff und haben eine spezielle Bindung, um den Fuß zu fixieren.

### Norwegen

**Tromsø Outdoor**
Sjøgata 14, 9008 Tromsø,
Tel. 0047 97 57 58 75, www.tromsooutdoor.no.
GPS: N 69.650208, E 018.957652

Bucht man hier eine Schneeschuhwanderung, wird ein **schöner Trip durch die Landschaft um Tromsø** geboten. In Begleitung eines Guides spaziert man durch flaches und leicht hügeliges Gelände. Es wird mehrmals angehalten, damit man die Landschaft fotografieren kann; der Guide berichtet dann über die schöne Stadt Tromsø und ihr Umland.

lapp_068 tm

[>] ... und die moderne Variante

**GLØD Explorer**
Jordfallet 3, 9518 Alta,
Tel. 0047 99 79 42 56, www.glodexplorer.no.
GPS: N 69.932746, E 023.269911

Gegenüber dem Alta River Camping, auf der anderen Flussseite, liegt GLØD Explorer. Geboten werden zwei Schneeschuhwanderungen: **Option 1:** Schneeschuhwandern mit Huskys, Eisfischen und Mittagessen (4½ Stunden). Diese Wanderung führt zu einem Wildniscamp, wo man auf einem zugefrorenen See eisfischen und ein leckeres Mittagessen am offenen Feuer genießen kann.

**Option 2:** 3 Stunden Schneeschuhwanderung mit Huskys. Man erlebt die einzigartige arktische Natur, die vor 10.000 Jahren durch Gletscher und im weiteren Verlauf durch Wind und Wetter geformt wurde. Die drei Alaskan Huskys *Javri, Phelps* und *Atlas* (oder *Bruno*) begleiten die Gruppe. Sie helfen beim Ziehen bzw. Tragen der Ausrüstung und sorgen für gute Gesellschaft.

**Snowhotel Kirkenes**
Sandnesdalen 14, 9910 Björnevatn,
Tel. 0047 89 70 540, www.snowhotelkirkenes.com.
GPS: N 69.676877, E 029.904538

Das „Schneehotel Kirkenes“ bietet fast alle Winteraktivitäten an, die man sich vorstellen kann. Stellvertretend sei hier Schneeschuhwandern genannt, eine perfekte Gelegenheit für einen **entspannten Ausflug,** um die Berge und die Landschaft um Kirkenes kennenzulernen. Oftmals kann man die Spuren der vorbeistreifenden Tiere noch sehen, mit Glück sogar einen Blick auf die Tiere selbst werfen.

## Schweden

**STF Abisko Turist Station**
Abisko Turist Station 2, 98107 Abisko, Tel. 0046 98 04 02 00, www.kirunalapland.se/en/see-do/snowshoe-hike.
GPS: N 68.358462, E 018.783696

Um die Winterlandschaft im Abisko-Nationalpark zu erleben, ist eine Schneeschuhwanderung ein guter Einstieg. Besonders für **Anfänger** ist die dreistündige geführte Tour durch den Park gut geeignet. Schneeschuhe und Stöcke sowie ein heißes Getränk sind inklusive. Man sollte sich mindestens drei Tage im Voraus online oder am Abend vor der Tour bis spätestens 19 Uhr vor Ort in der STF Abisko Mountain Station anmelden.

**Jokkmokk Arctic Dream**
Älvsbo 7, 96299 Jokkmokk, Tel. 0046 76 24 33 646,
www.jokkmokkarcticdream.se.
GPS: N 66.610094, E 019.567739

Will man alleine in den Wäldern und der Landschaft um Jokkmokk wandern, ist man hier richtig. Man kann sich bei Arctic Dream Schneeschuhe ausleihen und die Stille und Abgeschiedenheit genießen. Aber auch von einem Guide geführte Wanderungen sind möglich, entweder **allein oder in Gruppen** bis zu acht Personen.

**HaparandaTornio Tourist Office**
Krannikatu 5, Travel Center, 95336 Haparanda,
Tel. 0046 92 22 62 00, www.haparandatornio.com.
GPS: N 65.843474, E 024.138475

Hier kann man eine **winterliche Nachtwanderung** mit Schneeschuhen buchen.

Der Weg führt durch Wald, tiefen Schnee und über Eis. Ist der Himmel klar, kann man die Nordlichter bewundern und sieht, wie sie am Himmel tanzen. Die Touren sind von Januar bis März möglich. Mit mindestens vier Personen dauert die Wanderung 2 Stunden (ab 22 Uhr). Auch Kinder von vier bis 14 Jahren können teilnehmen.

**CreActive Adventure**
Överstbyn 234, 96197 Gunnarsbyn (Boden), Tel. 0046 70 20 73 751, www.creactive-adventure.se. GPS: N 66.066154, E 021.845802

CreActive Adventure bietet verschiedene Schneeschuhwanderungen für mindestens zwei Personen an, entweder für drei oder sechs Stunden, aber auch ganztägig, dann mit heißer Mahlzeit und Getränken. Die Touren kann man von Dezember bis April buchen. Sie sind eine schöne Möglichkeit, um in die **atemberaubende Landschaft und Natur** rund um Boden einzutauchen.

## Finnland

**Lapland Safaris**
www.laplandsafaris.com (auch auf Deutsch).

Lapland Safaris, einer der größten Anbieter von Wintertouren in Lappland, ist **an sieben Standorten** aktiv: Rovaniemi, Ylläs, Saariselkä, Kemi, Levi, Luosto und Olos. Von einer Fahrt mit dem Eisbrecher bis zu Schneeschuhwandern hat die Agentur alles im Programm, was ein Winterabenteuer in Finnland verspricht. Beispielhaft seien hier die einzelnen Angebote zu Schneeschuhwanderungen beschrieben. **Auf der Homepage** finden sich darüber hinaus alle anderen Angebote nach Regionen bzw. Aktivität gegliedert.

In **Saariselkä** kann man eine Nordlichtwanderung von 2 Stunden buchen. Die Touren sind von Dezember bis April möglich, bei der genauen Terminierung gibt es relativ viel Spielraum. Das Naturerlebnis ist großartig: Nordlichter, Sternenhimmel und viel frische Luft. Es wird eine Fotopause eingelegt. Kinder dürfen erst ab 12 Jahren mitmachen. Im Preis der Tour enthalten sind Thermokleidung und generelle Ausrüstung sowie ein englischsprachiger Guide.

In **Ylläs** können die Wanderungen bis zu 3 Stunden dauern (von Dezember bis Mitte April, das genaue Datum ist frei wählbar). Inbegriffen sind hier Thermokleidung, ein englischsprachiger Guide, Schneeschuhe und ein heißes Getränk. Die Tour wird Personen ab 12 Jahren mit körperlicher Fitness empfohlen.

Auch die Wanderung in **Rovaniemis Umgebung** ist eine geführte Tour, teilnehmen können Erwachsene und Kinder ab vier Jahren. In der Gruppe oder alleine erlebt man die Ruhe und Schönheit der Winterlandschaft. Das Angebot umfasst Thermokleidung, eine englischsprachige Tourleitung, Schneeschuhe, einen warmen Imbiss und heiße Getränke.

In **Luosto** kann man eine Tageswanderung von insgesamt 3 Stunden oder eine Nachtwanderung von 2½ Stunden Dauer buchen. Snacks sowie Thermokleidung, Schneeschuhe und ein englischsprachiger Guide sind im Preis enthalten. Die Wanderung kann ab vier Jahren gemacht werden. Bei der nächtlichen Wanderung entdeckt man die mysteriö-

lapp_069 ll

se, malerische und zauberhafte Winterwunderlandschaft noch einmal von einer ganz anderen Seite. Mit etwas Glück tanzen die Polarlichter am Himmel, während der Schnee unter den Schuhen knirscht. Treffpunkt für beide Touren ist 30 Minuten vor Abfahrt am Büro von Lapland Safaris in Luosto.

In **Kemi** führt ein Guide die Teilnehmer über markierte Wege und durch tiefen Schnee. Mit etwas Glück entdeckt man Spuren von Elchen, Füchsen und Moorschneehühnern. Es werden ausreichend Fotopausen eingelegt und heißer Beerensaft zur Verfügung gestellt. Die Buchung umfasst die Fahrt mit dem Schlitten zum Startpunkt, Thermokleidung, einen englischsprachigen Tourguide, ein heißes Getränk, einen Imbiss am Lagerfeuer und die Schneeschuhe. Der Ausflug erfordert ein Mindestmaß an körperlicher Fitness und wird Kindern erst ab 12 Jahren empfohlen.

Unterwegs im Rentierschlitten

**Snow Village**

Lainiotie 566, 99100 Kittilä,
Tel. 00358 40 41 67 227, www.laplandhotels.com.
GPS: N 67.542361, E 024.494861

Snow Village ist ein **Eishotel** in Kittilä, in dem man eine Schneeschuhwanderung buchen kann, unabhängig davon, ob man Gast ist oder nicht. Die Wanderungen dauern 3 Stunden und sind von Montag bis Donnerstag und sonntags möglich. Erwachsene und Kinder von vier bis 14 Jahren können teilnehmen und die Schönheit der winterlichen Wälder und die schneebedeckte Landschaft bewundern.

**Visit Inari**
Inarintie 38, 99870 Inari,
Tel. 00358 40 17 96 069, www.visitinari.fi.
GPS: N 68.906159, E 027.028003

Die angebotene Schneeschuhwanderung dauert **2 Stunden** und ist Montag bis Samstag möglich. Im Preis inbegriffen sind ein englischsprachiger Guide, Thermokleidung und Schneeschuhe.

## Fahrten mit dem Rentierschlitten

Es ist nicht bekannt, wann und wo Rentiere erstmalig domestiziert wurden. Doch noch heute sind sie **eines der wichtigsten Wirtschaftsgüter der Sami** in Lappland. Fragt man einen Sami, wie viele Rentiere er hat, wird man keine Antwort bekommen, denn die genaue Anzahl der Tiere ist eines der bestgehüteten Geheimnisse eines jeden Herdenbesitzers.

### Norwegen

**Lyngsfjord Adventure**
Camp Tamok, 9334 Øverbygd,
Tel. 0047 77 71 55 88, www.lyngsfjord.com.
GPS: N 69.093401, E 019.716414

Mit Lyngsfjord Adventure kann man von November bis März mit dem Rentierschlitten durch die Landschaft fahren. Man wird von einem Bus zum **Camp Tamok** gebracht, wo man warme Kleidung und Outdoor-Stiefel erhält. Bevor es losgeht, lernt man die Tiere kennen. Zu zweit auf einem Schlitten wird man durch die Landschaft rund um Øverbygd gezogen und hat Zeit, die Eindrücke zu genießen. **Tagsüber** bieten sich schöne Blicke auf wilde Berge in herrlicher Umgebung, während die **nächtlichen Ausflüge** von November bis März den Blick auf Nordlichter frei geben, wenn die Bedingungen passen. Nach der Schlittenfahrt kehrt man zurück zu einem Lavvo (Sami-Zelt), wo ein Lagerfeuer brennt und Geschichten rund um die Sami erzählt werden.

**Tromsø Arctic Reindeer/ Sami Arctic Reindeer**
Fv53, 1570, 9022 Krokelvdalen, Tel. 0047 98 31 30 38, www.tromsoarcticreindeer.com.
GPS: N 69.739851, E 019.130826

Hier kann man zwei verschiedene **Tagestouren** buchen oder eine **nächtliche Rentier-Tour** mit Chance auf die Sichtung von Nordlichtern machen. Nebenbei hat man Gelegenheit, etwas mehr über die Kultur der Sami und frühere Zeiten in Tromsø zu erfahren. Die kurze Tour dauert 10 bis 15 Minuten, die längere 30 Minuten; für Kinder unter sechs Jahren sind beide kostenlos. Die nächtliche Tour ist 25 Minuten lang und für Kinder unter 6 Jahren ebenfalls kostenfrei. Nach dem Schlittenfahren gibt es ein Essen, warme Getränke und die Chance, die Rentiere zu füttern und sich mit ihnen zu beschäftigen.

**Sorrisniva Alta**
Sorrisniva 20, 9518 Alta,
Tel. 0047 78 43 33 78, www.sorrisniva.no.
GPS: N 69.865739, E 023.317303

**Drei Touren** werden angeboten, jede davon kann man von Dezember bis März antreten. Es gibt eine Tages- und eine Nachttour mit jeweils bis zu 12 Teilnehmern. Beide dauern 1½ Stunden und bieten eine wunderbare Möglichkeit, die Natur bei Alta und die Kultur der Sami besser kennenzulernen. Die dritte Tour richtet sich an größere Gruppen mit bis zu 26 Personen. Jeweils im Preis enthalten sind Thermokleidung und Winterschuhe sowie Kaffee und Snacks.

## Schweden

### Arctic Reindeer Sledding

Abholung in Abisko oder Björkliden, Tel. 0046 98 04 00 37, www.visitabisko.com/booking/arctic-reindeer-sledding.

Man wird in Abisko oder Björkliden abgeholt und fährt etwa 45 Minuten zum samischen Dorf **Rávttas.** Nach der Ankunft dort erhält man von einem erfahrenen **samischen Rentierhirten** eine Einweisung zum Umgang mit Rentieren und eine kleine Schlittenkunde. Nach der Rückkehr zum Camp wartet dort eine warme Mahlzeit, die in einem traditionellen *Sámi lavvus* (Tipi) am offenen Feuer serviert wird. Man hat Gelegenheit, dem Rentierhirten Fragen zur Rentierzucht zu stellen und mehr über die einzigartige Lebensweise der Sami in der Arktis zu erfahren. Die Schlittenfahrt selbst dauert etwa 1 Stunde. Warme Kleidung ist im Preis enthalten, auch ein vegetarisches Essen kann ohne zusätzliche Kosten gewählt werden.

### Wildnisdorf Solberget

Solberget 1, 98206 Nattavaara, Tel. 0046 70 29 35 887, 0046 97 04 01 44, www.solberget.com.
GPS: N 66.658216, E 021.242600

*Dirk* vom Wildnisdorf Solberget bietet **drei Rentier-Abenteuer** an. Man kann eine ein-, zwei- oder dreistündige Tour (inkl. Einweisung) buchen. Bei der dreistündigen Tour wird nach der Hälfte der Strecke im Wald angehalten und über einem offenen Lagerfeuer gegrillt. Hier erlebt man die nordschwedische Wildnis aus einer ganz neuen Perspektive, die zum Entspannen und zu Spaziergängen einlädt. **Übernachten** ist im Wildnisdorf Solberget auf Anfrage möglich.

## Finnland

### Safartica

Koskikatu 9, 96200 Rovaniemi,
Tel. 00358 16 31 14 85, www.safartica.com.
GPS: N 66.502089, E 025.733859

Safartica hat sein Büro mitten in Rovaniemi. Hier oder online kann man einen Ausflug mit Rentier inklusive warmer Winterkleidung buchen. Das Paket beinhaltet den **Besuch einer Rentierfarm,** eine einstündige Schlittenfahrt, eine Rentierschlittenlizenz, heiße Getränke, eine warme Mahlzeit und einen Guide, der von den Tieren erzählt. Das Programm wird von November bis April angeboten. Bei der nächtlichen Tour hat man die Möglichkeit, einen Blick auf das Wunder des Polarlichtes und den Sternenhimmel zu werfen.

[>] Nach jeder Tour müssen die Tiere gut versorgt werden

**Visit Inari**

Inarintie 38, 99870 Inari,
Tel. 00358 40 17 96 069, www.visitinari.fi.
GPS: N 68.906168, E 027.027981

Auf der Homepage werden ganz unterschiedliche Winteraktivitäten angeboten. Die **Rentier-Safari** kann man dreimal in der Woche (Montag, Mittwoch, Samstag) buchen. Eine Tour dauert etwa 1½ Stunden. Eine besondere Möglichkeit, etwas über die Rentierzucht und die Kultur der Sami zu erfahren, ist der **Besuch bei Tuula** am Muddus-See. Bei ihr bekommt man einen echten Eindruck von der Lebensweise in Lappland. *Tuula* macht einen zuerst mit ihren Rentieren bekannt, bevor man ins Haus geht und etwas über authentisches samisches Handwerk lernt, zum Beispiel die Herstellung traditioneller Rentierstiefel.

**Torassieppi Reindeer Farm and Cottages**

Torassiepintie 212, 99300 Muonio, Tel. 00358 40 17 01 925, www.harriniva.fi/winter-spring.
GPS: N 67.952280, E 023.925131

Auf der Farm in Muonio kann man einen Tages- und einen Nachtausflug mit dem Rentierschlitten machen. Beim **Tagesausflug** genießt man die ländliche Umgebung und die Natureindrücke und erfährt zusätzlich mehr über die Kultur und Arbeit der Rentierzüchter. In einem traditionellen Schlitten geht es dann über Wiesen und durch einen verschneiten Wald. Während des **Nachtausfluges** ist es besonders wichtig, den Blick gen Himmel zu richten, da gute Chancen bestehen, Polarlichter zu sehen. Bei beiden Ausflügen sind warme Winterkleidung, ein Guide und heiße Getränke an einem offenen Lagerfeuer inklusive.

lapp_070 tm

# Eisangeln

Eisangeln hat etwas von **Meditation auf einem zugefrorenen See.** Die Angeln sind sehr klein und aus der Entfernung nicht zu sehen, was den Eindruck untermauert. Alle Anbieter stellen auf Nachfrage eine Eisangel zur Verfügung, was aber vorher abzuklären ist. Besonders im Winter ist das Eisangeln eine beliebte Freizeitaktivität.

## Norwegen

### Snowhotel Kirkenes

Johan Knudtzens gate 1, 9900 Kirkenes,
Tel. 0047 78 97 05 40,
www.snowhotelkirkenes.com/ice-fishing.
GPS: N 69.676786, E 029.903932

Das Hotel veranstaltet geführte Eisangeltouren, nicht nur für Übernachtungsgäste. Warme Kleidung wird gestellt. Man wird **mit einem Motorschlitten** zum zugefrorenen Fjord gebracht, ein Guide bohrt ein Loch in das Eis, und schon kann man mit dem Eisangeln loslegen. Die Tour dauert insgesamt 3 Stunden.

### Ice Fishing – Enjoy the Arctic

Samuel Arnesens gate 5, Postbox 311, 9253 Tromsø,
Tel. 0047 97 83 57 78, www.enjoythearctic.no.

Die Tour dauert 5 bis 6 Stunden, **maximal acht Personen** sind dabei. Start ist meist morgens um 10 Uhr. Den Ort, an dem man abgeholt wird, kann man individuell vereinbaren (daher ist auch keine konkrete GPS-Angabe möglich). Inklusive sind thermische Anzüge und Stiefel (auf Anfrage), Angelausrüstung, professionelle Anleitung, Kaffee und Tee.

### Lapphaugen Turiststasjon

General Fleischers Vei 365, Fossbakken, 9357 Tennevoll, Tel. 0047 77 17 71 27, www.lapphaugen.no.
GPS: N 68.678980, E 017.914506

Bei diesem Anbieter geht es zum Eisangeln an den **Lapphaugen-See,** der von arktischen Bergen umgeben ist. Nach einem kurzen Spaziergang kommt man an den See und das Eis und hat die Möglichkeit, **Forellen und Saiblinge** zu angeln. Wenn man möchte, kann man seinen Fang über dem Lagerfeuer grillen. Die Buchung sollte spätestens einen Tag vor dem Ausflug getätigt werden.

lapp_071 tm

## GLØD Explorer

Jordfallet 3, 9518 Alta, Tel. 0047 99 79 42 56, www.glodexplorer.no/product/ice-fishing. GPS: N 69.932832, E 023.270176

In Alta kann man eine 4½-stündige **Schneeschuhwanderung kombiniert mit Eisangeln** unternehmen. Als Abschluss wird der Fang über einem offenen Feuer im GLØD-Wildnislager gegrillt. Die Schneeschuhwanderung führt durch einen malerisch schönen Kiefernwald umgeben von hohen Bergen. Das Angebot gilt von November bis April und ist eine unvergessliche Erfahrung.

## XLYNGEN

Lenangsveien 2344, Nord-Lenangen, Tel. 0047 77 71 35 00, www.xlyngen.no. GPS: N 69.892214, E 020.176238

Zwischen den **Lyngenalpen** liegt der zugefrorene Fjord, an dem man sein Glück beim Eisangeln versuchen kann. Nachdem ein Guide ein Loch in die Eisfläche gebohrt hat, kann man hier **Kabeljau**

Vor dem Eisangeln muss ein Loch in die Eisfläche gebohrt werden

**und Schellfische** fangen und später über einem Lagerfeuer grillen und dem Guide zuhören, wie er über die Geschichte und Kultur Norwegens erzählt. Die Saison dauert von Anfang Februar bis Mitte April. Mindestens zwei Personen müssen teilnehmen, höchstens zehn.

## Schweden

### Luleå Swedish Lapland

Småbåtsgatn 1, 97235 Luleå, Tel. 0046 70 54 47 147, www.lulea-swedishlapland.com.
GPS: N 65.580935, E 022.160464

Eisangeln ist hier die beste Möglichkeit, um eine entspannte Zeit in der Natur bei Luleå zu verbringen. Vom **Luleå Activity Center** macht man einen kurzen Spaziergang auf den gefrorenen Fluss Luleå. Die zweistündige Tour kann von zwei bis sechs Personen gebucht werden. Will man die Tour verlängern, falls die Bedingungen ideal sind, kann man dies mit dem Reiseleiter vor Ort besprechen.

### Hide and See

*Mikael Suorra,* Nedre Svartlå 29, 96198 Boden, Tel. 0046 70 57 59 973, www.hideandsee.se.

Vom Treffpunkt (den *Mikael* bei der Buchung mitteilt, daher keine konkrete GPS-Angabe möglich) geht es hinaus in die Natur. *Mikael* bringt seinen Gästen die Tricks des Eisangelns bei und zeigt ihnen seine Lieblingsplätze an **Waldseen** oder am **Fluss Lule.** Seine Touren sind auch für Menschen mit mobilen Einschränkungen möglich.

lapp_124 tm

**Sörbyn Lodge**
Sörbyn 222, Gunnarsbyn,
Tel. 0046 92 42 20 36, www.upplevboden.no.
GPS: N 66.054306, E 021.785394

Die Sörbyn Lodge lädt zu einer dreistündigen und zu einer achtstündigen Eisangel-Tour ein. Thermokleidung und Angelequipment werden gestellt. Man geht auf das Eis und bohrt sich selbst ein Loch, ein Guide ist dabei. Hatte man Anglerglück, kann man sich nach dem **dreistündigen Ausflug** seinen Saibling selbst zubereiten und zu Mittag essen. Bei der **sechsstündigen Tour** hingegen gibt es nach drei Stunden eine Pause, der Guide bereitet am offenen Feuer eine Mahlzeit zu, und danach geht es direkt weiter mit dem Eisangelspaß.

**Malören Lodge**
Kärleksstigen 46, 95262 Kalix,
Tel. 0046 70 32 50 931, 0046 73 44 45 684,
www.maloren.se/activities/winter.

Die Tour dauert hier 3 Stunden. **Mit dem Schneemobil** und in Begleitung eines Guides geht es bis zu dem See oder Fluss, um dort die Eisangel auszuwerfen. Ausrüstung und Bekleidung werden gestellt, der Guide gibt Tipps zum Angeln und Informationen über die Region. Der Start der Tour variiert und sollte bei der Buchung erfragt werden (daher ist auch keine konkrete GPS-Angabe möglich).

**Pohjolan Safarit Nordic Safaris**
Koskitie 130, 95520 Tornio,
Tel. 00358 40 06 92 301, www.nordicsafaris.com.
GPS: N 65.969114, E 024.046044

Die Saison fürs Eisangeln dauert bei diesem Anbieter von Anfang Dezember bis Mitte April. Mindestens sechs Personen müssen teilnehmen. Die Tour ist insgesamt 2 Stunden lang und auch für **Familien mit Kindern** geeignet. Ein Guide hilft dabei, das Loch durch die Eisdecke zu bohren, und erklärt, wie man Angel und Köder vorbereitet. Die Angeln und sonstiges Equipment sind inklusive.

## Finnland

**Taxari Travel Agency**
Kauppakatu 29, 94100 Kemi,
Tel. 00358 40 72 20 595, www.taxari.com.

Hier in Kemi kann man im **Bottnischen Meerbusen** zum Eisangeln gehen. Nach einem kurzen Spaziergang bohrt man ein Loch durch die Eisdecke, und nach einer Einweisung und zahlreichen Tipps durch einen Guide fängt man an zu fischen. Mit dem nötigen Glück beißen hier **Barsche, Plötze, Welse und andere Fische** an. Auf der Tour werden heiße Beeren-Getränke aus Lappland gereicht. Der Ausflug kann jeden Tag für 1½ Stunden gebucht werden, Voraussetzung sind mindestens zwei Teilnehmer, Saison ist von Dezember bis April. Warme Kleidung und Angelequipment sind im Preis inbegriffen. Die genaue Startzeit und den genauen Ort muss man bei der Buchung bzw. telefonisch oder per Mail erfragen (daher ist auch keine konkrete GPS-Angabe möglich).

[<] Mit einer Bienenmade als Köder geht es auf Saibling und Forelle

**Visit Inari**
Inarintie 38, 99870 Inari,
Tel. 00358 40 17 96 069, www.visitinari.fi.

Ein Guide steuert **mit dem Schneemobil** die besten Stellen zum Eisangeln an. Mittags gibt es eine heiße Suppe am offenen Lagerfeuer. Man ist 4 Stunden unterwegs, und zwar am Dienstag, Donnerstag oder Samstag. Das Angebot umfasst einen englischsprachigen Guide, Thermoequipment, Mittagessen und die Ausrüstung zum Angeln. Auch bei diesem Anbieter muss man den Start der Tour bei der Buchung bzw. telefonisch oder per Mail erfragen (daher ist auch keine konkrete GPS-Angabe möglich).

**Ruka! Kuusamo**
Rukankyläntie 13, 93830 Rukatunturi, Tel. 00358 10 27 10 500, www.ruka.fi/de/eisangeln.
GPS: N 66.157165, E 029.148811

Eisangeln in der Umgebung von Ruka und Kuusamo ist eine schöne Unternehmung **für die ganze Familie.** Ein Guide unterstützt die Teilnehmer, eine geeignete Route wird im Voraus ausgesucht. Nach einer Einführung in das Eisfischen kann es auch schon losgehen. Die Tour für mindestens vier Personen dauert insgesamt 2½ Stunden. Während man angelt, kümmert sich der Guide um das Lagerfeuer für die Bratwürste, die man mit lokalem Brot und Kaffee verspeist. Im Angebot enthalten sind die Angelausrüstung, Thermokleidung und das Essen und Trinken am Lagerfeuer.

[>] Die Sichtung von Walen ist ein Erlebnis, das in Erinnerung bleibt

# Whale Watching

Waltourismus hat sich zu einer wichtigen kommerziellen Größe entwickelt, nicht immer zum Vorteil der Wale: Häufig bedeuten die vielen Ausflugsschiffe Stress für die Tiere. Darum haben unter anderem der WWF und Visit Tromsø **Richtlinien** erlassen, um die Tiere bestmöglich zu schützen. So wird zum Beispiel empfohlen, dass sich nicht mehr als drei Boote an einem Walspot befinden sollen. Weitere Empfehlungen und Informationen findet man auf folgenden **Webseiten** (englisch bzw. deutsch):

- www.visittromso.no/sustainable/whale-watching-guidelines
- www.wwf.de/aktiv-werden/tipps-fuer-den-alltag/umweltvertraeglich-reisen/wale-beobachten

## Norwegen

**Tromsø Angling & Whale Watching Adventures**
Sjøtunvegen 481, 9108 Kvaløya,
Tel. 0047 47 89 58 64, https://ladyelsietromso.com.
GPS: N 69.594651, E 018.284967

Die Agentur ist ein kleines Familienunternehmen mit Skipper *Charles Walker* („Chas"), der seit über 40 Jahren auf dem Meer unterwegs ist. **„Lady Elsie Tromsø"** ist der Name des Bootes, mit dem die Teilnehmer hinaus aufs offene Meer fahren. Maximal acht Personen können an einer Tour teilnehmen. Neben Whale Watching werden auch Angeltouren bzw. ein Kombi-Paket angeboten.

■ **Explore 70 Degrees**
Strandveien 88A, 9180 Skjervøy,
Tel. 0047 97 66 13 07, www.explore70.no.
GPS: N 70.030572, E 020.969912

Bei Explore 70 Degrees werden Umwelt- und Tierschutz sowie die **Nachhaltigkeit** der Touren hervorgehoben. Eine Sichtungs-Garantie wird nicht gegeben. Die Touren werden vom 15. Oktober bis 1. Februar angeboten, es können maximal 12 Personen teilnehmen, eine Tour dauert etwa 3 Stunden.

■ **Hvalsafari**
Hamnegata 1C, 8480 Andenes, Tel. 0047 76 11 56 00, www.whalesafari.no (auch auf Deutsch).
GPS: N 69.324431, E 016.118653

Wie in Route 5 erwähnt, ist Hvalsafari der älteste Anbieter von Wal-Safaris ganz im Norden der Vesterålen. Auch hier nimmt man den Schutz der Tiere ernst. Auf der Homepage heißt es zum Beispiel, dass die Boote mit speziellen geräuscharmen Propellern ausgestattet sind, die für die Wale weniger Stress bedeuten. Hvalsafari garantiert die Sichtung der Meeressäuger. Sollte man keine Wale zu Gesicht bekommen, kann man eine zweite Tour kostenlos buchen, oder der volle Preis wird rückerstattet. Zur Wal-Safari gehört auch der Besuch des **Walzentrums** mit einer 45 Minuten langen Führung zur Biologie der Wale und dem Ökosystem der Tiere. Die Führung findet in der Regel vor der Fahrt mit dem **Fischkutter „M/S Reine"** hinaus aufs Meer statt. Bis zu 80 Personen können mit an Bord sein.

■ **Sea Safari Andenes**
Hamnegata 9, 8480 Andenes, Tel. 0047 95 76 57 39, www.seasafariandenes.no (auch auf Deutsch).
GPS: N 69.322753, E 016.121513

Bei Sea Safari Andenes geht man mit einem **Festrumpfschlauchboot** mit maximal 12 Teilnehmern auf Tour. Auch hier wird den Gästen ein kostenloser zweiter Ausflug angeboten, wenn keine Wale zu sehen waren.

lapp_053 tm

Abisko | 128
Harads | 115
Jokkmokk | 118
Jukkasjärvi | 124
Kiruna | 126
Luleå | 113
Nattavaara | 121
Nikkaluokta | 127
Porjus | 123
Storforsen | 113

lapp_001 tm

# 7

# Route 1: Von Luleå nach Abisko

**»Diese Route beginnt etwas südlich des Polarkreises und stimmt auf den Winter in Skandinavien ein. Start ist in Luleå, dann geht es an den größten Stromschnellen Skandinaviens vorbei, es folgt ein Abstecher zum Solberget-Hof, Ziel ist Abisko. Fährt man die Strecke Ende Januar/Anfang Februar, hat man die Möglichkeit, den Wintermarkt in Jokkmokk zu besuchen. Die Route ist etwas über 550 Kilometer lang.**

< Per Kuhmunen, einer der meistfotografierten Sami auf dem Wintermarkt von Jokkmokk

# Route 1: Von Luleå nach Abisko

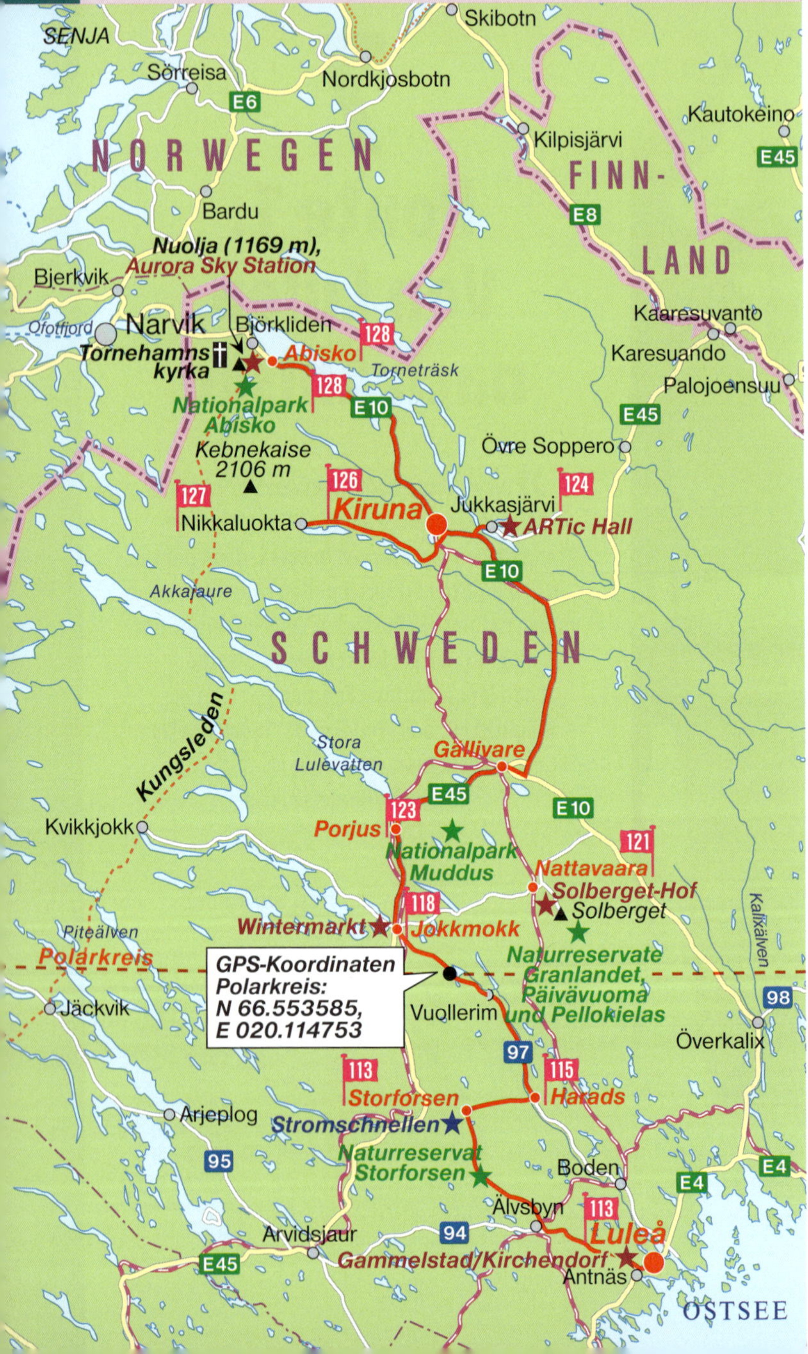

# Luleå

■ **Luleå Turistcenter**
Kulturens hus, Skeppsbrogatan 17, Luleå, Tel. 0046 92 04 57 000, https://visitlulea.se, die Homepage gibt es auch in Englisch.
GPS: N 65.585225, E 022.151857

■ **Stellplatz**
In Lulea gibt es einen sehr schönen Stellplatz direkt am Hafen. Im Winter werden Strom, Müllentsorgung und Toiletten für 14 € pro Tag angeboten.
GPS: N 65.580171, E 022.159879

■ Einen **Supermarkt** findet man in unmittelbarer Nähe des Stellplatzes, ebenso eine **Tankstelle.**

Luleå ist mit etwas über **40.000 Einwohnern** eine der größten Städte in der schwedischen Provinz Norbottens Län. Auch der **größte Flughafen der Provinz** befindet sich in Luleå. Besonders sehenswert ist **Gammelstad,** was so viel wie „alte Stadt" bedeutet. Es handelt sich dabei tatsächlich um das alte Zentrum von Luleå. Rund um die Kirche in Gammelstad befindet sich das **Kirchendorf,** das zum UNESCO-Weltkulturerbe gehört. Es handelt sich um eine Ansiedlung von 400 roten Hütten, in denen die Bewohner der umliegenden Gemeinden übernachten konnten, nachdem sie den Gottesdienst in Luleå besucht hatten. Da es nur noch wenige derartige Kirchendörfer gibt, ist das Kirchendorf in Luleå etwas sehr besonderes.

Es gibt ein eigenes **Besucherzentrum** mit Ausstellungen, geführten Touren und einem Souvenirshop.

■ **Besucherzentrum in Gammelstad**
Kyrktorget 1, Gammelstad, Tel. 0046 92 04 57 010, gammelstad@lulea.se, geöffnet Januar bis März Mo bis Do 12–16 Uhr, Sa/So 11–15 Uhr, weitere Informationen zu den Öffnungszeiten und Touren findet man unter www.visitgammelstad.se.
GPS: N 65.646229, E 022.028651

## Weiterfahrt ab Luleå

Von Luleå folgt man ein kleines Stück der E 4 Richtung Süden bis zur **Abfahrt Antnäs** und biegt hier auf die Straße 94 ab, der man bis kurz vor **Älvsbyn** folgt. Im Kreisverkehr vor Älvsbyn biegt man an der ersten Ausfahrt auf die 374 ab. Immer entlang des zugefrorenen **Piteälven** fährt man etwa 40 Kilometer bis man hinter dem Storforsen Hotell links zum **Naturreservat Storforsen** abbiegt; auf der linken Seite kann man schon einen Blick auf die dortigen **Stromschnellen** werfen.

■ Kostenlos parken und auch übernachten kann man auf einem **Stellplatz** (GPS: N 65.852214, E 020.397792) oder alternativ auf **Storforsens Camping,** Bredsel 105, 94295 Vidsel, www.storforsen-hotell.se/boende/camping, Tel. 0046 92 97 21 00, GPS: N 65.857210, E 020.423388.

# Storforsen

Die **Stromschnellen** sind etwa 5 Kilometer lang, und das Wasser überwindet eine Höhendifferenz von 82 Metern. Im Durchschnitt ergießen sich 250 m³ Wasser pro Sekunde ins Tal, im Sommer sind es sogar bis zu 870 m³. Die Kraft des Wassers ist unglaublich. Was den Ort im Winter so spektakulär macht, ist die an den Bäumen gefrorene Gischt; die Natur schafft hier einzigartige Skulpturen. Es gibt viele **Holzwege,** die durch das Reservat führen, und man kommt ganz nah ran ans Wasser. Am Anfang des Reservats kann man sich ein bisschen Holz mitnehmen und an einer der vielen Grillstellen ein kleines Barbecue veranstalten – also Feuerzeug und Grillgut nicht vergessen! Der Zugang zum Naturreservat ist kostenlos.

Die Stromschnellen von Storforsen

lapp_015 tm

## Weiterfahrt ab Storforsen

Über verschneite Straßen geht es etwa 60 Kilometer durch Tannenwälder nach Harads zum Treehotel. Mit etwas Glück sieht man auf dem Weg **Elche,** die auf Futtersuche durch den Wald streifen.

# Harads

Auch wenn man nicht im **Treehotel** absteigen möchte, kann man sich bei einem Spaziergang die einzelnen **„Baumhäuser"** anschauen. An der Rezeption

erhält man Informationen über die Geschichte dieser Häuser, die Idee dahinter und ihre Umsetzung (7 €).

**Treehotel**
Edeforsvägen 2A, 96024 Harads,
Tel. 0046 92 81 03 00, www.treehotel.se/en.
GPS: N 66.072853, E 020.981903

In oder auf dem Weg nach Harads lohnt sich die Kontaktaufnahme mit **Mikael Suorra,** zumindest dann, wenn man raus in die Natur und etwas über sie erfahren möchte. *Mikael* gehört dem Volk der **Sami** an und verbrachte seine Kindheit und Jugend größtenteils in den Wäldern um Jokkmokk. Er hat als Holzfäller, Förster, Wildhüter und Ranger gearbeitet. Seine große Liebe gilt der Natur und den Tieren. Anders als viele Sami ist *Mikael* in keinster Weise zurückhaltend oder gar verschlossen, ganz im Gegenteil. Er erzählt zu gerne vom Leben in der Natur, von den Tieren dort und über

die Kultur seines Volkes. Und das am liebsten draußen, am Lagerfeuer bei heißem Tee oder Kaffee.

Nach einem Unfall 2004 – *Mikael* hatte viel Zeit, um sich über seine Zukunft Gedanken zu machen –, entwickelte er ein Konzept, wie er sein Wissen und seine Erfahrungen weitergeben könnte. Er gründete seine Firma „Hide and See" und bietet seitdem **Sommer- und Wintertouren** rund um Harads und Boden an. Im Winter liegt der Schwerpunkt auf Elchsafaris, Eisfischen und Schneemobiltouren in der Weite der schwedischen Wälder.

Was seine Touren von anderen Anbietern unterscheidet, ist, dass sie **behindertengerecht** sind. Alle Angebote können auch von Menschen mit körperlichen Einschränkungen gebucht werden, egal ob sie im Rollstuhl sitzen oder ein anderes Handicap haben – *Mikael* hat immer eine Lösung.

lapp_017 tm

**Mikael Suorra**

Nedre Svartlå 29, 96198 Boden, Tel. 0046 70 57 59 973, www.hideandsee.se. Da *Mikael* viel in der Natur unterwegs ist, darf man sich nicht wundern, wenn man ihn nicht sofort ans Telefon bekommt oder innerhalb kürzester Zeit eine Antwort auf seine Mail erhält. Hier ist etwas Geduld gefragt.

## Weiterfahrt ab Harads

Weiter führt die Route über die Straße 97 ca. 90 Kilometer bis nach Jokkmokk. Vorher überquert man bei den GPS-Koordinaten N 66.553585, E 020.114753 den **Polarkreis.** Wer zum ersten Mal diese unsichtbare Grenze, bei der die Sonne im Winter lange nicht über den Horizont steigt, überquert, fühlt durchaus, dass es sich um etwas Besonderes handelt. Grund genug, um anzuhalten und ein paar Fotos zu machen.

☐ Das Treehotel in Harads, eine Unterkunft der ganz besonderen Art

# Jokkmokk

■ **Touristeninformation:**
**Destination Jokkmokk**
Västra Torggatan, 96232 Jokkmokk, Tel. 0046 97 12 22 50, http://destinationjokkmokk.se/en, Facebook: https://www.facebook.com/destinationjokkmokk.
GPS: N 66.604920, E 019.833944

Auch wenn das Gemeindegebiet von Jokkmokk etwa so groß ist wie Rheinland-Pfalz, leben hier nur knapp **5000 Menschen,** davon fast 2800 in der gleichnamigen Stadt. Umgerechnet auf die Fläche bedeutet das: Während in Rheinland-Pfalz etwa 206 Menschen pro Quadratkilometer wohnen, sind es im Gemeindegebiet von Jokkmokk gerade einmal 0,3. Den nächsten Nachbarn kann man nur mit dem Auto oder im Winter mit dem Schneemobil besuchen. Wohnt man außerhalb der Stadt und braucht etwas oder muss zum Arzt, ist der Weg weit. Man kann nicht einfach spontan bei Freunden oder der Familie zum Kaffee oder *Fika,* wie es in Schweden heißt, vorbeischauen.

Gerade deshalb und natürlich aus wirtschaftlichen Gründen ist der **Wintermarkt** in Jokkmokk von so großer Bedeutung für die Menschen der Region. Hier trifft man sich, tauscht sich aus und treibt Handel.

Ende Februar 1605 fand der erste offizielle **Sami-Markt,** der bis heute den Namen *Jokkmokks Vintermarknad* („Jokkmokks Wintermarkt") trägt, statt. Er beginnt jeden ersten Donnerstag im Februar und endet am darauffolgenden Samstag. Er gehört übrigens zu den ältesten

lapp_016 tm

regelmäßig stattfindenden Märkten der Welt. Und ist bis heute das wichtigste Ereignis der Sami aus ganz Skandinavien und von der russischen Kola-Halbinsel.

Es finden **Konzerte, Lesungen und Vorträge** statt, in den Schulen wird **samisches Essen** angeboten, in den Räumen der Gemeinde kann man **samische Trachten** sehen, Stoffe, Geweihe, Rentierfelle und anderes Zubehör zur Herstellung von Kunsthandwerk kaufen. In fast jedem öffentlichen Gebäude ist Neues und Interessantes zu entdecken. Von außen ist das nicht immer ersichtlich, darum darf man gerne mal die eine oder andere Tür öffnen und nachsehen.

Am Rand der Stadt, auf dem zugefrorenen **Talvatis-See,** finden die berühmten **Rentierschlittenrennen** statt, ein echtes Spektakel, das man sich nicht entgehen lassen sollte. Dabei muss man wissen, dass Rentiere sehr schwer zu domestizieren sind. Anders als Pferde oder Kamele bleiben sie ihrem Wesen nach ursprünglich und wild und sind nur schwer zu kontrollieren. Es kommt nicht selten vor, dass das Rentier mit dem Schlitten schon unterwegs ist, der Jockey aber noch am Start steht …

**Bis zu 40.000 Menschen** besuchen den Markt an drei Tagen. Um dem größten Gedränge zu entgehen, sollte man die Mittagszeit am Samstag meiden.

‹ Elche streifen durch die Wälder

⌄ Frau in samischer Tracht auf dem Wintermarkt in Jokkmokk

lapp_018 tm

Reist man mit Hund, sollte man diesen lieber zu Hause oder im Wohnmobil lassen, denn zu groß ist die Gefahr, dass jemand auf seine Pfoten tritt.

**Jokkmokks Vintermarknad**

Das Programm und alle weiteren wichtigen Informationen wie Öffnungszeiten, Unterkünfte, Parkplätze etc. findet man unter www.jokkmokksmarknad.se.

Etwa 4 Kilometer vor Jokkmokk, an der Straße 97, liegt der **Campingplatz Arctic Camp.** Er hat das ganze Jahr über geöffnet, ist zur Zeit des Wintermarkts aber sehr schnell ausgebucht, vor allem wenn man einen Stellplatz mit Stromanschluss benötigt; ohne Stromanschluss habe ich, auch kurzentschlossen, noch immer einen Platz bekommen.

**Arctic Camp Jokkmokk**

Notudden 1, 96231 Jokkmokk, Tel. 0046 97 11 23 70, https://arcticcampjokkmokk.se.
GPS: N 66.594566, E 019.891812

Sollte alles ausgebucht sein, gibt es alternativ etwa 4,5 Kilometer von Jokkmokk entfernt einen **kostenlosen Stellplatz an der E 45,** allerdings ohne Sanitäranlagen. Dafür ist es ein schöner Ort mit Blick über den zugefrorenen See, um Polarlichter zu fotografieren.

**Stellplatz Laponia**

GPS: N 66.642723, E 019.824212

lapp_019 tm

Rentierschlittenrennen auf dem Talvatis-See

lapp_020 tm

# Nattavaara

Wer nach dem ganzen Trubel ein wenig ausspannen, aber nicht so weit fahren möchte, der sollte einen Abstecher nach Nattavaara machen.

Etwa 90 Kilometer von Jokkmokk entfernt liegt, direkt am Polarkreis in unmittelbarer Nachbarschaft der Naturreservate Granlandet, Päivävuoma und Pellokielas sowie unweit des Muddus-Nationalparks, der **Solberget-Hof** von *Dirk* und *Silke Hagenbuch.* Hier kann man die Natur in ihrer ursprünglichen Form erleben – fernab jeglicher zivilisatorischer „Störgeräusche".

Früher war der Hof eine Wechselstation für Rentiere auf dem Handelsweg zur Küste. *Dirk* hat den Hof 2002 übernommen und bietet seitdem unter anderem geführte **Ski- und Hundeschlittentouren** sowie **Rentierschlittenfahrten** an. Gäste können in einem **Gästehaus** oder in **Hütten** unterkommen. Alles ist sehr rustikal und einfach gehalten, aber (oder vielleicht genau deswegen) urig-gemütlich. Man darf keinen Luxus erwarten – den man hier auch nicht wirklich vermisst. Es gibt kein fließend Wasser (aber eine Quelle), die drei Toiletten sind weitläufig auf dem Gelände verteilt, Strom liefert eine Solaranlage, Petroleumlampen geben abends Licht. Die Feriengäste holen Holz und heizen ihre Zimmer selbst ein, in der Küche sorgt ein gusseiserner Herd für Wärme. Es gibt alles, was man braucht, nur eben anders. Im Umkreis von 20 Kilometern findet sich kein weiteres bewohntes Haus, sondern nur Natur pur.

Der Solberget-Hof bei Nattavaara

lapp_021 tm

Gäste mit Wohnmobil sind eigentlich nicht *Dirks* Zielgruppe. Es gibt auch nur begrenzten Parkraum, darum bietet er keine Übernachtungsplätze an. Aber **von Jokkmokk** aus kann man den Solberget-Hof **als Tagesausflug** besuchen und sich bei *Dirk* Ski oder Schneeschuhe ausleihen und z.B. zum **Berg Solberget** wandern. Der Weg ist ungefähr 1,7 Kilometer lang, dauert 30 bis 60 Minuten und ist auch für Anfänger gut zu gehen. Er ist jedoch nicht ausgeschildert, und wenn es frisch geschneit hat und die Spuren der Vorgänger nicht mehr zu sehen sind, kann man den nächsten Abzweig schon mal übersehen und muss umdrehen. Auf dem Berg gibt es einen **Aussichtsturm** (GPS: N 66.64439, E 21.260018), der eine grandiose Aussicht über die schwedische Winterlandschaft bietet. Wer hingegen lieber andere für sich laufen lässt, könnte alternativ eine Rentierschlittenfahrt unternehmen.

*Dirks* Konzept ist so angelegt, dass man nicht spontan vorbeikommen kann, sondern vor der Anreise anrufen oder eine Mail schreiben und seine **Aktivität buchen** muss. Die Ausleihe eines Paares Schneeschuhe inkl. Stöcke kostet aktuell 300 NOK, der Besuch bei den Rentieren einschließlich Füttern 250 NOK für Erwachsene, Kinder bis 15 Jahre zahlen den halben Preis bzw. ein Kind pro Erwachsener ist umsonst.

**Wildnisdorf Solberget**
*Silke* und *Dirk Hagenbuch*, Solberget 1, 98206 Nattavaara, Tel. 0046 70 29 35 887, https://solberget.com.
GPS: N 66.658268, E 021.242604

☐ Schneeschuhwanderung zum Solberget

# Porjus

Etwa 215 Kilometer sind es auf der E 45 und der E 10 von Jokkmokk nach Kiruna. Bereits nach 45 Kilometern erreicht man den kleinen Ort Porjus. Hier trifft man mitten in Schwedisch-Lappland auf ein Stück Rheinland. Porjus entstand während des Wasserkraftwerkbaus 1910 und sollte eigentlich auch nur während jener Zeit existieren, doch die Siedlung hatte Bestand. Das ist eine von drei Besonderheiten des Ortes. Die zweite ist die eigene Telefonvorwahl, obwohl Porjus sehr klein ist und nur etwa **240 Einwohner** hat. Und die dritte Besonderheit ist der Laden von *Birgit* und ihrem Sohn *Asbjörn*. Gegründet wurde der Laden von *Björn Thunborg*, den *Birgit* in den 1980er-Jahren kennen lernte. 1991 verließ sie ihre Heimatstadt Mönchengladbach, zog zu Björn nach Schweden und heiratete ihn. Wenig später wurde ihr Sohn *Asbjörn* geboren. Seit dem Tod seines Vaters steht nun er hinter der Ladentheke und versorgt nicht nur die ankommenden Touristen mit geräuchertem Fisch, samischer Handwerkskunst, Messern, Rentierfellen und vielem mehr. Das Geschäft ist quasi *der* **Tante-Emma-Laden** Lapplands. Und wie es sich für einen solchen Laden gehört, erfährt man hier auch die besten Geschichten. Erzählt von *Asbjörn*. Jeder, der hier anhält, sollte ihn nach der Geschichte von „Helikopter Knötte" fragen und wie dieser versucht hat, das Flugzeug von *Asbjörns* Vater zu bergen. Oder seinen Geschichten über die Konflikte der Sami lauschen und erfahren, wie es ist, wenn man sich wie seine Mutter in der Lokalpolitik en-

lapp_022 tm

gagiert. Wenn *Asbjörn* zu erzählen beginnt und von einem Thema zum nächsten kommt, kann er seine Wurzeln mütterlicherseits nicht verleugnen. Wie heißt es doch im Rheinland? „Er kommt von Höcksken auf Stöcksken."

**Björn Thunborg Viltaffär**
Strömgatan 32, 98260 Porjus, Handy *Birgit:* 0046 70 23 75 615, Handy *Asbjörn:* 0046 73 81 32 677, www.thunborgviltaffar.se. GPS: N 66.958308, E 019.814387

### Weiterfahrt ab Porjus

Nachdem man sich von *Asbjörn* auf Schwedisch mit einem *hej då* („Tschüss") verabschiedet hat, geht es weiter über die **E 45** nach Norden. Hinter Gällivare folgt man der Straße bis zu den GPS-Koordinaten E 67.137555, N 020.904625; hier biegt man nach links auf die **E 10.** Bis Kiruna sind es dann noch 109 Kilometer. Etwa 13 Kilometer vor Kiruna kann man rechts nach Jukkasjärvi abbiegen.

Asbjörn in seinem Laden – er hat versprochen, dass jeder, der diesen Reiseführer vorzeigt, 5% Rabatt bekommt

## Jukkasjärvi

Die Sommer in Jukkasjärvi sind bei Touristen beliebt, es werden Rafting und andere Aktivitäten in der Wildnis organisiert, die Winter jedoch sind lang, kalt und trist. Trist? Nicht mehr ganz: Inspiriert von der japanischen Eisskulpturentradition hatte *Yngve Bergqvist* die Idee, im Winter Eisblöcke aus dem zugefrorenen Fluss zu schneiden, um daraus Skulpturen zu erstellen. 1989 lud er Künstler zu einem Workshop ein, worauf mit Hilfe von zwei professionellen **Eisbildhauern** die ersten Kunstwerke entstanden. Im folgenden Winter baute *Bergqvist* einen etwa 60 m² großen Iglu auf dem gefrorenen Torne-Fluss, der als Kunstgalerie gedacht war – die **ARTic Hall** war geboren. In der Folge wurde die Bauweise immer weiter verbessert und der Iglu wuchs auf eine Größe von 250 m² an. Inzwischen wurde er nicht nur zur Ausstellung von Kunst verwendet, sondern auch für Gottesdienste und Filmvorführungen. Eines Nachts fragten einige Gäste, ausgestattet mit Rentierfellen und Schlafsäcken, ob sie die Nacht in der ARTic Hall verbringen konnten. Es war wohl nie beabsichtigt, die ARTic Hall als Hotel zu nutzen, doch die Gäste waren begeistert und damit war die Idee zum **ICEHOTEL** in der Welt.

Seitdem entstehen **alljährlich Hotelzimmer mit beeindruckenden Eisskulpturen,** die man sich auch anschauen kann, ohne ein Zimmer mieten zu müssen. Die Kunstausstellung ist von Dezember bis April täglich von 10 bis 18 Uhr geöffnet, Tickets kann man vor Ort im Shop des Hotels kaufen, eine Führung ist im Preis inbegriffen.

Will man im Hotel **übernachten,** kostet das günstigste Zimmer für zwei Personen 370 € pro Nacht, die Deluxe-Suite 365 Jáuvre kommt auf 780 € pro Nacht.

Die **Führung** ist natürlich günstiger: Erwachsene zahlen ca. 30 €, Studenten und Senioren 24 €, Kinder (7–15 Jahre) 12 €, Kinder unter 7 Jahre sind frei.

**ICEHOTEL Jukkasjärvi**
Marknadsvägen 63, 98191 Jukkasjärvi,
Tel. 0046 98 06 68 00, www.icehotel.com.
GPS: N 67.850875, E 020.595419

☐ Zimmer im ICEHOTEL

lapp_023 ll

# Kiruna

**The Tourist Center**
Lars Janssonsgatan 17, 98131 Kiruna,
Tel. 0046 98 01 88 80, www.kirunalapland.se/en.
GPS: N 67.855899, E 020.225235

Kiruna ist eine sehr spezielle Stadt. Es gibt sie im Grunde nur, weil es den Bergbau gibt, und weil es den Bergbau gibt, muss sie nun weichen, denn die **größte Eisenerzmine der Welt** will ihr Fördergebiet bis unter den Ort ausweiten. Damit dies gelingen kann, wird die komplette Stadt innerhalb von 20 Jahren um etwa fünf Kilometer nach Osten versetzt. Dabei ist Kiruna mit **17.000 Einwohnern** gar nicht so klein.

Der Betreiber der Mine, LKAB, bietet **geführte Touren** an. Man startet mit dem Bus am Touristenzentrum in Kiruna, wird auf das Gelände der Mine gebracht und fährt dann ca. 540 Meter in den Berg hinein. In einer authentischen Bergbauumgebung wird erklärt, wie der Bergbau funktioniert und wie man eine ganze Stadt „bewegt". Außerdem sieht man die beeindruckend großen Maschinen, die zum Einsatz kommen, und erhält einen Eindruck von der Dimension des Eisenerzabbaus.

**LKAB-Minentour**
Die Touren finden im Sommer regelmäßig statt. Aufgrund der begrenzten Platzzahl wird eine Buchung im Voraus empfohlen. In der Zeit von September bis Mai werden die Touren nur bei entsprechender Nachfrage organisiert. Sie können telefonisch bei der Touristeninformation oder online auf der Homepage gebucht werden. Preis: Erwachsene 35 €, Studenten und Senioren 26 €, Kind (6–15 Jahre) 9 €, Mindestalter 6 Jahre. Der Preis beinhaltet Transfer, Führung und Kaffee. Dauer: 2¾ Std. Start: The Tourist Center bzw. Folkets Hus.

Das **LKAB-Besucherzentrum** ist rollstuhlfreundlich. Es ist jedoch wichtig, dass die Person im Stuhl alleine oder mit Hilfe in den Bus ein- und aussteigen kann. Der Rollstuhl muss faltbar sein. Im Besucherzentrum sind die kurzen Wege zu Fuß machbar. Es gibt auch Bänke entlang der Strecke für diejenigen, die sich kurz ausruhen müssen/wollen.

In Kiruna gibt es einen **Campingplatz,** der das ganze Jahr geöffnet hat. Ein Stellplatz inkl. Strom kostet umgerechnet etwa 35 € pro Nacht.

**Camp Ripan**
Campingvägen 5, 98135 Kiruna,
Tel. 0046 98 06 30 00, https://ripan.se/en.
GPS: N 67.860705, E 020.240593

Wer ohne Strom auskommt und es gut und umsonst mag, fährt weiter die E 10 Richtung Abisko. 21 Kilometer hinter Kiruna folgt rechts der **Rautas-Naturrastplatz** mit einer Trockentoilette und der Möglichkeit zur Müllentsorgung.

**Rautas-Naturrastplatz**
GPS: N 67.991253, E 019.922288

Bis zur schwedisch-norwegischen Grenze sind es nun noch knapp 115, bis zur STF Abisko Turist Station 75 Kilometer. Ungefähr 20 Kilometer vor der Station gibt es einen weiteren, sehr guten **Stellplatz.** Er hat ein beheiztes Toilettenhäuschen, außerdem kommt man runter bis an den See und hat hier eine gute Möglichkeit, Polarlichter zu fotografieren (wenn die Bedingungen stimmen).

**Stellplatz**
GPS: N 68.303109, E 019.230573

# Nikkaluokta

Nikkaluokta ist mit **dauerhaft 22 Einwohnern** ein echtes Mini-Dorf. Als Ausgangs- und Zielpunkt von **Touren auf dem Fernwanderweg Kungsleden oder zum Kebnekaise,** dem höchsten Berg Schwedens (2106 m), ist es dennoch ein wichtiger Ort. Etwa 70 Kilometer sind es von Kiruna bis zum **Park- und Campingplatz Nikkaluokta Sarri.** Die eigentliche Wintersaison beginnt erst Ende Februar; dann öffnen die meisten Berghütten und bieten einfache, aber gemütliche Unterkunft für Skitourengeher. Zuvor wirkt Nikkaluokta ausgestorben und man darf keine große Infrastruktur erwarten. Dennoch kann sich ein Abstecher in den Mini-Ort lohnen: Auf dem Weg von Kiruna sieht man mit etwas Glück Elche, und um **Polarlichter** zu fotografieren, bietet sich der Hügel an, auf dem die kleine Dorfkapelle steht.

- **Parkplatz:** GPS: N 67.851710, E 019.019203
- **Fotospot:** GPS: N 67.849822, E 019.006974

Es gibt eine **Route** von Nikkaluokta bis **nach Abisko,** die etwa 110 Kilometer lang ist. Hütten auf dem Weg bieten Schutz und Unterkunft. Die Abstände sind so gewählt, dass auch durchschnittlich trainierte Skiwanderer die nächste Hütte bequem erreichen können.

Wer nicht so weit wandern möchte, kann alternativ mit Langlaufskiern eine **Tour entlang des Ladtjo-Tales** machen. Auf den ersten Kilometern folgt man den Schneemobil-Spuren Richtung Westen durch lichte Birkenwälder. Sobald man das offene Gelände erreicht hat, breiten sich mit Schnee bedeckte Sumpflandschaften und zugefrorene Seen vor einem aus. Im Hintergrund erheben sich die mächtigen Gipfel des Kebnekaise-Massivs.

Wer selber keine **Langlaufskier** besitzt, kann sich auf der **Kebnekaise-Bergstation** telefonisch welche ausleihen und sie zum Campingplatz Nikkaluokta Sarri bringen lassen.

Oder man besucht die Bergstation mit dem **Schneemobil.** Ab dem 1. März gibt es dreimal täglich einen Schneemobil-Shuttleservice hinauf zur Station.

**■ Schneemobil-Shuttleservice**

Abfahrt in Nikkaluokta 9, 12.30, 17 Uhr, von der Kebnekaise-Bergstation 10, 14, 18 Uhr, Minimum 2 Personen, Preise: 375 SEK pro Person, Kinder bis 7 Jahre frei, von 8 bis 15 Jahren 185 SEK pro Person (jeweils einfach, Gepäck inklusive), reiner Gepäcktransport 130 SEK pro Gepäckstück. Abfahrt in Nikkaluokta ist am Haupteingang.

Auf dem **Langzeitparkplatz** in Nikkaluokta gibt es Plätze für **Wohnmobile** mit Strom. Die Campinggebühr berechtigt zur Nutzung des **Servicegebäudes.** Dort finden sich eine Küche, WCs, Duschen sowie je eine Männer- und eine Frauensauna.

**■ Nikkaluokta Sarri**

Nikkaluokta 1104, 98199 Kiruna,
Tel. 0046 98 05 50 15, www.nikkaluokta.com.
GPS: N 67.8508265, E 019.01298294

# Abisko

## STF Abisko Turist Station

STF Abisko Turist Station 2, 98107 Abisko,
Tel. 0046 10 19 02 400, www.abisko.nu.
GPS: N 68.358444, E 018.783818

STF steht für *svenska turistföreningen* = Schwedischer Tourismusverband. Die Abisko Turist Station ist das nördlichste Resort des Verbandes. Es unterteilt sich in ein **Hotel,** ein **Hostel** und in **Hütten,** die man mieten kann. Im Hostel gibt es Räume, die man auch mit Hund buchen kann.

Auch wenn man kein Gast ist, kann man das **Restaurant** der Turist Station nutzen. Es bietet ein Frühstücksbüfett, Fika-Kaffee, Mittagessen und ein Drei-Gänge-Abendessen sowie Gerichte à la carte an. Das Frühstücksbüfett zum Beispiel kostet 14 € und bietet eine große Auswahl an Speisen. Dabei wird besonderer Wert auf lokale Produkte gelegt, bis hin zu frisch gebackenem Brot.

Außerdem gibt es einen kleinen **Shop,** in dem man sich für seine Tour eindecken kann. Neben Souvenirs bekommt man warme Kleidung, Handschuhe, Sportartikel, Obst und ein kleines Sortiment an Lebensmitteln. Im Shop können auch Skier oder Schneeschuhe für eine Tour ausgeliehen/gemietet werden. Je nach Wegstrecke kann man die Ausrüstung dort wieder abgeben oder auch an einer anderen STF-Station. Dann wird das Equipment mit dem Bus zurückgebracht, und man muss eine kleine Gebühr für den Transport entrichten.

**Infos** zum Shop unter abisko.butik@stfturist.se oder Tel. 0046 10 19 02 309.

Der Besuch in Abisko ist mit Sicherheit einer der Höhepunkte jeder Wintertour durch Lappland. Quasi gegenüber der STF Abisko Turist Station, auf der anderen Straßenseite, beginnt der Einstieg in den **Abisko-Nationalpark** und den berühmten Fernwanderweg, den **Kungsle-**

lapp_024 tm

**den.** Blickt man nach Südosten, sieht man das beeindruckende Panorama von **Lapporten,** einem Trogtal, dessen Name mit „Lappenpforte" übersetzt werden kann. Es ist deshalb von besonderer Bedeutung, weil es nach dem langen und dunklen Winter den Frühling ankündigt, sobald die Sonne das erste Mal über den Horizont steigt und durch Lapporten scheint.

In Abisko herrscht ein **Klima** mit wenig Regen und oft wolkenlosem Himmel. Nachweislich ist es die trockenste Gegend in ganz Schweden. Die Berge ringsum halten die meisten Wolken ab, und sehr häufig bläst der Wind am Abend die letzten Wolkenreste fort. Über dem **Torneträsk-See** öffnet sich das „Blaue Loch" *(blue hole),* der Himmel klart auf und die **Polarlichter** sind zu sehen. Darum gilt Abisko auch als einer der besten Orte in Europa, um dieses wunderschöne Phänomen regelmäßig am Himmel zu beobachten.

Der Tourismusverband STF bietet in Verbindung mit lokalen Anbietern eine Vielzahl an **Aktivitäten** an, die man in der STF Turist Station buchen kann, zum Beispiel geführte Schneeschuhtouren, Eisklettern und Polarlicht-Fototouren, oder man bucht den Besuch der Aurora Sky Station (s.u.).

Ist man zum ersten Mal in Abisko, ist eine **geführte Schneeschuhwanderung** eine tolle Möglichkeit, die Winterlandschaft im Abisko-Nationalpark zu erleben. Eine dreistündige Tour, die auch für Anfänger sehr gut geeignet ist, kostet etwa 55 € pro Person.

◁ Lapporten,
im Vordergrund der Abisko-Nationalpark

Will man sich auf eigene Faust auf den Weg in die Nacht machen, um **Polarlichter** zu fotografieren, kann man zwei schöne Fotospots in unmittelbarer Nähe der Turist Station aufsuchen.

Folgt man dem Weg links der Station zum **Ufer des Torneträsk-Sees,** bietet sich bei der Sauna dort ein schöner Blick über den See auf die Berge.

■ **Fotospot:** GPS: N 68.362088, E 018.801424

Der Weg zum zweiten Fotospot beginnt auf dem großen Parkplatz des Bahnhofs, von dem ein Pfad in den Abisko-Nationalpark führt. Schon bald stößt man auf eine große, weite Fläche mit tollem **Blick auf Lapporten.** Der Weg wird auch von lokalen Fototour-Anbietern mit ihren Schneemobilen genutzt, was den Vorteil hat, dass er relativ fest ist und man keine Schneeschuhe braucht.

■ **Fotospot:** GPS: N 68.355254, E 018.785316

Eine dreistündige **Polarlicht-Tour** gibt es bei **Lights Over Lapland.** Das Angebot eignet sich auch für Fotografie-Anfänger, da eine voreingestellte DSLR-Kamera samt Objektiv zur Verfügung gestellt werden kann. Im Preis von etwa 110 € ist zusätzlich Folgendes inklusive: Stativ, Rucksack, Overall, Stirnlampe und ein warmes Getränk.

■ **Lights Over Lapland**
c/o Abisko Turist Station, 98107 Abisko, Tel. 0046 98 03 30 892, https://lightsoverlapland.com.

Wer **mehrere Tage auf Fototour** gehen will, der wendet sich an **Peter Rosen.** 2020 bot er zum Beispiel eine sechstägige Fototour an, die neben den Polarlichtern auch das Kennenlernen der samischen Kultur, Wildlife-Fotografie, Hundeschlittenfahrten, den Besuch des ICE-HOTELS und Astrofotografie beinhaltete – ein sehr umfangreiches Programm, dass mit fast 3000 € auch seinen Preis hatte.

**Lapland Media & Photo Adventures**
Artist path 24, 98107 Abisko,
Tel. 0046 70 33 38 883, http://laplandmedia.se.

Gegenüber der STF Turist Station führt eine Straße zum Parkplatz des Sesselliftes, der die Besucher zur **Sky Station auf dem Nuolja** (1169 m) bringt. Oben angekommen hat man eine grandiose Aussicht über Abisko, den Torneträsk-See und den Abisko-Nationalpark. Abends und in der Nacht ist es ein perfekter Ort, um **Polarlichter** zu fotografieren. In der Sky Station gibt es eine **Ausstellung,** die erklärt, wie Polarlichter entstehen. Will man mehr über das Nordlicht erfahren, kann man an einer der **Nordlichtpräsentationen** teilnehmen, die ein Guide mehrmals am Abend anbietet. Ebenfalls im Preis inbegriffen sind ein Thermo-Overall und warme Schuhe, die man an der Sesselliftstation am Fuß des Berges geliehen bekommt. Die Dauer des Aufenthaltes ist während der nächtlichen Öffnungszeiten (21–1 Uhr) nicht begrenzt. Preis: ca. 70 €.

**Aurora Sky Station**
STF Abisko Turist Station, Tel. 0046 98 04 02 00,
https://auroraskystation.se.
GPS: N 68.361654, E 018.769255

Einen offiziellen Wohnmobilstellplatz gibt es in Abisko bzw. bei der STF Turist Station nicht. Gegenüber der Station befinden sich jedoch ein kleiner **Bahnhof** für ankommende Gäste und ein recht großer **Parkplatz.** Camping ist hier nicht gestattet, Langzeitparken jedoch ausdrücklich erlaubt. Somit steht einer nächtlichen Exkursion in den Nationalpark oder runter zum Torneträsk-See, um Polarlichter zu fotografieren, nichts mehr im Wege.

**Parkplatz**
GPS: N 68.357323, E 018.780308

Der nächstgelegene **Campingplatz** ist **in Björkliden.** Man fährt weiter Richtung norwegisch-schwedischer Grenze und biegt nach etwa 7 Kilometern, von der STF Turist Station kommend, links ab

[>] Blick auf die Aurora Sky Station, im Hintergrund der Torneträsk-See

und fährt den Berg hinauf. Der Campingplatz gehört zum Lapland Resort, die Rezeption des Platzes ist im **Hotel Fjällby,** am Campingplatz vorbei, etwas weiter oben. Die Lage und die Aussicht vom Hotel sind ebenso spektakulär wie die von der Aurora Sky Station. Mit 23 Pisten und fünf Liften ist Björkliden zudem **eines der größten Skigebiete der Gegend.**

**Fjällby Camping**
98193 Björkliden, Tel. 0046 98 06 41 000, www.bjorkliden.com.
Camping GPS: N 68.406069, E 018.682775

Wer frei stehen möchte, fährt ein Stück weiter zum **Tornehamn-Parkplatz.**

**Stellplatz**
GPS: N 68.432011, E 018.671012

Auch hier kommt man vom Parkplatz runter zum zugefrorenen See und kann **Polarlichter** fotografieren. Oder man geht vom Parkplatz ein Stück die E 10 zu Fuß weiter Richtung Grenze und biegt nach ca. 400 Metern links ab und folgt dem Weg zur **Tornehamns kyrka,** einer kleinen Kapelle mitten im Wald. Möglicherweise benötigt man Schneeschuhe, um den Weg gehen zu können. Aber die könnte man sich ja, wie zuvor beschrieben, bei der Turist Station ausleihen. Geht man dann von der Kapelle ein Stück nach Osten (GPS: N 68.432574, E 018.658644), kommt man auf eine freie Fläche, auf der es sich lohnt, sein Stativ aufzustellen.



lapp_025 tm

Äkäslompolo | 147
Haparanda | 135
Inari | 152
Kiilopää | 150
Rovaniemi | 138
Tornio | 135

lapp_003 vr

# 8

# Route 2: Von Tornio/ Haparanda nach Inari

**»Diese Route führt durch Finnland, durch dünn besiedelte Landstriche. Wir besuchen den Weihnachtsmann, fahren mit dem Hundeschlitten durch die finnischen Wälder und wandern im Fjäll. Die Tour beginnt in Tornio/Haparanda und endet am Inari-See. Die Route ist etwa 700 Kilometer lang.**

‹ Das Arktikum House in Rovaniemi

0 30 km
©Reise Know-How
Lappla02 2/22
NORWEGEN
FINNLAND
SCHWEDEN
RUSSLAND
OSTSEE
Kautokeino
Kaamanen
Inarijärvi
152
Inari
Siida Museum
Angeli
Ivalo
152
Ivalojoki
Raja-Jooseppi
Henontekiö
Hetta
Palojoensuu
Kakslauttanen
Kiilopää
150
Nationalpark Urho Kekkonen
Porttipahdan Tekojärvi
Tankavaara
Vuotso
Pokka
Raattama
Nationalpark Pallas-Yllästunturi
Tepasto
Muonio
Levi
Kittilä
Lokan Tekojärvi
Yllästunturi 718 m
147
Äkäslompolo
Ylläsjärvi
145
Kurtakko
Husky Ranch Lapland
Ylläsjokisuu
Kolari
Sodankylä
Pajala
Pelkosenniemi
Meltaus
Salla
143
Rentierfarm
Puolamajärvi
Pello
Kalixälven
Kemijärvi
Sinettä
Polarkreis
Miekojärvi
138
Rovaniemi
Santa Claus Village,
Arktikum
Övertorneå
Ylitornio
Överkalix
Torneälv
135
Tornio
Flohmarkt Kirpputori Kelopuu
135
Haparanda
Kemi
92
E75
E45
93
93
955
91
79
99
E8
80
80
9401
80
79
E63
E8
99
E75
82
82
83
E63
98
E8
E75
99
81
78
E4
20

# Tornio/ Haparanda

**HaparandaTornio Tourist Office**
Krannikatu 5, Travel Center, 95336 Haparanda, Tel. Schweden 0046 92 22 62 00, Tel. Finnland 00358 50 59 00 562, www.visithaparandatornio.com, geöffnet Mo bis Fr 9–14 Uhr, das Touristenbüro befindet sich im Busbahnhof.
GPS: N 65.843391, E 024.138839

**Haparanda liegt in Schweden, Tornio in Finnland.** Mit dem Beitritt zur EU sind beide Städte zusammengewachsen. Die Grenze verläuft mitten durch die Stadt, wo genau, lässt sich nicht immer erkennen. Jedenfalls ist man am **nördlichsten Punkt der Ostsee** angekommen. Man kann die nördlichste Ikea-Filiale der Welt besuchen, und man könnte, da in Finnland eine andere Zeitzone gilt (plus eine Stunde), zweimal den Jahreswechsel feiern, einmal nach finnischer, einmal nach schwedischer Zeit.

In Haparanda gibt es direkt **am Fluss Torneälv** einen **Campingplatz,** der ganzjährig geöffnet hat. Allerdings werden in der Zeit von November bis März nur Stellplätze ohne Strom angeboten. Preis: 18 € pro Nacht.

**Haparanda Camping**
Strandgatan 22, 95331 Haparanda, Tel. 0046 73 77 72 421, http://haparandacamping.se.
GPS: N 65.834652, E 024.142249

Fährt man durch **Schweden,** sieht man am Straßenrand sehr häufig ein Schild mit der Aufschrift „Loppis". **Loppis** ist eine Vereinfachung oder Abkürzung des Wortes *loppmarknad,* was so viel wie **Flohmarkt** oder Trödelmarkt bedeutet. Und die Schweden lieben ihre Flohmärkte. Manchmal steht auf dem Schild noch eine Streckenangabe. Man weiß nie, wo einen so ein Schild hinführt: zu einer Scheune, in der Antiquitäten angeboten werden, zu einem Garagenverkauf, einer Haushaltsauflösung oder zu einem kleinen Tisch, an dem Kinder Limo und ihr Spielzeug anbieten. Für viele Schweden gehört die Jagd nach einem Schnäppchen vor allem im Sommer ein-

☐ Siedlung am Ufer des Torneälv

lapp_128 tm

fach dazu. Im Winter finden die Flohmärkte drinnen statt.

In Haparanda/Tornio gibt es gleich fünf Flohmärkte, auf denen man vielleicht ein außergewöhnliches Souvenir finden kann. Die schönste Auswahl an Kitsch, Kunst und Krempel bietet wohl der **Flohmarkt Kirpputori Kelopuu.** Er hat über 130 Verkaufsecken mit Möbeln, Kleidung, Alltagsgegenständen, Elektrogeräten und vielem mehr. Echtes schwedisches und finnisches Design zum kleinen Preis, ein Paradies zum Stöbern. Außerdem gibt es ein Café und einen Spiel-

Farbenspiel der Extraklasse – Sonnenaufgang über dem Torneälv bei Haparanda

lapp_002 tm

bereich für die Kleinen. Da der Flohmarkt in Finnland liegt, kann man mit Euro bezahlen.

**Kirpputori Kelopuu**

Torpinkatu 5, 95420 Tornio, Tel. 00358 40 02 60 534, Facebook: www.facebook.com/kirpputorikelopuu, geöffnet Mo bis Fr 10–17 Uhr, Sa 10–15 Uhr.
GPS: N 65.845051, E 024.177394

Neben den üblichen Winteraktivitäten, die in Haparanda und Tornio angeboten werden, sticht **Eisschwimmen** heraus, dass man mal ausprobieren sollte. Es kostet Überwindung und 3 €. Da sich die genaue Stelle, an der man ins Wasser steigt, schon mal ändern kann, erhält man alle wichtigen Informationen im oben genannten Touristenbüro. Außer-

lapp_113 tm

dem muss man dort den Ausflug ins Wasser einen Tag im Voraus buchen und ein eigenes Handtuch mitbringen. Es gibt einen Umkleideraum, allerdings keine Sauna, um sich wieder aufzuwärmen. Aber ich kann versichern, dass die Erfahrung einmalig ist.

Von Haparanda folgt die Route der **E 8** bis zur **E 75** und biegt dann Richtung Rovaniemi ab. Bis dort sind es etwa 123 Kilometer.

⌃ Bis zum Polarkreis ist es nicht mehr weit, er verläuft nördlich von Rovaniemi

# Rovaniemi

**Rovaniemi Tourist Information**
Lordi's Square, Maakuntakatu 29–31, 96200 Rovaniemi, Tel. 00358 16 34 62 70, 00358 40 82 90 676, www.visitrovaniemi.fi/de, geöffnet Mo bis Fr 9–17 Uhr, 9.11. bis 30.11. und 7.1. bis 28.3. auch Sa 10–15 Uhr.
GPS: N 66.502463, E 025.730594

Rovaniemi bezeichnet sich gerne als Hauptstadt Lapplands und als **„offizielle" Heimatstadt des Weihnachtsmannes.** Umso erstaunlicher, dass es im Winter bis heute weder einen geöffneten Campingplatz noch einen vernünftigen Wohnmobilstellplatz mit Möglichkeiten der Ver- und Entsorgung gibt. Das sollte einen jedoch nicht davon abhalten, der Stadt einen Besuch abzustatten. Zudem gibt es zwei Stellen, an denen man übernachten bzw. sein **Wohnmobil abstellen** kann: Das ist zum einen ein Parkplatz hinter einer Tankstelle und zweitens der Parkplatz am Santa Claus Village.

■ **Tankstellen-Parkplatz:**
GPS: N 66.544981, E 025.844483
■ **Parkplatz am Santa Claus Village:**
GPS: N 66.542585, E 025.841114

Einmal angekommen am **„Dorf des Weihnachtsmannes"** wird die Stimmung festlich. Man ist am Polarkreis, der mitten durch das Dorf verläuft, aus den Lautsprechern ertönt „Stille Nacht", und leise rieselt der Schnee. Ein echtes Dorf darf man jedoch nicht erwarten. Es handelt sich eher um eine großflächige Ansammlung von **Restaurants und Souvenirläden,** in denen man alles findet, was man an den Weihnachtsbaum hängen oder unter ihn stellen kann. In einem der Gebäude wartet der Weihnachtsmann darauf, dass man ihn besucht und sich mit ihm fotografieren lässt. Und das das ganze Jahr hindurch. Es mutet alles ein wenig übertrieben an, doch ein Besuch lohnt sich trotzdem. Zum Beispiel gibt es hier ein **Postamt** mit einem einzigartigen Service: Es steht ein roter Briefkasten bereit, und alle Post, die dort eingeworfen wird, wird über das Jahr gesammelt und erst zur Weihnachtszeit verschickt.

■ **Santa Claus Village**
Tähtikuja 1, 96930 Napapiiri (Arctic Circle)
oder 96930 Rovaniemi,
https://santaclausvillage.info/de.

☑ Über diesen Briefkasten im Santa Claus Village kann man seinen Lieben daheim das ganze Jahr über Weihnachtsgrüße vom Polarkreis schicken, die erst zur Weihnachtszeit zugestellt werden

lapp_005 tm

lapp_004 tm

In Skandinavien gibt es neben vielen hervorragenden lokalen **Messerschmieden** zwei landesweit bekannte Hersteller: Knivsmed Strømeng in Norwegen und Marttiini Messer aus Finnland. Der finnische Produzent hat einen Laden im Santa Claus Village, der einen Besuch lohnt, wenn man auf der Suche nach einem Messer zum Angeln, Arbeiten oder schlicht als Souvenir ist. Hin und wieder gibt es Sonderangebote, die man nur hier findet.

Vielleicht die größte Attraktion Rovaniemis ist das **Arktikum.** In dem Wissenschaftszentrum und Museum kann man die **Kultur, Natur und Geschichte des Nordens** auf einzigartige Weise erleben. Es finden sich Informationen über das Leben und die Kultur der in der Arktis beheimateten Völker sowie über die Natur und die Geschichte Lapplands. Zudem sind das Arktiszentrum und das Regionalmuseum von Lappland im Arktikum untergebracht.

Besonders in den **Dauerausstellungen Arctic in Change** („Arktis im Wandel") und **Northern Ways** („Nördliche Wege") erfährt man viel über ökologische, soziale und ökonomische Zusammenhänge in der Polarregion; man sieht und hört, welche Herausforderungen im Alltag der Arktis zu bewältigen sind und wie der Klimawandel und die Globalisierung das Leben der Menschen verändern. Auch die Geschichte der Sami und die Bedeutung der Rentierhaltung werden thematisiert. Man wird umfassend informiert und entwickelt so ein besseres Verständnis für die Arktis und das Leben nördlich des Polarkreises.

**Arktikum House**

Pohjoisranta 4, 96200 Rovaniemi, Tel. 00358 16 32 23 260, www.arktikum.fi, geöffnet 1.1. bis 10.1. täglich 10–18 Uhr, 11.1. bis 31.5. Di bis So 10–18 Uhr (Mo geschlossen), 1.6. bis 31.8. täglich 10–18 Uhr, 1.9. bis 30.11. Di bis So 10–18 Uhr, 1.12. bis 31.12. täglich 10–18 Uhr, 24.12. geschlossen, Eintritt: Erwachsene 15 €, Senioren und Studenten 9 €, Kinder 7–15 Jahre 5 €, Kinder unter 7 Jahren frei, Eintritt zu Sonderausstellungen 5 €.
GPS: N 66.507952, E 025.725194

Die Natur und die Tiere der Polarregion reagieren sehr sensibel auf Störungen jeglicher Art, sei es durch **Lärm, Abgase** oder die bloße Anwesenheit des Menschen. Um wenigstens unnötigen Lärm und Abgase zu vermeiden, sind in vielen Nationalparks Fahrten mit dem Motorschlitten bereits verboten.

Eine mögliche Lösung bietet die Firma Aurora eMotion aus Rovaniemi an, der weltweit erste und einzige Anbieter von **elektrischen Schneemobilen** und Schneemobil-Safaris. Emissionsfrei und ohne das Dröhnen von Motoren kann man so die arktische Wildnis entdecken.

Es stehen mehrere **Touren** zur Auswahl. Wer noch nie ein Schneemobil gefahren ist, für den ist möglicherweise eine geführte Anfängertour das Richtige. Die Fahrt führt unter anderem über einen zugefrorenen See und ist eine besonders gute Gelegenheit, um einen Eindruck vom elektrischen Schneemobilfahren zu bekommen.

Die Basis von **Aurora eMotion** ist in Sinettä, etwa 20 Minuten nordwestlich von Rovaniemi, dort starten auch die Touren. Es gibt die Möglichkeit, sich an verschiedenen Stationen in Rovaniemi abholen zu lassen (genaue Informationen über die Anbieter-Homepage). Man kann aber auch selbst dorthin fahren, da die Basis an der weiteren Route liegt.

**Aurora eMotion**
Tel. 00358 40 13 93 878,
https://auroraemotion.com.
GPS (Basis): N 66.637297, E 025.342240

Am gleichen Ort wie die Basis von Aurora eMotion befindet sich das **Arctic SnowHotel & Glass Igloos.** An sich ein Schneehotel, wie es einige in Lappland gibt, jedoch mit einer echten Besonderheit: Man kann hier eine **Schneesauna** besuchen, ohne dass man ein Zimmer buchen muss. Die Wände der Sauna bestehen komplett aus Schnee und Eis. Nur die Bänke, auf denen man sitzt, sind aus Holz, so wie man es kennt. Der Ofen heizt den Raum auf über 60 Grad auf, während von den Wänden die Kälte des Eises abstrahlt.

Wie das ICEHOTEL in Jukkasjärvi kann man das **Schneehotel besichtigen.** In der Zeit vom 20.12. bis zum 31.3. ist das Hotel täglich von 12 bis 19 Uhr für Besucher geöffnet. Nach der Besichtigungstour durch die Zimmer, die Eiskapelle, das Eisrestaurant und die Eisbar kann man sich in der Bar einen Cocktail in einem Glas aus Eis servieren lassen.

lapp_006 tm

Mit dem Elektroschneemobil unterwegs

Wer mit dem Wohnmobil anreist und die Sauna oder das Restaurant besuchen möchte, darf auf Nachfrage auf dem **Parkplatz** stehen und dort übernachten. Es gibt allerdings keinen Strom und keine Möglichkeit der Ver- oder Entsorgung.

■ **Arctic SnowHotel & Glass Igloos**
Lehtoahontie 27, 97220 Sinettä,
Tel. 00358 40 84 53 774, https://arcticsnowhotel.fi.
GPS: N 66.637297, E 025.342240

## Weiterfahrt ab Rovaniemi

Auf der Straße 83 geht es entlang zugefrorener Seen und eingeschneiter Wälder immer weiter bis nach **Pello** an der finnisch-schwedischen Grenze. Nun ist man wirklich **mitten in Lappland** und im **Rentierzuchtgebiet** Nordfinnlands angekommen. Hier leben mehr Rentiere (um die 200.000) als Menschen (etwa 185.000). Insbesondere an der Straße zwischen Rovaniemi und Pello sieht man die Tiere sehr häufig, entsprechend umsichtig sollte man fahren.

Wer mehr über das wichtigste Tier des Nordens erfahren möchte, dem ist ein Besuch der **Rentierfarm** von *Anne-Mari Kovalainen* zu empfehlen. Die Farm liegt etwa 27 Kilometer vor Pello direkt am **See Puolamajärventie.** Tagsüber kann



☐ Rentier auf der Suche nach Futter

lapp_007 tm

lapp_008 tm

## Northern Lights Route

Die Idee zu dieser Polarlicht-Route (Verlauf siehe Umschlagkarte vorn) entstand als **Kooperationsprojekt** von 14 Gemeinden im nördlichsten Teil von Finnland, Schweden und Norwegen, um auf touristische Angebote, Sehenswürdigkeiten und Freizeitaktivitäten aufmerksam zu machen. Auf **www.northernlightsroute.com** (auch englisch und deutsch) werden die Route dargestellt und die einzelnen Gemeinden verlinkt. Wirklich hilfreich ist die Seite trotzdem nicht, denn die Links führen zu den Webseiten der Gemeinden, die dann nur in den Landessprachen verfasst sind. Warum man die Homepage nicht mit den Tourismusseiten der jeweiligen Regionen, die es häufig auf Englisch gibt, verlinkt, ist nicht nachvollziehbar. So ist die „Northern Lights Route" ein gut gemeintes Projekt, das letztlich aber nicht zu Ende gedacht und nicht vernünftig umgesetzt wurde.

man hier mit einem Rentierschlitten durch die finnische Winterlandschaft fahren oder auf dem See eisangeln. Da die nächste Stadt weit entfernt ist, gibt es so gut wie keine Lichtverschmutzung, sodass der See ein idealer Ort ist, um Polarlichter zu fotografieren, wenn die Bedingungen stimmen.

**Reindeer Lake Resort Puolukkamaan Pirtit (Rentierfarm)**
*Anne-Mari Kovalainen,* Puolamajärventie 18A, 95790 Lampsijärvi (Pello), Tel. 00358 40 09 23 034, https://reindeerlakeresort.fi/de.
GPS: N 66.739184, E 024.473381

Juhos Hunde warten darauf, dass es endlich losgeht

In Pello biegt man nordwärts auf die E 8 ab; nun fährt man auf der **„Northern Lights Route“.** Die Strecke beginnt wahlweise auf der schwedischen Seite in Haparanda oder auf der finnischen Seite in Tornio und führt bis Kilpisjärvi in Nordfinnland, um dann via Storfjord im norwegischen Tromsø zu enden (siehe auch Info-Kasten).

Man verlässt die E 8 schnell wieder und biegt bei **Kolari-Ylläsjokisuu** rechts ab auf die Straße 80 (Kurtakontie); nach etwa 20 Kilometern kommt man bei *Juho* in **Kurtakko** an.

Seine **Husky Ranch Lapland** ist dem einen oder anderen vielleicht durch die dreiteilige Dokumentation von SRF und 3Sat „Abenteuer Lappland: Die Husky-Tour des Lebens“ bekannt. Man kann sich die Doku über die jeweilige Mediathek oder auf Youtube anschauen.

*Juho* ist auf Husky-Abenteuer für kleine Gruppen spezialisiert. Er bietet **Husky-Safaris** in Form kürzerer Tagesausflüge im Taiga-Wald bis zu mehrtägigen Expeditionen in der Tundra an. Und nach der Tour gibt es am Lagerfeuer heißen Tee oder Kaffee und es wird gegrillt.

Aber bevor es losgeht lädt *Juho* alle in sein Haus ein, um sich dort mit warmer Kleidung, Socken und Schuhen auszustatten. Anschließend geht es zu den Hunden. Aufgeregt springen sie an den

☐ Husky Ranch Lapland – nach der Husky-Tour macht Juho ein Feuer und es wird gegrillt

lapp_009 tm

Gittern hoch und können kaum erwarten, dass es losgeht. Doch zuvor gibt es noch eine kleine Schlittenkunde und *Juho* erklärt insbesondere, wie die Bremse funktioniert. Dann geht's ab auf die Piste. Mit einem Ruck setzt sich der Schlitten in Bewegung und die Hunde sprinten über den Schnee.

Man steht jedoch keineswegs einfach nur auf den Kufen und lässt die Hunde die ganze Arbeit machen. **Während der Fahrt** unterstützt man die Hunde aktiv durch Gewichtsverlagerung, an Aufstiegen läuft man mit und schiebt den Schlitten. Schnell merkt man, dass man sich zu warm angezogen hat. Aber *Juho* sorgt für ausreichend Pausen, sodass auch absolute Anfänger sich schnell zurechtfinden und ein einmaliges Erlebnis genießen können.

lapp_010 tm

■ **Husky Ranch Lapland**
Kurtakontie 205B, 95990 Kurtakko,
Tel. 00358 40 84 24 469, www.huskyranch.fi.
GPS: N 67.397615, E 024.217968

Von Kurtakko fährt man ein Stück der Strecke zurück und biegt nach etwa 2,5 Kilometern nach rechts auf die Ylläsjärventie/Straße 80 ab. Dieser folgt man 16 Kilometer bis nach **Ylläsjärvi,** biegt links ab auf die 9401 nach Äkäslompolo und findet nach weiteren 12 Kilometern auf der rechten Seite die **Touristeninformation Ylläs.** Vorher hat man rechter Hand das riesige Skigebiet von Ylläs/Äkäslompolo passiert (s.u.). Wer frei und ohne Strom, dafür kostenlos stehen möchte, findet dort auf dem großen **Parkplatz** einen Platz für die Nacht.

■ **Parkplatz**
Einfahrt: GPS N 67.583217, E 024.201993

# Äkäslompolo

■ **Touristeninformation Ylläs im Besucherzentrum Kellokas**
Tunturintie 54, 95970 Äkäslompolo, Tel. 00358 40 55 02 424, www.yllas.fi/de/titelseite.html (alle Informationen auch auf Deutsch).
GPS: N 67.589933, E 024.202233

In Äkäslompolo und Umgebung sollte man nicht nur eine Nacht verbringen. Dafür ist die Landschaft einfach zu grandios und man kann zu viel unternehmen. Im Mittelpunkt steht der 718 Meter hohe **Berg Yllästunturi.** An seinem Fuße liegen die beiden Gemeinden Äkäslompolo und Ylläsjärvi. Mit insgesamt 53 Pistenkilometern, verteilt auf 61 Pisten und 29 Lifte, ist der Yllästunturi **ei-**

☐ Überdimensionales Rentier in Äkäslompolo

**nes der größten Skigebiete Finnlands.** Aber nicht nur rasante Abfahrten lassen sich hier unternehmen – Langlaufen, Eisangeln, Motorschlittenfahren, Eisbaden, Schneeschuhwandern und vieles mehr ist möglich.

**Ylläs Ski Resort Äkäslompolo**
Tunturintie, 95970 Kolari, Tel. 00358 40 50 93 082, www.yllas.fi/de/leistungen/skizentrum/yllas-ski-resort-akaslompolo.
GPS: N 67.580377, E 024.201381

Für den Einstieg empfehle ich eine kleine **Schneeschuhwanderung,** die etwa 3 Kilometer lang ist und am Touristenzentrum beginnt. Wer keine eigenen Schneeschuhe hat, kann sich welche im Zentrum ausleihen; man sollte vorher anrufen und nachfragen, ob ausreichend zur Verfügung stehen.

Mit den festgezurrten Schneeschuhen folgt man dann einfach den **bunten Wegweisern.** Ziel ist eine kleine Hütte im Wald, in der man rasten und ein klei-

lapp_011 tm

nes Feuer machen kann. Feuerholz befindet sich im Schuppen nebenan.

Es gibt in Finnland in fast jedem Supermarkt oder Souvenirshop **Grillgabeln,** die sich wie ein Teleskop ausziehen lassen. Vorne an der Spitze eine Wurst befestigt, kann man so in der Hütte über dem offenen Feuer wunderbar grillen.

Ist man schon zur Mittagszeit von seiner Wanderung zurück, kann ich das **Restaurant** im Touristenzentrum empfehlen. Für 12 € bekommt man eine Vorspeise, Getränke, ein einfaches Mittagsgericht, Salat, Nachtisch und Kaffee mit einem Keks. Überhaupt sollte man nach den Mittagsangeboten in den Touristenzentren schauen. Oft bekommt man hier sehr günstig eine gute Mahlzeit.

In Äkäslompolo findet sich auch ein **Campingplatz:**

- **Ylläksen Ykkös Caravan**
Riihentie 4, 95970 Äkäslompolo, Tel. 00358 40 51 38 400, https://yllaksenykkoscaravan.fi.
GPS: N 67.607153, E 024.143738

## Weiterfahrt ab Äkäslompolo

Das nächste große Ziel auf der Reise und auch das letzte dieser Route ist die Stadt Inari. Diese Etappe **Richtung Norden** ist mit über 330 Kilometern auch die längste. Darum empfehle ich ca. 80 Kilometer vor Inari einen Abstecher ins Fjäll-Zentrum Kiilopää. Dazu biegt man in **Kakslauttanen** bei den GPS-Koordinaten N 68.335217, E 027.333308 rechts (ostwärts) ab und folgt der Straße 6 Kilometer bis zum **Besucherzentrum von Kiilopää.** Dort ist auf dem großen Parkplatz ausreichend Platz auch für größere Wohnmobile vorhanden. Hinter dem Besucherzentrum gibt es zudem einen offiziellen **Stellplatz** für 28 € inkl. Strom.

☐ Wunderschöne Winterlandschaft

# Kiilopää

**Touristeninformation:**
**Suomen Latu Kiilopää/Fjell Centre Kiilopää**
Kiilopääntie 620, 99830 Saariselkä, Tel. 00358 16 67 00 700, www.kiilopaa.fi/de/home (alle Infos auch auf Deutsch).
GPS: N 68.346536, E 027.461243

Das Fjäll-Zentrum Kiilopää liegt am Rande des **Nationalparks Urho Kekkonen** und ist Ausgangspunkt einer Vielzahl an Aktivitäten. Zum **Besucherzentrum** gehört neben verschiedenen Unterkünften und einem Minimarkt auch ein Restaurant, das günstig ein typisch nordisches Büfett anbietet. Vor dem Essen geht es aber erst mal raus in den Schnee.

Dabei stehen **Schneeschuhwandern und Skilanglauf** ganz oben auf der Liste der Unternehmungen. Insgesamt sind in der Region Kiilopää-Saariselkä ca. 190 Kilometer Loipen gespurt, 35 Kilometer davon beleuchtet. Start ist direkt am

lapp_012 tm

Hauptgebäude des Fjäll-Zentrums, die Loipen sind deutlich markiert. Etwa 70 Kilometer des Loipennetzes liegen innerhalb der Grenzen des eigentlichen Nationalparks. An der Rezeption des Fjäll-Zentrums erhält man detailliertes Kartenmaterial und kann sich komplette Skiausrüstungen ausleihen; wahlweise stehen reguläre Langlaufskier oder spezielle Skier für längere Fjäll-Touren zur Verfügung.

Wer nicht auf eigene Faust losziehen möchte, kann an einer geführten Tour teilnehmen. Diese **begleiteten Skitouren** sind Teil des Wochenprogramms des Zentrums und, soweit nicht anders vermerkt, kostenlos. Das Tempo ist eher gemächlich, sodass man sich voll und ganz auf die wunderschöne Natur konzentrieren kann. Alle Touren beginnen direkt am Fjäll-Zentrum am Tor zum Nationalpark Urho Kekkonen.

Dann gibt es noch ein Langlaufangebot, das mehr Abenteuer verspricht. Es handelt sich um **geführte Skilanglauftouren,** die im Dämmerlicht der Polarnacht starten. In dieser Zeit, um die Jahreswende, sind die Skitouren etwas kürzer. So lange es noch hell genug ist, führt der Weg hinauf ins Fjäll über die Baumgrenze. Fernab jeglicher Lichtverschmutzung wird der Weg unter dem nördlichen Sternenhimmel zu einer unvergesslichen Erfahrung – man kommt in den Genuss einer einmaligen Stimmung, die man so schnell nicht wieder vergisst.

⊲ Einstieg in den Nationalpark Urho Kekkonen am Fjäll-Zentrum Kiilopää

Alternativ zu den Skiern kann man sich auch **Schneeschuhe** anschnallen und eine kleine **Wanderung** starten. Geht man durch das Tor in den Nationalpark, beginnt nach ca. 100 Metern rechts der Weg mit der gespurten Loipe, das Betreten mit Schneeschuhen ist hier nicht gestattet. Links beginnt der Weg für Schneeschuhwanderer den Berg hi-

⊻ Blick über das Fjäll

lapp_013 tm

nauf. Die Steigung ist kaum der Rede wert, ohne große Mühe ist man schnell oberhalb der Baumgrenze und hat einen grandiosen Ausblick über die Landschaft.

Ein wenig weiter erreicht man einen ersten **kleinen Gipfel** – die Stelle sollte man sich für die Nacht merken, denn wenn die Bedingungen stimmen, findet sich kaum ein besserer Platz in der Gegend, um **Polarlichter** zu fotografieren.

Je nach Geschwindigkeit sollte die Wanderung nicht länger als 60 Minuten dauern.

## Weiterfahrt nach Inari

Auf dem Weg nach Inari wird **Ivalo** passiert. Am Fluss Ivalojoki gelegen, ist die Gemeinde mit knapp 3400 Einwohnern eine der größeren in Nordlappland. Es gibt hier unter anderem Supermärkte, Tankstellen, eine Apotheke und einen **Campingplatz,** der auch im Winter geöffnet hat.

**Ivalo River Camping**
Kerttuojantie 1, 99800 Inari, Tel. 00358 40 03 95 046, www.ivalorivercamping.com/en.
GPS: N 68.624741, E 027.542590

Außerdem ist **Russland** nicht weit. Wer Lust auf einen kurzen Abstecher zur russischen Grenze hat, folgt der Straße 91 bis **Raja-Jooseppi;** es sind nur ungefähr 52 Kilometer bis man an der **EU-Außengrenze** steht.

> Siida Museum und Tourist Information

# Inari

**Siida Museum und Tourist Information**
Samimuseum-Nature Centre Siida, Metsähallitus, Inarintie 46, 99870 Inari, Tel. Museum 00358 40 08 98 212, Tel. Touristeninformation 00358 40 16 89 668, https://siida.fi/en (Museum), www.inarisaariselka.fi/de (Touristeninformation).
GPS: N 68.910706, E 027.013777

Das letzte Ziel dieser Route ist die Stadt Inari, das **Zentrum der samischen Kultur Finnlands.** Das finnische Sami-Parlament ist im **Sajo** untergebracht, einem großen Gebäude in der Stadtmitte, das neben dem Parlament auch ein Kulturzentrum beherbergt. Das zweite, ebenso wichtige Informationszentrum ist das **Museum Siida.** Hier gibt eine umfangreiche Sammlung an Artefakten, Foto-

lapp_014 tm

grafien, Filmen und Kunst einen Einblick in die Lebensweise und die Kultur der Sami, aber auch in die Natur im Wandel der Jahreszeiten, die die Lebensweise der Sami prägt. Die Hauptaufgabe des Museums ist die Dokumentation und Bewahrung des samischen Kulturerbes in Finnland. Neben den Räumen für die Dauerausstellungen gibt es drei weitere Bereiche für Ausstellungen, in denen das Sami-Museum bzw. Naturzentrum mehrere Wechselausstellungen zu Natur und Kultur präsentiert.

Im Eingansbereich befindet sich ein **Museumsshop,** der auch Literatur in deutscher Sprache bereithält. Im angeschlossenen **Café** werden lokale bzw. typische Gerichte angeboten.

Die **Touristeninformation** befindet sich ebenfalls im Gebäude des Siida-Museums.

Obwohl Inari touristisch sehr viel zu bieten hat, gibt es so gut wie keine Möglichkeit, dort mit dem **Wohnmobil** zu übernachten. Schilder auf fast allen Parkplätzen weisen explizit darauf hin, dass Camping verboten ist. Auch eine Nachfrage bei den ortsansässigen Hotels nach einem Stellplatz blieb ohne Ergebnis. Allerdings berichtete die Dame in der Touristeninformation, dass es etwa 2,5 Kilometer entfernt einen **Parkplatz** gibt, der zwar keine Infrastruktur bietet, sich aber dennoch für eine Übernachtung eignet.

**Stellplatz**

Einfahrt: GPS N 68.896909, E 026.977378, Übernachtungsplatz: GPS N 68.895356, E 026.966806; vom Parkplatz lohnt sich ein kleiner Spaziergang zur Jäniskoski-Brücke. Kamera nicht vergessen. GPS: N 68.898374, E 026.966261

Hetta | 164
Inari – Levi | 157
Karasjok | 167
Karasjok – Nordkap | 169
Levi | 159
Nationalpark
Pallas-Yllästunturi | 163
Nordkap | 173

lapp_038 tm

# 9

# Route 3: Von Inari zum Nordkap

**»Der direkte Weg von Inari zum Nordkap über die Straße 92 nach Karasjok ist zwar kürzer, doch ich möchte einen abwechslungsreichen Umweg vorschlagen, mit Stationen im Nationalpark Pallas-Yllästunturi, in Hetta auf einer Husky-Farm und bei Messerschmieden in Karasjok. Bevor es endgültig ganz in den Norden geht, kann man auf dem letzten Stellplatz vor dem Nordkap in Skarsvåg übernachten. Die Route ist etwa 780 Kilometer lang.**

‹ Freie Straßen und beste Bedingungen im hohen Norden

## Route 3: Von Inari zum Nordkap

# Von Inari nach Levi

In Inari biegt man auf die Straße 955 ab und fährt etwa 180 Kilometer nach Levi durch eine **wunderschöne schneebedeckte und menschenleere Landschaft** – für mich eine der schönsten Strecken, die ich in Finnland im Winter gefahren bin. Besonders viele **Rentiere** säumen hier die Straße, entsprechend vorsichtig muss man unterwegs sein.

Nach den Erläuterungen zur Rentierzucht im Siida Museum in Inari (siehe Route 2) kann man sich kurz hinter dem Ort auf **zwei Rentierfarmen** die Praxis anschauen – einen besseren Eindruck vom Leben als Rentierzüchter bekommt man wohl kaum.

Die erste Farm liegt nur etwa 15 Kilometer von Inari entfernt. Seit über 20 Jahren bietet die **Inarin Porofarmi** unter anderem **Rentier-Safaris** an (Dauer ein oder drei Stunden oder einen ganzen Tag). Eine vorherige Anmeldung ist erforderlich.

**Inarin Porofarmi**
Kittiläntie 1445, 99870 Inari,
Tel. 00358 50 06 66 444, http://reindeerfarm.fi.
GPS: N 68.825991, E 026.774080



Eine Herde Rentiere wartet darauf, dass Futter gebracht wird

lapp_07 tm

Die zweite Farm auf der Route ist etwa 30 Kilometer von Inari entfernt. Sie gehört **Petri Mattus** und sein Konzept ist ein wenig anders: *Petri* bietet seinen Gästen an, ihn als **samischen Rentierhirten** zu begleiten. Er fährt mit dem Schneemobil hinaus zu seinen Tieren, die Gäste sitzen hinten im Schlitten. An der Fütterungsstation hat man die Möglichkeit, den Tieren ganz nah zu kommen – eine hervorragende Gelegenheit, sie in ihrer natürlichen Umgebung zu beobachten und zu fotografieren. Mit ein wenig Glück kommen die Rentiere so nahe, dass man sie aus der Hand füttern kann. Während des Besuches erzählt *Petri* über die Rentierhaltung, die samische Kultur und das Leben in Lappland. Und wie es sich für einen anständigen Ausflug gehört, gibt es Kaffee, Tee und Gebäck.

*Petri* bietet sein Winterprogramm etwa von Anfang Dezember bis Ende April an (Reservierung mind. am Vortag).

lapp_127 tm

**Rentierfarm Petri Mattus**
Kittiläntie 3070 B, 99870 Inari, Tel. 00358 40 01 93 950, www.reindeerfarmpetrimattus.com.
GPS: N 68.757811, E 026.472249

**Bis Levi** sind es nun nur noch knapp 150 Kilometer. Die Straßen sind frei, aber es ist kalt.

Rentierherden werden heute mit dem Motorschlitten zusammengetrieben

# Levi

**Touristeninformation**
Myllyjoentie 2, 99130 Levi,
Tel. 00358 16 63 93 378,
www.levi.fi/de (auch auf Deutsch).
GPS: N 67.804982, E 024.799067

Unmittelbar in der Nähe der Touristeninformation bieten die **Levilehto Apartments** auch einige **Stellplätze** für Wohn-

mobile an. Von hier aus kommt man bequem zu Fuß in die Innenstadt.

**Levilehto Apartments**
Levintie 1625, 99130 Levi,
Tel. 00358 40 31 20 200, https://levilehto.fi.
GPS: N 67.806658, E 024.801167

Levi ist **einer der bekanntesten Skiorte in Finnland** und über die Grenzen hinaus beliebt. Auch viele Schweden machen hier Winterurlaub. Dementsprechend kann man hier alles unternehmen, was der Wintersport zu bieten hat. 28 Skilifte verteilen die Wintersportler auf 43 Pisten, von Blau für Anfänger bis Schwarz für Profis. In der Fußgängerzone gibt es eine Vielzahl an Geschäften mit Sportgeräteverleih, Souvenirshops und Restaurants. Und nach einem anstrengenden Tag auf der Piste kann man abends in der Torfsauna entspannen.

lapp_039 tm

In so einem Skizirkus das Besondere zu finden, ist nicht ganz einfach. Wären da nicht mehrere **Kota-Hütten,** in denen man am offenen Feuer kochen kann. Zum Beispiel die **Korkeaniemi-Hütte** am Westufer des Immeljärvi-Sees etwa 2 bzw. 4 Kilometer je nach Route von der Touristeninformation in Levi entfernt. Die Selbstversorgerhütte kann jeder nutzen. Man könnte im Supermarkt die notwendigen Zutaten kaufen, zur Hütte wandern und dort kochen – Streichhölzer oder Feuerzeug nicht vergessen.

**Korkeaniemi-Hütte**
GPS: N 67.794835, E 024.786856

Skipiste mitten in Levi – man könnte direkt von der Piste in die Fußgängerzone fahren

## Rentiersuppe

### Zutaten

- Wasser
- 1 Zwiebel
- 2 Möhren
- Sellerie nach Belieben
- 2 Biokartoffeln
- Pilze und Pfeffer
- Piment
- Salz
- Lorbeerblätter
- Geräuchertes oder scharf angebratenes Rentierfleisch (aus dem Feinkostgeschäft)
- Frischkäse
- Preiselbeeren
- Petersilie

### Zubereitung

Sollte man kein geräuchertes oder scharf angebratenes Rentierfleisch bekommen, sondern nur rohes, kann man das Rentierfleisch als ersten Schritt in einem Topf anbraten, herausnehmen und zur Seite stellen und dann das Gemüse in den Topf geben.

Zwiebeln, Möhren, Sellerie und Kartoffeln klein schneiden und im Topf auf dem Feuer kurz anbraten, mit Wasser ablöschen und aufkochen. Piment, Salz, Pfeffer und Lorbeerblätter hinzugeben und weiterkochen bis alles gar ist. Die Pilze als letztes hinzugeben, sie brauchen nicht so lange. Während das Gemüse kocht, die Preiselbeeren und ein wenig Petersilie unter den Frischkäse mischen bis eine glatte Creme entsteht. Man kann noch ein wenig Sahne untermischen, wenn man mag. Zuletzt das Rentierfleisch dazugeben und alles ein wenig weiterkochen lassen. Mit Salz und Pfeffer abschmecken.

Die Suppe in einem Teller **servieren** und die Creme auf die Suppe geben. Mit der restlichen Petersilie garnieren.

Wer nicht nur Kaffee kochen möchte, kann in Levi einen **Outdoor-Kochkurs** besuchen. Informationen bekommt man bei der Touristeninformation.

Bevor es **von Levi weiter** nach Hetta bzw. zur dortigen Husky-Farm geht, bietet sich ein Abstecher in den Nationalpark Pallas-Yllästunturi an.

Über Stunden ist man allein auf den Straßen unterwegs

lapp_040 tm

# Nationalpark Pallas-Yllästunturi

**Besucherzentrum**
Pallastunturintie 557, 99330 Pallastunturi,
Tel. 00358 20 63 97 930,
www.nationalparks.fi/en/pallas-yllastunturinp.
GPS: N 68.045976, E 024.063843

Kurz vor dem Besucherzentrum befindet sich rechts ein großer **Parkplatz,** auf dem man übernachten kann.

**Stellplatz**
GPS: N 68.041862, E 024.067908

Mit einer Fläche von 1020 Quadratkilometern ist der Nationalpark der **drittgrößte Finnlands** und mit über 500.000 Besuchern im Jahr 2019 der mit Abstand meistbesuchte. Die meisten Naturliebhaber kommen im Sommer, sodass man im Winter die Ruhe und Einsamkeit im Park voll und ganz genießen kann.

Vor allem Schneeschuhwanderer und Skiläufer kommen hier auf ihre Kosten. Empfohlen sei eine besonders **schöne Wanderung.** Hin und zurück sind es nur etwas über 3 Kilometer, der Schwierigkeitsgrad ist gering. Umso **großartiger** ist die **Aussicht,** wenn man oben auf dem Pallaskero angekommen ist.

Kaffee kochen auf offenem Feuer

lapp_041 tm

lapp_042 tm

Die Wanderung startet am Besucherzentrum. Der Weg ist im Gelände allerdings **nicht ausgeschildert.** Am Startpunkt befindet sich lediglich ein blaues Schild mit der Aufschrift „Palkaskeron valloitus“, das die Richtung nach oben angibt. **Querfeldein** geht es durch den Schnee den Berg hinauf. Da die Landschaft baumlos ist, kann man sehr gut seinen eigenen Weg nach oben wählen. Je höher man kommt, desto bemerkenswerter die Aussicht über das schneebedeckte Pallastunturi Fjell. Abends und in der Nacht ist das hier ein sehr guter Ort, um **Polarlichter** zu sehen.

⌃ Wenige Bäume prägen das Landschaftsbild, weit und breit ist keine Menschenseele zu sehen

# Hetta

Vom Besucherzentrum des Nationalparks Pallas-Yllästunturi sind es nur 90 Kilometer bis zu einer ganz besonderen Husky-Farm. Derer gibt es in Lappland sehr viele, aber nur eine wie **Hetta Huskies.** Darum soll ihre Geschichte an dieser Stelle erzählt werden.

■ **Hetta Huskies**
Hetantie 211, 99400 Enontekiö,
Tel. 00358 16 64 15 90, www.hettahuskies.com/de.
GPS: N 68.381485, E 023.557482

Die Husky-Farm befindet sich in der Gemeinde Enontekiö im finnischen Teil Lapplands, weit oberhalb des Polarkreises, in **einem der letzten großen Wildnisgebiete Europas,** das mit nicht einmal 2000 Einwohnern extrem dünn besiedelt ist.

Ungefähr 8 Kilometer von der Farm entfernt bietet **Hetan Kota** auch im Winter einige **Stellplätze** inkl. Strom für Wohnmobilfahrer an.

**Hetan Kota**
Ounastie 583, 99400 Enontekiö,
Tel. 00358 40 06 18 161, www.hetankota.fi/de.
GPS: N 68.398988, E 023.731138

## Eine finnische Husky-Farm übernimmt Verantwortung

Zwei Extremsportler, eine Liebesgeschichte zwischen Südafrika und Nordfinnland und eine Husky-Farm mit glücklichen Hunden – *Anna McCormack* und *Pasi Ikonen* führen ein Leben wie aus einem Abenteuerroman. Ihre Farm Hetta Huskies hat sich **verantwortungsvolle Hundezucht** mit besonders artgerechter Haltung und Fütterung auf die Fahne geschrieben. Schlittenhunde, die aufgrund ihres Alters, einer Erkrankung oder körperlichen Einschränkung keinen Schlitten mehr ziehen können, werden meistens eingeschläfert, da sie unrentabel sind und nur Kosten verursachen. Doch die Hunde sind nicht unbedingt sterbenskrank, ganz im Gegenteil, ein paar Rentnerjahre hätten sie bestimmt noch vor sich. Nur eben nicht mehr im Einsatz am Schlitten. Darum werden sie getötet. Jedoch nicht alle Husky-Farmen in Lappland verfahren so – Hetta Huskies ist eine von ihnen. Hier

☐ Hettas Hunde wollen rennen

lapp_043 tm

darf jeder Hund seinen Ruhestand genießen, auch wenn er keine körperlichen Höchstleistungen mehr erbringen kann. Das Konzept nennt sich **„Mush with pride"**, übersetzt etwa „Hundehaltung mit Würde". Darüber hinaus bieten *Anna* und *Pasi* ihre „Rentner" zur Adoption an. Stimmen die Voraussetzungen, kann man einen Schlittenhund mit zu sich nach Hause nehmen und ihm noch ein paar schöne Jahre schenken. Das Projekt nennt sich „Ready for a sofa".

Es ist **immer viel zu tun** bei Hetta Huskies: Holzhacken, einen Anbau für ein bestehendes Holzhaus bauen oder mit kleinen Besuchergruppen Hunderte von Kilometern in der finnischen Schneelandschaft zurücklegen. Hier sind körperliche Höchstleistungen von Tier und Mensch gefragt, entsprechend anstrengend und auch gefährlich ist der Job.

## Eine Love Story zwischen Feuer und Eis

**Anna,** Outdoor-Expertin und Abenteurerin, bestieg bereits mit 19 Jahren Indonesiens höchsten Vulkan im tiefsten Dschungel von Sumatra. Die toughe Weltenbummlerin hat über vierzig Länder bereist und fünf Jahre lang als Athletin an der Weltspitze im Bereich Abenteuerrennen an Wettbewerben teilgenommen. Kennengelernt haben sich *Anna* und *Pasi* in Tibet beim „Raid Gauloises", einem bekannten 1000-Kilometerrennen durch den Himalaya. **Pasi,** erster Finne, der eine selbstständige Expedition zum Südpol beenden konnte, war Kapitän des finnischen Teams und holte damals, im Jahr 2000, den Sieg nach Hause. In den folgenden Jahren kreuzten sich ihre Wege immer mal wieder, wenn sie bei Rennen gegeneinander antraten. Irgendwann verliebten sich die beiden und Anna zog spontan aus dem heißen Südafrika nach Helsinki. „Wir sind die Art von Menschen, die 100 Prozent bei allem geben, was sie tun", sagt die Engländerin.

Heute arbeitet *Pasi* neben der Organisation der Husky-Farm viel für die **regionale Entwicklung** von Enontekiö. Das Gebiet wird traditionell vom Volk der Sami bewohnt, die größtenteils von der Rentierzucht leben. Auch die kontinuierlich wachsende Farm und ihre Mitarbeiter, die größtenteils in gefährlichen Umgebungen arbeiten, müssen koordiniert und mit Aufgaben betreut werden.

Eine Mitarbeiterin ist zum Beispiel **Charlotte.** Die gelernte Konditorin kam ursprünglich über ein Praktikum im Schlittenhundeführen zu ihrem jetzigen Job. Nach Etappen in Kanada und Island begleitet sie nun Safaris mit Gästen in Hetta. Die Arbeit ist oft körperlich herausfordernd, insbesondere für eine Frau: Steckengebliebene Schneemobile anheben, Hunde herumtragen, das alles schafft bzw. vermeidet sie mit Grips statt mit Muckis. „Man lernt ziemlich schnell, wie man ein Schneemobil so fährt, dass man nicht hängen bleibt, weil man weiß, in welche Schwierigkeiten man sonst kommt – Gehirn über Muskeln", weiß die sympathische Schlittenführerin.

Auf der wunderschön an den Ausläufern des skandinavischen Gebirges gelegenen Farm treffen sich Besucher aus aller Welt. Die meisten wollen einmal im Leben Polarlichter sehen, einen Abenteuerurlaub in einer Wildnishütte verbringen oder sind einfach begeisterte

Husky-Fans. Einige kommen auch, um an dem **Intensivkurs im Führen von Schlittenhunden** teilzunehmen. „So sehr ich die Tatsache liebe, dass ich jeden Tag etwas anderes zu tun habe, ist meine Lieblingszeit des Jahres der Winter, wenn ich **mehrtägige Wildnis-Touren** abseits der Farm mit nur sechs Gästen und 35 Hunden unternehmen kann", erzählt die junge Hundeschlittenführerin. Und dazu sind natürlich jederzeit Besucher aus aller Welt herzlich eingeladen.

Von Hetta sind es knapp 35 Kilometer bis zur finnisch-norwegischen Grenze, bis Karasjok etwa 200 Kilometer. In **Norwegen** daran denken, dass man die Uhr umstellen muss (plus eine Stunde).

☐ Wer würde ihm nicht gerne einen Platz auf dem Sofa gönnen?

# Karasjok

Karasjok ist die **Hauptstadt der in Norwegen lebenden Sami.** Bemerkenswert ist die Architektur des Parlamentsgebäudes der norwegischen Sami **(Sameting)** im Nordwesten des Ortes (Ávjovargeaidnu 50, www.sametinget.no). Das Gebäude bildet einen Halbkreis mit zwei Etagen. Es ist der traditionellen Behausung der Sami nachempfunden, den Koten. Von außen ist es mit Lärchenholz verkleidet, das sich im Laufe der Zeit grau verfärben soll. Innen befinden sich neben dem Plenarsaal die Verwaltung des Parlaments und eine samische Bibliothek. Will man mehr über die Kultur der Sami in Norwegen erfahren, ist man hier am richtigen Ort.

Eines der wichtigsten Werkzeuge der Sami ist ihr **Messer.** Es ist tief in der sa-

lapp_045 tm

lapp_044 tm

mischen Kultur verwurzelt und ähnelt häufig eher einem Kunstwerk als einem Gebrauchsgegenstand. Es ist ein selbstverständliches Geschenk zu besonderen Anlässen, aber auch als Gebrauchswerkzeug unverzichtbar.

Seit vielen Generationen schmiedet **Knivsmed Strømeng** Messer, die sich im harten Einsatz draußen in der Natur bewährt haben. So ist die Schmiede für Sami-Messer zu einer der berühmtesten überhaupt geworden. Werkstatt und Verkaufsräume befinden sich am Ortsrand von Karasjok. Wer ein original Sami-Messer mit nach Hause nehmen will, sollte hier unbedingt vorbeischauen. Welche Modelle aktuell im Angebot sind, erfährt man auf der Homepage. Der Stahl, der für die Messer verarbeitet wird, kommt übrigens aus Solingen.

**Knivsmed Strømeng**
Markangeaidnu 10, 9730 Karasjok,
Tel. 0047 78 46 71 05, https://samekniv.no/de.
GPS: N 69.467343, E 025.508028

In Karasjok gibt es einen **Campingplatz,** der ganzjährig geöffnet hat:

**Karasjok Camping**
Avjovargeaidnu 88, 9730 Karasjok,
Tel. 0047 97 07 22 25, www.karacamp.no.
GPS: N 69.468942, E 025.487855

Ein verziertes Sami-Messer ist eher Kunsthandwerk als Gebrauchsgegenstand und kann schnell mehrere hundert Euro kosten

Auf dem Weg zum Nordkap

# Von Karasjok zum Nordkap

Auf dem weiteren Weg in den Norden hat man die großen Städte auf dieser Route hinter sich gelassen. **Entlang der Fjorde** führt der Weg durch eine fast menschenleere Landschaft.

Von Karasjok bis zum Nordkap sind es noch knapp 260 Kilometer. Ich empfehle, den **letzten Stellplatz vor dem Nordkap in Skarsvåg** zu nutzen und am nächsten Tag das Kap zu besuchen. Je nach Witterung muss man für die Strecke von Karasjok bis Skarsvåg vier bis fünf Stunden Fahrt einkalkulieren. Man folgt der E 6 und der E 69. Ab **Lakselv** führt die Strecke am Porsangerfjord entlang und bietet immer wieder wunderschöne Ausblicke und Fotomotive.

**Stellplatz: The North Cape Experience**
Oterveien 1, 9763 Skarsvåg, Tel. 0047 91 31 15 57, www.thenorthcape-experience.com.
GPS: N 71.113602, E 025.830426

*Jonathan* bietet auch Bootstouren zum Nordkap an, außerdem betreiben er und seine Frau ein Restaurant, in dem man unbedingt die King Crabs probieren sollte.

Das erste Nadelöhr auf dem Weg zum Nordkap ist der **Skarvbergtunnel.** Die Durchfahrt wird zur Zeit über eine Ampelanlage geregelt. Er ist recht eng, man sollte hier also besonders aufmerksam sein. Parallel zum alten Tunnel wird ein neuer gebaut, der Ende 2021 fertig sein soll. Auf www.vegvesen.no (norwegisch) bekommt man aktuelle Infos über die Befahrbarkeit der jeweiligen Strecken.

Dann geht es immer weiter am Fjord entlang bis zum **Nordkaptunnel,** 6780 Meter lang und an seiner tiefsten Stelle 212 Meter unter dem Meeresspiegel ge-

lapp_047 tm

legen. Zur Refinanzierung der Baukosten galt seinerzeit eine zeitlich befristete Maut, seit Mitte 2012 ist die Durchfahrt auf die **Nordkapinsel Magerøya** kostenlos. Am Ende des Tunnels befindet sich der **Kobbholneset-Parkplatz** mit sauberen Toiletten; hier könnte man auch übernachten.

**Stell-/Parkplatz**
GPS: N 70.955721, E 025.703267

Weiter geht die Fahrt nach **Honningsvåg,** dem größten Ort der Gemeinde Nordkap.

Wohnmobile stehen bereit, um im Konvoi zum Nordkap zu fahren

lapp_048 sw

# Honningsvåg

■ **Touristeninformation**
Fiskeriveien 4B, 9750 Honningsvåg,
Tel. 0047 78 47 70 30, www.nordkapp.no/de.
GPS: N 70.982915, E 025.967431

Honningsvåg ist **Verwaltungssitz der Gemeinde Nordkap.** Nur knapp 2500 Menschen leben im Ort, den über 100.000 Gäste im Jahr besuchen. Die meisten kommen mit den Schiffen der Hurtigruten-Linie. Und fast alle wollen zum Nordkap. Ebenso beliebt ist das Kap bei Wohnmobilisten. Deren Reisezeit ist in der Regel der Sommer, aber auch im Winter lohnt ein Besuch des nördlichsten Punktes von Europa, den man mit dem Auto erreichen kann, ohne eine Fähre nehmen zu müssen.

Die **Straße zum Nordkap** darf **im Winter nur in einer Kolonne** befahren werden, d.h. niemand darf die letzten 15 Kilometer zum Nordkap alleine fahren. Die Fahrt erfolgt hinter einem Schneepflug zu festen Zeiten. Treffpunkt für die Kolonne ist die Kreuzung nach Skarsvåg bei den GPS-Koordinaten N 71.091247, E 0025.782669. Es gibt **drei Abfahrtszeiten,** das Tourismusbüro empfiehlt privaten Pkw und privaten Bussen, der ersten Kolonne zu folgen.

■ **Abfahrt** von der Skarsvåg-Kreuzung 11 Uhr (Pkw und Busse), **Rückfahrt** vom Nordkap 13 Uhr; Abfahrt 12 Uhr (Hurtigruten, private Busse und öffentlicher Bus), Rückfahrt 13:45 Uhr; Abfahrt 19:30 Uhr (Aurora Konvoi, Pkw und Busse), Rückfahrt 21:45 Uhr (Aurora Konvoi). Um vorherige Anmeldung per Mail oder Telefon im Tourismusbüro wird gebeten.

Obwohl die Straße zum Nordkap grundsätzlich geöffnet ist, kann sich das bei **schlechtem Wetter** ändern. Auch hier empfiehlt sich ein Besuch der Webseite www.vegvesen.no oder eine Nachfrage im Tourismusbüro.

Da die wenigsten Autofahrer Erfahrung mit der Fahrt in einer Kolonne haben, gibt das Tourismusbüro folgende **Sicherheitshinweise:**

- Aus Sicherheitsgründen kann nur eine **begrenzte Anzahl von Kraftfahrzeugen** in einer Kolonne mitfahren. Die Fahrer der Räumfahrzeuge können Verkehrsteilnehmern das Weiterfahren verweigern, wenn anstrengendes Kolonnenfahren für sie möglicherweise zu Problemen führen könnte.
- Fahrzeuge in der Kolonne müssen in **technisch einwandfreiem Zustand** sein und **Winterreifen** haben (M&S). Für Fahrzeuge über 3,5 Tonnen sind Ketten vorgeschrieben. Teilnehmer an der Kolonne müssen **Winterkleidung** mit sich führen.
- **Taschenlampe, Abschleppseil und Schneeschaufel** für schnellen Zugriff bereithalten.
- Darauf achten, dass das vor einem fahrende Fahrzeug in der Kolonne stets in **Sichtweite** bleibt.
- Möglichst **gleichmäßige Geschwindigkeit** halten.
- Die **Lüftung** so einstellen, dass die Windschutzscheibe Luft erhält.
- **Warnblinkanlage einschalten.**
- **Keinesfalls die Kolonne verlassen** oder den Versuch unternehmen umzukehren.
- Wenn Sie anhalten müssen oder die Kolonne anhält, bleiben Sie unbedingt in unmittelbarer Nähe des Fahrzeugs. Ein **Entfernen vom Fahrzeug** kann **lebensgefährlich** sein.
- Wegen eingeschränkter Netzversorgung das **Handy** während der Kolonnenfahrt nicht benutzen.

Wer nicht selbst fahren will, kann alternativ den **Bus** nehmen; Abfahrt täglich ab der Touristeninformation im Zentrum von Honningsvåg um 11:30 Uhr. Der Bus trägt die Nummer 406. Tickets unter www.nordkapp.no/de/reisen. Insgesamt ist man etwa drei Stunden unterwegs. Die Aufenthaltsdauer am Nordkap beträgt ca. 1½ Stunden.

lapp_046 sw

# Das Nordkap

■ **www.nordkapp.no/de**

Nach gefühlt unendlich vielen Kilometern durch Eis und Schnee hat man es geschafft – **71° 10' 15.431" nördliche Breite, 25° 47' 1.176" östliche Länge** sind erreicht. Im besten Fall liegt das Nordkap nicht im Nebel und die Sonne scheint. Man steht an der berühmten Weltkugel aus Stahl und blickt über die Felskante hinaus nach Norden. Die Wellen des Meeres schlagen gegen die Felsen, der Wind zerrt an der Kleidung, eiskalt weht er einem ins Gesicht, und man bekommt einen Eindruck von der Unwirklichkeit des Ortes und der Unendlichkeit des Ozeans. Im Sommer mag das Nordkap von Touristen überlaufen sein und eine Anreise nicht lohnen, doch jeder, der das Glück hatte, hier die Mitternachtssonne unter- und wieder aufgehen zu sehen, wird das in Kauf nehmen. Und im Winter sieht man zwar keinen Sonnenauf- und -untergang, dafür bekommt man einen Eindruck von der Macht der Natur und genießt das tolle Gefühl, sein Ziel nach langer Fahrt erreicht zu haben.

Jährlich besuchen annähernd 200.000 Menschen das Nordkap, fotografieren die **Weltkugel** und machen Selfies. Der Priester *Francesco Negri* aus Ravenna (Italien) soll im Jahr **1664** der **erste Tourist** vor Ort gewesen sein. Aber erst durch den Bau des Nordkaptunnels hat sich der Tourismus zu dem entwickelt, was er heute ist.

Im **Informationszentrum** auf dem Hochplateau gegenüber der Weltkugel gibt es ein Restaurant, eine ökumenische Kapelle, historische Ausstellungen, einen Souvenirladen und ein Postamt, in dem man ein mit dem Tagesdatum abgestempeltes **Nordkapdiplom** erhält.

☐ Fotografieren ist Pflicht!
Die berühmte Weltkugel auf der Spitze des Nordkaps

Alta | 178
Hammerfest | 176
Skjervøy | 183
Tromsø | 185
Tromsø – Bjerkvik | 189

lapp_036 tm

# 10

# Route 4: Von Hammerfest nach Bjerkvik

» Dieser Routenvorschlag ist mit fast 1000 Kilometern der längste. Vom Nordkap geht es zurück Richtung Süden. Hinter Olderfjord fährt man bald über eine baumlose Hochebene. Hier und da sind ein paar Rentiere zu sehen, die Aussicht über Berge, Gletscher und Fjorde ist ein Traum. Die Landschaft wird zunehmend spannender und bietet viel Abwechslung – und spektakuläre Fotomotive.

‹ Der Faszination von Polarlichtern kann man sich nicht entziehen

HAMMERFEST

70° 39' 48" N ✳ 23° 48' E

Wir der Bürgermeister der löblichen Stadt Hammerfest, die so weiter gen Mittnacht liegt als jegliche andere unseres Planeten und der ehrbare Eisbären-Verein daselbst, tun jedermann kund und zu wissen, dass

SEINE MAJESTÄT
DER ARKTISCHE EISBÄR

Sie kraft dieser Urkunde in den Stand der Mitglieder des Eisbären-Vereins erhoben hat.

Thomas Momsen

Sie haben die allernördlichste Stadt der Welt erreicht und die Eismeerküste besucht. Sie sind also bis zum weissen Reiche vorgedrungen, in welchem vor Jahrtausenden der Eisbär sein Königtum aufgerichtet hat.

Gegeben zu HAMMERFEST am 7. Tage des Monats August im Jahre 1991

Das bestätigt Ihnen der Bürgermeister der löblichen Stadt Hammerfest.

lapp_026 tm

# Hammerfest

**Hammerfest Tourist Information**
Hamnegata 3, 9600 Hammerfest,
Tel. 0047 78 41 21 85, www.visithammerfest.net.
GPS: N 70.664671, E 023.680933

Hammerfest wirbt für sich mit dem Slogan **„Nördlichste Stadt Europas"**, früher galt sie sogar als nördlichste Stadt der Welt. Da der Begriff „Stadt" aber nicht ausreichend definiert ist und zum Beispiel Honningsvåg 1998 den Status einer Stadt erhielt, ist das strittig. Mit über **11.000 Einwohnern** ist Hammerfest aber sicherlich eine der größten Städte so weit im Norden.

Mitgliedsurkunde der Royal and Ancient Polar Bear Society



Berühmt wurde Hammerfest auch als Ausgangspunkt für eines der größten Vermessungsprojekte der Welt: Hier beginnt der skandinavisch-russische Meridianbogen oder auch nur **Struve-Bogen** nach dem Astronomen *Wilhelm von Struve* (1793–1864). Es handelt sich um eine Gradmessung, die fast 3000 Kilometer lang ist und aus einer Vielzahl von Messpunkten besteht. Seit 2005 ist der Struve-Bogen Bestandteil des UNESCO-Weltkulturerbes. Sein Startpunkt ist im Ortsteil Fuglenes bei den GPS-Koordinaten N 70.670000, E 023.663333.

Die zweite große Sehenswürdigkeit ist der Eisbärenclub **The Royal and Ancient Polar Bear Society.** Über 270.000 Mitglieder zählt der Verein inzwischen, der 1963 von zwei Geschäftsleuten gegründet wurde, um die Geschichte Hammerfests als Jagd- und Handelszentrum bekannt zu machen. Durch eine einmalige **Spende** unterstützt man das Museum und wird Mitglied auf Lebenszeit. Man erhält ein Zertifikat, einen Aufkleber und einen Ansteckpin und hat lebenslang freien Eintritt ins Museum. Jedes Jahr am dritten Sonntag im Januar ist Jahreshauptversammlung. Das Museum selbst widmet sich der Geschichte von Hammerfest, dem arktischen Fischfang, der Jagd und Polarexpeditionen. Ein weiterer Teil des Museums befasst sich mit der Tierwelt der polaren Region. Die Mitgliedschaft kostet einmalig 220 Norwegische Kronen, was ungefähr 20 € entspricht.

**The Royal and Ancient Polar Bear Society**
Hamnegata 3, 9600 Hammerfest, Tel. 0047 78 41 21 85, www.isbjornklubben.no (auch auf Deutsch). Geöffnet Oktober bis Mai Mo bis Fr 9–16 Uhr, Sa/So 10–13 Uhr. GPS: N 70.664671, E 023.680933

In Hammerfest gibt es am Hafen einen **Parkplatz,** der auch ganzjährig einige **Stellplätze für Wohnmobile** bietet, im Winter allerdings ohne Ver- und Entsorgung.

■ **Stellplatz**
Jernbanetrasken, 9600 Hammerfest.
GPS: N 70.663283, E 023.675850

Etwas außerhalb von Hammerfest gibt es sehr gute Fotospots, um **Polarlichter** zu fotografieren. Einer meiner Favoriten, der Strand von **Kirkegårdsbukt,** liegt etwa 10 Kilometer von Hammerfest entfernt. Es gibt am Strand einen Parkplatz, der einfach zu erreichen ist. Von dort kann man zu Fuß ans Wasser laufen und sein Stativ aufstellen. Wer ohne Infrastruktur auskommt, kann hier auch gut übernachten.

■ **Stell-/Parkplatz**
GPS: N 70.719471, E 023.830154

## Weiterfahrt ab Hammerfest

Zurück von der Atlantikküste geht die Fahrt nach **Skaidi,** wo man von Hammerfest kommend rechts auf die E 6 südwärts nach Alta abbiegt. Man fährt über ein **Hochplateau mit einmaliger Aussicht,** das ein wenig an den Eisplaneten Hoth erinnert – und tatsächlich wurden einige Star-Wars-Szenen aus „Episode V – Das Imperium schlägt zurück“ in Norwegen gedreht, allerdings im Süden am Gletscher Hardangerjøkulen. Darum sollte man nicht allzu schnell fahren und auf dem einen oder anderen Parkplatz die Landschaft auf sich wirken lassen.

Bis Alta sind es von Hammerfest gut 140 Kilometer. Kurz hinter dem Ort **Rafsbotn** erblickt man die Ausläufer des Altafjords. Nach etwa 30 Minuten ist man in Alta angekommen.

☑ Auf Elche muss man immer achtgeben

lapp_027 tm

# Alta

**Touristeninformation**

Bjørn Wirkolas vei 11, 9510 Alta, Tel. 0047 99 10 00 22, www.visitnorway.de/listings/alta-touristeninformation/134186 oder visitalta.no.
GPS: N 69.964764, E 023.271259

In Alta gibt es **drei Campingplätze,** die alle ganzjährig geöffnet haben. Sie liegen direkt hintereinander und man könnte meinen, es handle sich um einen einzigen Platz. Dem ist aber nicht so, darum lohnt es sich, alle Plätze kurz anzuschauen, die Preise zu vergleichen und dann zu entscheiden, welcher einem zusagt.

**Alta River Camping**

Steinfossveien 5, 9518 Alta,
Tel. 0047 94 03 27 79, www.alta-river-camping.no.
GPS: N 69.929553, E 023.262407

**Camp Alta**

Steinfossveien 25, 9518 Alta,
Tel. 0047 40 07 73 99, www.campalta.no.
GPS: N 69.927731, E 023.268752

**Alta Strand Camping & Apartment**
Steinfossveien 29, 9518 Alta,
Tel. 0047 78 43 40 22, www.altacamping.no.
GPS: N 69.927319, E 023.270118

Alta liegt direkt unterhalb des Nordlichtovals und profitiert vom **Golfstrom,** sodass die Temperaturen auch im Winter selten in den zweistelligen Minusbereich fallen. Fjord und Hafen sind **eisfrei.**

Die berühmteste Sehenswürdigkeit ist das **Alta Museum** mit seinen über 6000 Jahren alten Felszeichnungen, die zum UNESCO-Weltkulturerbe gehören. Eines aber gleich vorweg: Der Rundgang, der an den berühmten **Felszeichnungen** vorbeiführt, ist im Winter nicht begehbar, die Petroglyphen werden nicht vom Schnee befreit. Gleichwohl befindet sich im Museum eine Ausstellung, die einige der Zeichnungen zeigt und ihren Hintergrund erläutert. 1972 wurden die ersten Felszeichnungen eher zufällig entdeckt und sofort das Tromsø Museum informiert. Damit stand eine der wichtigsten archäologischen Quellen zur Verfügung, die einen einzigartigen Einblick gibt in das Leben und die Rituale der **Ur-Sami,** ihre soziale Organisation, Technologien und den Einsatz von Ressourcen, und das über einen langen Zeitraum, denn die älteste Zeichnung datiert auf etwa 4000 v. Chr., die jüngste ist 2000 Jahre alt. Die Felskunst zeigt große Szenerien, in denen **Tiere und Menschen** bei verschiedenen Aktivitäten wie Jagen, Fangen und Fischen, Ritualen und Kommunikation dargestellt werden. Abgebildet sind Menschen, Rentiere, Elche, Bären, Hunde/Wölfe, Füchse, Hasen, Gänse, Enten, Schwäne, Kormorane, Heilbutt, Lachs, Wale, Boote, verschiedene Gerätschaften und andere Artefakte sowie geometrische Muster und Formen.

Im Museum gibt es einen **Souvenirshop** mit lokaler samischer Kunst und ein **Café** mit wunderbarem Fjord-Blick.

**Alta Museum/ World Heritage Rock Art Centre**
Altaveien 19, 9518 Alta,
Tel. 0047 41 75 63 30, www.altamuseum.no.
GPS: N 69.947308, E 023.186939

lapp_028 tm

Schon von Weitem sieht man die 2013 geweihte **Nordlichtkathedrale bzw. Alta-Kirche** im Zentrum von Alta. Der Kirchturm schraubt sich in den Himmel, immer dem Nordlicht entgegen. Das aus Beton erbaute Gebäude wurde außen mit Titanplatten verkleidet und glänzt in der Sonne – ein offenes Haus, das nicht unbedingt an eine Kirche erinnert und einen Besuch wert ist.

**Nordlichtkathedrale/Alta-Kirche**
GPS: N 69.965096, E 023.266906

Den Nordlichtern ist nicht nur die Kathedrale gewidmet. In Alta herrscht ein relativ stabiles Klima, das für viele klare Nächte sorgt, in denen man die **Polarlichter** bewundern kann. Das wusste bereits der Physiker *Kristian Birkeland*, der 1899 in der Nähe von Alta auf dem **Berg Haldde** (904 m) ein Nordlichtobservatorium einrichtete, das 1926 aus Kostengründen wieder geschlossen werden musste. Die Nordlichter aber sind geblieben und warten darauf, fotografiert zu werden. Um den Lichtern der Stadt zu entfliehen, empfehle ich die Fahrt ein Stück weit hinaus zum Isnestoften-Kai, wo es einen **Parkplatz** gibt, von dem man seine Fototour starten kann.

**Parkplatz**
GPS: N 70.138363, E 022.986521

☐ Felszeichnungen im Alta Museum

lapp_029 tm

Im März darf sich der Besucher auf das **größte Hundeschlittenrennen Europas** und das zweitgrößte der Welt freuen, das in Alta seinen Start und den Zieleinlauf hat. International bekannt, ist der **FINNMARKSLØPET** eines der wichtigsten Events in der Finnmark-Region. 34 Teilnehmer gingen im Jubiläumsjahr 2020 auf die 1200-Kilometer-Strecke (max. 14 Hunde), 70 auf die 570 Kilometer lange Strecke (max. acht Hunde). Auch einige Deutsche sind regelmäßig dabei. Während der Start in Alta sehr sehenswert ist, ist **Kirkenes** im Osten nahe der Grenze zu Russland der geeignete Ort, um sich einen Kontrollpunkt und die gesamte Logistik rund um das Rennen anzuschauen.

■ Weitere **Informationen** gibt es auf der Webseite www.finnmarkslopet.no.

## Weiterfahrt ab Alta

Die nächsten 160 Kilometer auf der Reise führen meist **am Wasser der Fjorde entlang** und durch einige Tunnel bis zum nächsten größeren Ort **Storslett** mit Tankstelle, Apotheke und Lebensmittelgeschäften. Etwa 16 Kilometer hinter dem Ort kann man rechts abbiegen und einen Abstecher zur Insel Skjervøy machen, die über Brücken erreichbar ist.

☒ Die Nordlichtkathedrale von Alta

# Skjervøy

Auf der **Insel** gibt es keinen Campingplatz, aber zwei sehr schöne Stellplätze. Der erste liegt am Hafen im Ort Skjervøy und ist für VW-Busse und vergleichbar große Wohnmobile geeignet. Von hier aus kann man den kleinen Ort erkunden und im På hjørnet AS einen Burger oder Fish and Chips essen.

■ **Stellplatz**
GPS: N 70.027803, E 020.966763

Alternativ zum Stellplatz am Hafen kann ich für größere Wohnmobile den **Fähranleger** auf der Skjervøy vorgelagerten Insel Kågen empfehlen. Bevor man über die Brücke nach Skjervøy fährt, biegt man links von der Straße 866 auf die 869 ab und folgt der Straße bis zum Ende. Dort befindet sich ein ausreichend großer **Parkplatz** mit einem kleinen Wartehäuschen und einer Toilette. Hier findet man außerdem eine gute Stelle zum **Angeln.** Eine Rute sollte man in Norwegen eigentlich immer dabei haben, auch im Winter, denn der Fjord ist auch hier eisfrei und die Fahrrinne am Anleger einen Versuch wert.

■ **Stellplatz**
GPS: N 70.032175, E 020.843734

Bekannt ist Skjervøy für seine **Walsafaris** bzw. **Whale Watching.** Von November bis Januar ziehen an der Insel Heringsschwärme vorbei bzw. überwintern hier und in den umliegenden Fjorden und die Wale folgen ihnen. Insbesondere **Orcas und Buckelwale** bekommt man zu sehen. Wo genau die Heringsschwärme sich gerade aufhalten, erfährt man online unter www.imr.no.

Auf Skjervøy hat man die einmalige Gelegenheit, selbst auf Walsafari zu gehen. Bei der Firma Skjervøy Fiskecamp kann man **Boote mieten,** um sich hinaus in den Fjord auf die eigene arktische Expedition zu begeben.

**Skjervøy Fiskecamp**
Strandveien 150A, 9180 Skjervøy, Tel. 0047 48 64 60 19, https://skjervoy-fiskecamp.com.
GPS: N 70.027520, E 020.980484

Alternativ kann man bei dem lokalen Anbieter Explore 70 Degrees eine **geführte Walsafari** buchen.

**Explore 70 Degrees**
Strandveien 88A, 9180 Skjervøy,
Tel. 0047 97 66 13 07, www.explore70.no.
GPS: N 70.030572, E 020.969912

## Weiterfahrt ab Skjervøy

Am Lyngenfjord entlang geht es weiter auf der E 6 dem nächsten Ziel entgegen, Tromsø. In **Olderdalen** kann man Fahrzeit gegen Fährzeit tauschen und gegenüber der Route über die E 6 und E 8 die Strecke um ungefähr 100 Kilometer abkürzen und so gut 1½ Stunden Fahrzeit einsparen. Dazu nimmt man die **Fähre** über den Fjord auf die benachbarte Insel nach **Lyngseidet.** Dort folgt man der Straße 91 bis nach **Svensby** zur nächsten Fähre, die nach **Breivikeidet** übersetzt. Von dort sind es noch etwa 48 Kilometer nach Tromsø.

lapp_030 tm

Schöner Stellplatz am Hafen von Skjervøy, der auch eine tolle Kulisse für Polarlichtfotos bietet

■ Die Webseite www.bjorklid.no informiert über die **Abfahrtszeiten** der jeweiligen Fähre.

■ Die **Preise** finden sich online auf www.troms-kortet.no/ferry/category4679. Sie richten sich nach der Länge des Fahrzeugs und beginnen bei einem Fahrzeug von unter 6 Metern bei etwa 12 €.

# Tromsø

■ **Touristeninformation**

Samuel Arnesens gate 5, 9008 Tromsø,
Tel. 0047 77 61 00 00, www.visittromso.no.
GPS: N 69.647273, E 018.959559

Tromsø auf einer Tour durch Lappland nicht zu besuchen, ist ein Fehler, denn die **Stadt** ist **voller Leben,** sie beheimatet Kunst und Kultur und ist von einer spektakulären Natur umgeben. Es gibt viele gute Restaurants und Bars, Museen, eine Fußgängerzone mit Boutiquen und Souvenirläden und wunderbare Fotospots, um Polarlichter zu fotografieren.

Und es gibt einen **Campingplatz,** der das ganze Jahr geöffnet hat. Zur Rezeption gehört ein gemütliches Restaurant, in dem ein reichhaltiges Frühstücksbüfett lockt. Und auch die Duschen des Campingplatzes verdienen Erwähnung, denn der Umkleidebereich vor der Dusche und die Dusche selbst verfügen über eine Fußbodenheizung. Vom Campingplatz kann man die meisten Sehenswürdigkeiten zu Fuß erreichen, in die City sind es etwa 3 Kilometer.

■ **Tromsø Lodge & Camping**

Arthur Arntzens Veg 10, 9020 Tromsdalen, Tel. 0047 77 63 80 37, https://tromsolodgeandcamping.no.
GPS: N 69.647895, E 019.011404

Tromsø hat **77.000 Einwohner** und liegt ca. **340 Kilometer nördlich des Polarkreises** und damit auf der geografischen Breite von Nord-Alaska. Dank des Golfstroms ist es aber bei Weitem nicht so kalt wie in Alaska; die Durchschnittstemperatur im Winter liegt nur knapp unter Null.

Der Hauptteil der Stadt liegt auf der **Insel Tromsøya.** Die meisten Straßen wurden in die Berge verlegt, unzählige Tunnel verbinden die Stadtteile. Die norwegische Bau- und Ingenieurskunst zeigt sich hier in Vollendung: Es gibt unterirdische Kreisverkehre, Ampeln, Abbiegespuren und Ausfahrten. Problematisch für auswärtige Autofahrer ist, dass hier im Berg das Navi nicht funktioniert und die Orientierung nicht ganz einfach ist. Trotzdem sollte man das im wahrsten Sinne des Wortes einmal erfahren haben.

## Sehenswertes

Eine der größten Attraktionen von Tromsø ist die **Fjellheisen-Seilbahn.** 750 Meter lang, überwindet sie einen Höhenunterschied von 360 Metern und bringt die Besucher auf den **Hausberg Storsteinen.** Von der **Panoramaplattform** (421 m) auf dem Berg hat man eine spektakuläre Aussicht über die Stadt und die Landschaft. Sie ist einer von vielen beliebten Fotospots, da die Seilbahn im Winter bis 23 Uhr geöffnet hat. Hunde sind in der Seilbahn und auf der Plattform erlaubt, im dazugehörigen **Restaurant** nicht.

Wer möchte, kann den Weg nach oben zur Plattform auch zu Fuß bewältigen (ca. 2 km). In den Jahren 2017/18

lapp_031 tm

haben erfahrene Sherpas aus Nepal eine etwa 1200 Stufen lange Treppe in den Berg gebaut, die sogenannte **Sherpa-Treppe.** Im Winter können die Stufen allerdings vereist sein, sodass der Aufstieg nicht ratsam bzw. gefährlich ist.

### Fjellheisen-Seilbahn

Solliveien 12, 9020 Tromsdalen, Tel. Fjellstua Restaurant 0047 92 61 88 39, Seilbahn 0047 92 61 78 37, https://fjellheisen.no/de. Die Homepage informiert über die Öffnungszeiten, die sich bei schlechtem Wetter, Nebel oder zu viel Wind ändern können. Es gibt einen Parkplatz, der auch für größere Wohnmobile geeignet ist.
GPS: N 69.641423, E 018.984737

Das Polaria-Gebäude erinnert an umgestürzte Dominosteine

Wenn man auf dem Weg zur Seilbahn einen etwa 500 Meter langen Umweg macht, kommt man am Wahrzeichen der Stadt vorbei, der **Eismeerkathedrale.** Aufgrund ihrer erhöhten Lage ist sie schon von Weitem sichtbar. Die Dachschrägen reichen bis auf den Boden und erinnern an aufgeschichtete Eisplatten, daher der Name.

### Eismeerkathedrale

Hans Nilsens vei 41, 9020 Tromsdalen.
GPS: N 69.648409, E 018.986663

Über die **Brücke Tromsøbrua** gelangt man von der Kathedrale in die Innenstadt von Tromsø. Nach der Brücke biegt man nach links ab und kommt auf dem Weg zum Tourismusbüro am **Polarmuseum** vorbei. Es zeigt Ausstellungen über norwegische Polarexpeditionen und Fangtraditionen in den Polargebieten, über Eisbären und die Forscher *Fridtjof Nansen* und *Roald Amundsen.*

**Polarmuseum**
Søndre Tollbodgate 11B, 9008 Tromsø, Tel. 0047 77 62 33 60, https://uit.no/tmu/polarmuseet.
GPS: N 69.652633, E 018.963404

Die Touristeninformation (s.o.) befindet sich 800 Meter weiter, und wiederum ca. 800 Meter weiter folgt das **Polaria** mit seinem auffälligen Gebäude, das an umgestürzte Dominosteine erinnert. Das maritime Museum hat ein großes und mehrere kleine **Aquarien,** in denen Fische, Schalentiere und Pflanzen aus dem arktischen Lebensraum zu sehen sind – eine gute Gelegenheit, sich mit der Fauna und Flora der nördlichen Ozeane vertraut zu machen. Außerdem findet sich hier eines von zwei Aquarien in Europa, in dem man Bartrobben beobachten kann. Es gibt zudem ein großes **Panoramakino,** in dem Filme über Polarlichter und Spitzbergen gezeigt werden, und einen Souvenirshop.

**Polaria**
Hjalmar Johansens gate 12, 9296 Tromsø,
Tel. 0047 77 75 01 00, https://polaria.no.
GPS: N 69.643943, E 018.949202

Linker Hand des Polaria-Eingangs liegt unter Glas der **Robbenfänger „MS Polstjerna“,** 1949 erbaut und das älteste erhaltene Schiff seiner Art. Aktuell ist der Zugang im Winter nicht möglich, aber ein Blick in den Glasbau vermittelt einen guten Eindruck vom Schiff.

Ab der Storgata 54 nicht weit vom Hafen beginnt die **Fußgängerzone.** Wer die Gelegenheit nutzen und ein sehr gutes Fischrestaurant besuchen möchte, dem kann ich das am Hafen gelegene **Fiskekompaniet** empfehlen. Wie in Norwegen nicht anders zu erwarten, ist es eher hochpreisig, das Essen ist jedoch ausgezeichnet.

**Fiskekompaniet**
Killengreens gate, 9008 Tromsø,
Tel. 0047 77 68 76 00, http://fiskekompani.no.

An der Rezeption des Campingplatzes bekommt man gute Tipps für Fotospots zur Beobachtung der Polarlichter. Einer führte mich auf die **Insel Sommarøy** und die benachbarte **Insel Hillesøy.** Der Weg hat sich mehr als gelohnt. Etwa 60 Kilometer vom Campingplatz entfernt befindet sich auf Hillesøy ein kleiner

lapp_032 tm

[>] Den Robbenfänger „MS Polstjerna“ schützt ein Glashaus

**Parkplatz** neben einem Hügel, den man problemlos hinaufgehen kann. Hier ist man weit weg von den störenden Lichtern der Großstadt und blickt über die Weite des Ozeans und hinauf in den sternenklaren Himmel.

- **Parkplatz:** GPS: N 69.642821, E 018.001100
- **Fotospot:** GPS: N 69.643058, E 018.000932

Auf dem Weg nach Hillesøy bieten sich bereits einige gute Gelegenheiten für einen Fotostopp, so zum Beispiel vor der **Brücke nach Sommarøy,** wo ein **Parkplatz** liegt, von dem man ein Stück weitergeht und direkt ans Wasser kommt.

- **Parkplatz:** GPS: N 69.620539, E 018.067202
- **Fotospot:** GPS: N 69.620997, E 018.068407

lapp_033 tm

Kurz vor der Brücke liegt ein weiterer **Parkplatz,** der sich als Startpunkt für ein Fotoshooting eignet, zum Beispiel unten am Wasser.

Fotostopp in einer Parkbucht zwischen Tromsø und der Insel Hillesøy

- **Parkplatz:** GPS: N 69.621349, E 018.058667
- **Fotospot:** GPS: N 69.621709, E 018.059761

Außerdem gibt es auf der Strecke viele **geräumte Parkbuchten,** die sich ebenfalls zum Fotografieren eignen. Keine gute Idee ist es, gleich beim Anblick der ersten Polarlichter einfach am Straßenrand stehen zu bleiben, da man dann sich selbst und andere Verkehrsteilnehmer in Gefahr bringt.

# Von Tromsø nach Bjerkvik

Ausgeruht und voller neuer Eindrücke führt der weitere Weg zurück über die E 8 bis **Nordkjosbotn,** wo man der E 6 weiter nach Süden folgt. Etwa 180 Kilometer von Tromsø entfernt lohnt ein Abstecher zum **Polar Park in Bardu,** denn sollte man unterwegs noch keinen Elch oder Rentier gesehen haben, kann man das im Park nachholen.

Ein etwa 3 Kilometer langer **Rundweg** führt an großen Gehegen vorbei, in denen einige **Tierarten der Polarregion** gehalten werden. Neben Rentieren und Elchen sieht man Moschusochsen, Luchse, Wölfe, Bären und einen Vielfraß. Mittwochs und freitags kann man einen Guide ins Wolfsgehege begleiten und den Tieren ganz nah kommen und sie fotografieren. Die Wölfe sind an Menschen gewöhnt, eine ausführliche Einführung im Vorfeld gibt Verhaltenstipps.

Zum Park gehört auch ein **Wohnmobilstellplatz,** der ganzjährig zugänglich ist. Ein Bezahlautomat befindet sich am

lapp_035 tm

Eingang des Hauptgebäudes. Man kann wählen, ob man mit oder ohne Strom buchen möchte. Der Zugangscode für das Servicegebäude mit Dusche steht auf der Quittung.

**Polar Park**
Bonesveien 319, 9360 Bardu,
Tel. 0047 48 24 00 00, https://polarpark.no/en.
GPS: N 68.691698, E 018.110566

Nur 9 Kilometer vom Polar Park entfernt liegt die **Bardu Huskylodge** von *Jan* und *Ane. Jan* ist Deutscher und lebt schon einige Jahre in Norwegen. Angeboten werden **Expeditionstouren** mit einer Dauer zwischen acht und 28 Tagen und auch zwei **Tagestouren:** Tour 1 startet um 11 Uhr und dauert 5 Stunden, Tour 2 beginnt um 18 Uhr und dauert 4 Stunden. Abhängig von den Schnee- und Wetterbedingungen beträgt die Zeit für das Hundeschlittenfahren 2–3 Stunden. Insbesondere die zweite Tour ist interessant, wenn man Polarlichter sehen will. Sie führt durch das wunderschöne **Stordalen-Tal,** umgeben von gefrorenen Wasserfällen und hohen Klippen.

**Bardu Huskylodge**
Bonesveien 1186, 9360 Bardu, Tel. 0047 99 40 27 28, https://huskylodge.no (auch auf Deutsch).
GPS: N 68.642138, E 018.244355

Winterlandschaft im hohen Norden

Der letzte Routenabschnitt vom Polar Park nach Bjerkvik ist noch 38 Kilometer lang. In **Bjerkvik** muss man sich entscheiden: Im dortigen Verkehrskreisel kann man weiter auf der E 6 fahren und bei den GPS-Koordinaten N 68.485106, E 017.524445 der E 10 nach Abisko in Schweden (siehe Route 1) folgen, oder man nimmt im Kreisverkehr die erste Ausfahrt und folgt der Straße auf die Lofoten (siehe nächste Route).

Moschusochse im Polar Park

lapp_034 tm

Einleitung | 194

Fotospots auf den Lofoten | 197

Fotospots auf den Vesterålen | 204

# 11

# Route 5: Die schönsten Fotospots der Lofoten und Vesterålen

» Diese Route weicht ein wenig von den bisherigen Streckenbeschreibungen ab. Es ist keine Route im klassischen Sinne, die von einem Punkt A zu einem Punkt B usw. führt, vielmehr sollen hier der atemberaubenden Natur der beiden Inselgruppen Rechnung getragen und die schönsten Fotospots vorgestellt werden. Die Route ist etwa 670 Kilometer lang.

< Die roten Fischerhütten von Hamnøy sind wohl das berühmteste Fotomotiv auf den Lofoten

# Einleitung

Diese Route führt über die Inselgruppen der Lofoten und der Vesterålen. Die **spektakuläre Landschaft** erinnert an ein überflutetes Gebirge, bei dem lediglich die Gipfel aus dem Wasser ragen. Auf den Inseln sind **unvorhersehbare Wetterbedingungen** die Regel. Die Durchschnittstemperatur liegt auch im Winter meist um den Gefrierpunkt, natürlich kann es auch wesentlich kälter werden. Insbesondere der peitschende **Wind** und die **Stürme** sind oft unberechenbar und bringen häufig **viel Schnee und Eis** mit sich. Es kann passieren, dass der Tag mit Sonnenschein beginnt und eine schöne Fototour verspricht, gegen Mittag aber beginnt es dann zu schneien, im Laufe des Tages geht der Schnee in Regen über, der dann in der Nacht gefriert und die Straßen in Rutschbahnen verwandelt. Außerdem muss man immer im Auge behalten, dass es früh dunkel wird. Und im Dunkeln bei Schneefall

lapp_125 tm

schmale, unbekannte und unbeleuchtete Straßen zu fahren, die zudem noch ausgesprochen glatt sein können, ist wahrlich kein Vergnügen.

Ein altes Sprichwort auf den Lofoten thematisiert das wechselhafte Wetter: „Hast du schlechtes Wetter, dann warte fünf Minuten". Das gibt Hoffnung, die sich aber nicht zwingend erfüllt. Das Wetter ist und bleibt unberechenbar. Immerhin: Nach einem Sturm ist das Licht ein ganz spezielles und sorgt für eine Stimmung, die es so nur auf den Lofoten und Vesterålen gibt. Ein **traumhafte Kulisse für Fotografen,** die man auch im Winter an den bekannten Fotospots entsprechend zahlreich antrifft, was auch daran liegt, dass es viele geführte Fototouren gibt. Das sollte aber kein Problem sein. Mit ein wenig Rücksicht kommt je-

Bei zu starkem Wind kann eine Brücke gesperrt werden, so wie im Bild die Gimsøystraumen-Brücke auf den Lofoten

lapp_049 tm

der zu „seinem" Bild. Und wenn man so gar nicht zurecht kommt, ruhig einmal die ausgetretenen (Foto-)Pfade verlassen. Im wörtlichen wie im übertragenen Sinne.

Die angegebenen **GPS-Koordinaten** dienen der Orientierung und sind als Ausgangspunkt für eine Fototour zu verstehen. Und selbstverständlich erheben sie keinen Anspruch auf Vollständigkeit. Es handelt sich einfach um Orte, die zu meinen Lieblingsstellen gehören.

Für den Besuch der Lofoten und Vesterålen sollte man **reichlich Zeit einplanen.** Auch wenn die Strecken, die man fahren möchte, kurz sind, nehmen sie viel Zeit in Anspruch. Kurvenreich verläuft die Straße durch die Berge und um die Fjorde, man fährt selten schneller als 50 km/h, erst recht, wenn Eis und Schnee zu Rutschpartien führen.

Auf den Lofoten und den Vesterålen gibt es einige **Campingplätze,** die das ganze Jahr geöffnet haben. Nicht immer ist der Inhaber anzutreffen. Meist genügt ein Anruf, um alles Wichtige zu klären und den Zugangscode für die Dusche und das Servicegebäude zu erhalten. Die Übernachtungsgebühr hinterlegt man dann in einem Umschlag im Briefkasten. Das Prinzip ist recht unkompliziert und basiert auf Vertrauen. Kartenzahlung ist dann nicht möglich, man muss also Bargeld mit sich führen.

◁ Stürmisches Wetter auf den Lofoten

# Fotospots auf den Lofoten

Die **Route** zu den Fotospots der Inseln **startet in Bjerkvik.** Man folgt der E 10 und fährt über die Tjeldsundbrua-Brücke auf die **Insel Hinnøya.** Am ersten Kreisverkehr geht es links weiter auf der E 10. Die Strecke führt jetzt am Fjord entlang bis zu einem **Kreisverkehr,** an dem man zwei Möglichkeiten hat, den Weg fortzusetzen: entweder in Richtung Norden auf die Vesterålen oder nach Süden auf die Lofoten. Wählt man den Weg **nach Norden,** erreicht man nach 2 Kilometern einen **Campingplatz,** der das ganze Jahr über geöffnet hat:

**Gullesfjord Camping**

Rv85 470, 8409 Gullesfjord, Tel. 0047 95 06 34 96, https://gullesfjordcamping.no/de.
GPS: N 68.532177, E 015.726284

Wir fahren jedoch **nach Süden** auf die Lofoten.

Den Abzweig zum ersten Fotospot, der **Hanøy-Kirche,** erreicht man bereits nach gut 30 Kilometern. Bei den GPS-Koordinaten N 68.468616, E 015.170415 biegt man von der E 10 rechts auf die Fv893 ab und folgt der Straße bis zum Fähranleger, dort kann man auch parken. Zu Fuß geht es dann etwa 300 Meter hinauf zur Kirche.

**Hanøy-Kirche**

**Parkplatz:** GPS: N 68.471242, E 015.185001
**Fotospot** ③ (die Nummerierung bezieht sich auf die Umschlagkarte): GPS: N 68.472143, E 015.186659

Zurück auf der E 10 geht es zunächst weiter nach Westen und dann nach Süden. Die Straße führt ab **Laupstad** am Austnesfjord entlang. Bevor man zum gleichnamigen Rastplatz fährt, sollte man etwa 1 Kilometer vor diesem Platz einen Stopp einlegen. Hier liegt ein wenig versteckt das **Schiffswrack Sildpolltjønna,** das ein tolles Motiv abgibt. Parken kann man ca. 200 Meter entfernt am Fischereihafen.

**Schiffswrack Sildpolltjønna**
**Parkplatz:** GPS: N 68.319247, E 014.703014
**Fotospot ④:** GPS: N 68.321023, E 014.699838

Den Rastplatz am **Austnesfjord** kennen viele Fotografen, denn vom Parkplatz gelangt man über Holztreppen und einen Holzweg zu einem Aussichtspunkt mit einem tollem Blick über den Fjord. Um den Weg im Dunkeln sicher gehen zu können, ist eine Stirn- oder Taschenlampe unerlässlich.

**Austnesfjord**
**Parkplatz:** GPS: N 68.315972, E 014.71575
**Fotospot ⑤:** GPS: N 68.316861, E 014.717361

Der nächste Ort auf dem Weg ist **Svolvær,** mit gut 4500 Einwohnern die größte Stadt der Lofoten. Hier kann man seine Vorräte auffüllen und tanken, auch die Touristeninformation der Inseln befindet sich in der Stadt.

**Touristeninformation Lofoten**
Håkon Kyllingmarksgate 6, 8301 Svolvær,
Tel. 0047 76 07 05 75, https://lofoten.info.
GPS: N 68.232552, E 014.561881

Der nächste **Campingplatz** folgt einen Ort weiter in **Kabelvåg:**

**Kabelvåg Ferienhaus und Camping**
Mølnosveien 19, 8310 Kabelvåg,
Tel. 0047 76 07 86 20, www.kabelvag.com/nb.
GPS: N 68.216964, E 014.444767

> Blick über den Austnesfjord

Der nächste Fotospot ist der **Hafen von Hovsund** etwa 40 Kilometer von Kabelvåg entfernt. Ein Steinwall schützt den Hafen, an dessen Ende ein kleiner Leuchtturm steht. Der kurze Weg führt über aufgeschüttete Steine und ist schon im Sommer nicht ganz einfach zu gehen, im Winter kann er zudem rutschig sein, daher sind hier Vorsicht und festes Schuhwerk angezeigt.

**Hafen von Hovsund**
**Parkplatz:** GPS: N 68.342892, E 014.086556
**Fotospot ⑥:** GPS: N 68.344556 E 014.090556

Ein wenig einfacher ist der Weg nach **Eggum.** Das Dorf liegt nördlich der E 10 direkt am Meer und ist ein beliebtes Ausflugsziel im Sommer wie im Winter. Ein kleine gebührenpflichtige Straße führt zum **Wohnmobilstellplatz.** Der

lapp_050 tm

Platz ist recht einfach ausgestattet und bietet im Winter keinen Service, die Toiletten sind geschlossen. Als Fotospot ist er trotzdem einen Besuch wert. Vom Stellplatz führt ein Weg hinunter zum Strand und den Felsen, man befindet sich auf der dem offenen Meer zugewandten Seite der Lofoten. Der Wind kann hier schon mal sehr heftig sein.

**Wohnmobilstellplatz Eggum**
Eggumsveien, 8360 Bøstad.
GPS: N 68.307939, E 013.653442

Zum nächsten Fotospot sind es etwa 20 Kilometer. Es geht zurück auf die E 10 und kurz vor dem Ort **Borg** vorbei am **Lofotr Vikingmuseum.** Vor über 1000 Jahren war die Siedlung Borg ein bedeutender Wikingersitz. Die Anführer und ihre Familien lebten in Langhäusern, die den Reichtum ihrer Besitzer widerspiegelten. Das Museum ist der Nachbau eines solchen Langhauses. Es ist 83 Meter lang und knapp zehn Meter breit. Die Ausstellung im Museum informiert über die Zeit der Wikinger, zeigt, wie sie ge-

lapp_051 tm

lebt haben, und präsentiert Artefakte, die man bei archäologischen Ausgrabungen gefunden hat.

**Lofotr Vikingmuseum**
Vikingveien 539, 8360 Bøstad,
Tel. 0047 76 08 49 00, www.lofotr.no/en.
GPS: N 68.245180, E 013.757275

Der **Strand von Unstad** ist das nächste Ziel auf der Reise. Hier bieten große Felsbrocken viele kreative Möglichkeiten für den Bildaufbau.

**Unstad-Strand**
**Parkplatz:** GPS: N 68.266944, E 013.576389
**Fotospot ⑦:** GPS: N 68.269028, E 013.580972

Vielleicht noch ein bisschen spannender sind die beiden nicht weit entfernten **Strände von Haukland und Uttakleiv.** Von der E 10 folgt man der Straße Richtung Haukland und erreicht nach etwa 8 Kilometern den gleichnamigen Strand, 4 Kilometer weiter folgt der Strand von Uttakleiv. Hier gibt es unzählige Stellen zum Fotografieren. Am besten erkundet man zuerst die Gegend, spaziert am Strand entlang und macht sich mit der Umgebung vertraut. Je nach Tageszeit und Lichtverhältnissen verändert sich die Stimmung, darum ruhig einmal zu unterschiedlichen Zeiten die Kamera auspacken.

**Uttakleiv-Strand**
**Parkplatz:** GPS: N 68.209333, E 013.505028
**Fotospot ⑧:** GPS: N 68.211111, E 013.505167

**Haukland-Strand**
**Parkplatz:** GPS: N 68.199639, E 013.530278
**Fotospot ⑨:** GPS: N 68.198694, E 013.528667

Hinter dem Dorf **Vareid** liegt ein Küstenabschnitt, der einen Stopp lohnt. Direkt an der E 10 ist ein kleiner Parkplatz, von dem man ans Meer kommt und einen schönen Blick auf den gegenüberliegenden Strand von **Flakstad** hat.

**Küste bei Vareid**
**Fotospot ⑩:** GPS: N 68.110972, E 013.34175

‹ Manchmal sorgen Wolken für eine dramatische Stimmung

lapp_052 tm

Auf dem Weg zum Strand von Flakstad liegt nach einem Abzweig das Örtchen **Nusfjord.** Es gilt als eines der schönsten Dörfer auf den Lofoten und ist im Sommer bei Touristen derart beliebt, dass man Eintritt zahlen muss, will man es besuchen. Im Winter ist der Andrang deutlich geringer und man kann in Ruhe seine Fotomotive suchen.

■ **Nusfjord**
**Parkplatz:** GPS: N 68.034572, E 013.346637
**Fotospot ⑪:** GPS: N 68.034171, E 013.350424

Wieder zurück auf der E 10 biegt man nach links ab und folgt der Straße bis zum Rastplatz von **Flakstad** direkt an der E 10. Hier sind die Wellen besonders

⌃ Der Hafen von Hamnøy

hoch, und sogar im Winter kann es passieren, dass man Surfer am Strand antrifft.

■ **Flakstad**
**Parkplatz:** GPS: N 68.103645, E 013.283908
**Fotospot ⑫:** GPS: N 68.104639, E 013.289167

Bis zum wohl berühmtesten Motiv der Lofoten sind es nun noch etwa 24 Kilometer. Die roten **Fischerhütten von Hamnøy,** von der Brücke aus fotografiert, sind in fast jedem Bildband der Lofoten und auf jeder Postkarte zu finden. Wenn man Glück hatte und bisher alleine auf Fototour war, kann man davon ausgehen, dass sich das spätestens hier ändert, denn die meisten geführten Fototouren machen in Hamnøy Station. Das Motiv ist, egal zu welcher Tageszeit, einfach grandios. Empfohlen seien zwei Fotospots, der eine davon auf der Brücke. Insbesondere hier lohnen sich lange Belichtungszeiten, um den Wellen eine leichte Bewegungsunschärfe zu geben.

■ **Hamnøy**
**Parkplatz:** GPS: N 67.945426, E 013.134488
**Fotospots ⑬:** GPS: N 67.945361, E 013.131417, GPS: N 67.945417, E 013.12525

Nun ist man fast ganz im Süden der Lofoten angekommen. Ein bekanntes Motiv fehlt noch, und zwar der Blick auf das kleine Fischerdorf **Reine** mit massiven Bergen im Hintergund, die erheblich zum Reiz des Motivs beitragen. Direkt am Abzweig der E10 nach Reine liegt ein **Parkplatz** mit einer tollen Aussicht über den kleinen Ort.

■ **Reine, Parkplatz/Fotospot ⑭:**
GPS: N 67.928333, E 013.084167

Wenn die Witterung es zulässt und der Weg nicht zu vereist ist, kann man auf einem Wanderweg, der zum Teil über eine Treppe führt, zum 448 Meter hohen **Berg Reinebringen** marschieren. Oben hat man eine überwältigende Aussicht auf das zerklüftete Bergpanorama und den Ort.

Folgt man der Straße nach Reine bis zum **Hafen,** gelangt man zu einem offiziellen **Parkplatz,** auf dem man mit dem Wohnmobil gegen eine Gebühr über Nacht stehen darf.

■ **Parkplatz:** GPS: N 67.934855, E 013.093401

Die E 10 endet im Ort mit dem wohl kürzesten Namen in ganz Norwegen, in **Å (i Lofoten).** Nach der Fahrt durch einen kleinen Tunnel gelangt man zum zentralen **Parkplatz** des Ortes. Von diesem kann man einem Fußweg folgen und erreicht nach etwa 400 Metern einen wunderbaren Aussichtspunkt mit Blick über den Ort und das südliche Ende der Lofoten. Auch hier muss man im Winter vorsichtig sein und mit vereistem Weg rechnen.

■ **Parkplatz:** GPS: N 67.880348, E 012.978292

Von Å i Lofoten geht es **zurück in den Norden.** Bis zu dem eingangs erwähnten Kreisverkehr, wo man auf die E 10 nach Süden oder die Straße 85 nach Norden abbiegen kann, sind es etwas über 200 Kilometer. Je nach Witterung kann die Strecke schon mal eine Tagestour sein. Bis zum nördlichsten Punkt der Vesterålen (Andenes) sind es von Å i Lofoten knapp 340 Kilometer.

# Fotospots auf den Vesterålen

■ **Touristeninformation Vesterålen**
Rådhusgt. 11, 8401 Sortland, Tel. 0047 76 11 14 80, https://visitvesteralen.com (auch auf Deutsch). GPS: N 68.695871, E 015.416025

Die Vesterålen bestehen genauso wie die Lofoten aus mehreren kleinen Inseln. Die bekannteste ist **Andøya** mit dem an der Nordspitze gelegenen Ort **Andenes,** berühmt für **Whale Watching.** Die Touren werden ganzjährig angeboten, man hat die Chance auf die Sichtung von Pottwalen, außerdem ziehen im Winter Buckelwale, Finnwale und Orcas vorbei.

Der älteste Anbieter von Walsafaris in Andenes ist **Hvalsafari,** gegründet 1989. Diese Erfahrung zahlt sich aus, denn die Crew weiß meist ganz genau, wo die Wale in der Weite des Ozeans zu finden sind, deshalb gibt Hvalsafari auch eine hundertprozentige Garantie für die Sichtung der Tiere. Sollte man auf einer Tour keine Wale zu Gesicht bekommen, kann man eine zweite Ausfahrt kostenlos bu-

lapp_114 tm

chen oder die Rückerstattung des vollen Preises verlangen.

Zum Whale Watching gehört der Besuch des **Walzentrums.** Im Rahmen einer 45-minütigen Führung erhält man Informationen über die Biologie der Wale und das Ökosystem, in welchem sie leben. Die Führung findet in der Regel vor der Safari statt. Danach geht es mit dem Fischkutter „M/S Reine" mit bis zu 80 Teilnehmern hinaus aufs Meer.

**Hvalsafari**
Hamnegata 1C, 8480 Andenes, Tel. 0047 76 11 56 00, www.whalesafari.no (auch auf Deutsch).
GPS: N 69.324431, E 016.118653

Der zweite Anbieter vor Ort ist **Sea Safari Andenes.** Zum Einsatz kommen Festrumpfschlauchboote, die maximal zwölf Personen aufnehmen können. Auch Sea Safari bietet seinen Kunden eine kostenlose zweite Tour an, wenn keine Wale gesichtet wurden.

**Sea Safari Andenes**
Hamnegata 9, 8480 Andenes, Tel. 0047 95 76 57 39, www.seasafariandenes.no (auch auf Deutsch).
GPS: N 69.322753, E 016.121513

Da die Touren **vom Wetter abhängig** sind und dieses sich wie oben beschrieben schnell ändern kann, können Touren kurzfristig abgesagt bzw. verschoben werden. Daher empfehlen beide Anbieter ein oder zwei zusätzliche Tage für den Besuch in Andenes einzuplanen.

Wer ohne Infrastruktur auskommt, kann in der Nähe der beiden Walsafari-Agenturen auf dem **Parkplatz an der Hamnegata** übernachten.

**Parkplatz:** GPS: N 69.322387, E 016.131547

Der nächstgelegene **Campingplatz** findet sich im etwa 10 Kilometer südwestlich gelegenen Ort **Bleik.**

**Midnattsol Camping Bleik**
Fiskeværsveien 1, 8481 Bleik, Tel. 0047 47 84 32 19, www.midnattsolcamping.com (auch auf Deutsch).
GPS: N 69.275355, E 015.966293

Die Vesterålen sind landschaftlich vielleicht nicht ganz so spektakulär wie die Lofoten. Das hat mitunter den Vorteil, dass man einen Fotospot für sich ganz alleine hat. Zwei dieser Spots, die eher wenig besucht werden, liegen auf der **Insel Langøya.** Der erste ist die **Kirche von Langenes.**

**Kirche von Langenes**
**Parkplatz:** GPS: N 69.019547, E 015.156452
**Fotospots ①:** GPS: N 69.019358, E 015.158443, GPS: N 69.021511, E 015.156076

Etwa 20 Kilometer von hier liegt südöstlich **Nyksund.** Bevor es über eine recht abenteuerliche Straße, die über einen Steinwall führt, in den kleinen Ort geht, befindet sich auf der rechten Seite ein kleiner **Parkplatz.** Von diesem geht man etwa 400 Meter, vorbei an einem Häuschen, zum Wasser, wo man sein Stativ aufbauen bzw. sein Foto schießen kann.

**Nyksund**
**Parkplatz:** GPS: N 68.996375, E 015.020856
**Fotospot ②:** GPS: N 68.999078, E 015.027586

Der Weg **zurück auf das norwegische Festland** führt wieder über die Tjeldsundbrua-Brücke, die man schon auf dem Hinweg passiert hat.

Arjeplog | 214
Arvidsjaur | 215
Bodø | 209
Saltstraumen | 211
Saltstraumen – Arjeplog | 212

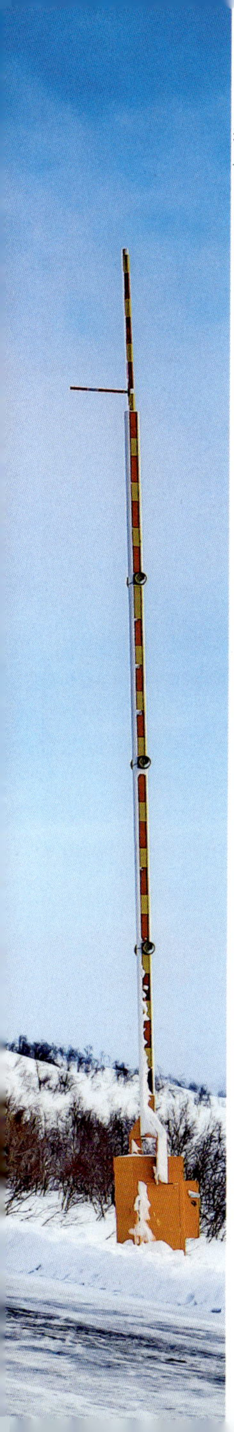

lapp_14 tm

# 12

# Route 6: Von Moskenes nach Arvidsjaur

» Diese Route führt von den Lofoten zurück aufs norwegische Festland. Nach einem Besuch des größten Gezeitenstroms der Welt geht es zur Grenze und weiter nach Schweden. Dort folgt die Fahrt auf dem Silvervägen („Silberstraße“) bis Arvidsjaur. Von Moskenes bis dorthin sind es etwa 460 Kilometer.

Von Saltstraumen nach Arjeplog – der Weg ist frei

Route 6:
Von Moskenes nach Arvidsjaur
0 30 km
AUSTVÅGØYA
Svolvær
VESTVÅGØYA
Stamsund
Hamarøy
Skutvik
Tysfjorden
209
Moskenes
Å (i Lofoten)
E6
NORWEGEN
212
Skjerstad-
fjord
209
Bodø
80
212
Fauske
211
Saltstraumen
Storjord
Polarkreis
Stødi
Mo i Rana
E6
73
E 12
Abisko
Nationalpark
Abisko
Kebnekaise
2106 m
Nikkaluokta
Akkajaure
SC
Kungsleden
Kvikkjokk
Silvervägen
Piteälven
213
Jäckvik
214
Arjeplog
95
Myrkulla
215
Arvidsjaur
216
E45
Naturreservat
Akkanalke

# Bodø

Die Überfahrt mit der **Fähre von Moskenes nach Bodø** dauert etwa 3½ Stunden. Informationen über Fährzeiten und Tickets erhält man auf www.torghatten-nord.no, der Homepage der Fährgesellschaft. Eine Reservierung ist nicht obligatorisch, wird jedoch empfohlen. Die Preise hängen von der Anzahl der Personen und der Länge des Kfz ab; so kostet ein Wohnmobil bis 8 Meter Länge mit zwei Personen aktuell 2123 NOK, etwa 225 €. In der Nähe des **Fähranlegers Moskenes Ferjekai** (GPS: N 67.900003, E 13.045283) liegt der Moskenes-Campingplatz, der allerdings in den Wintermonaten geschlossen hat. Am Anleger gibt es jedoch einen großen Parkplatz mit öffentlicher Toilette, auf dem man übernachten kann.

■ Etwa 1,5 km vom Anleger entfernt kann man deutsche Gasflaschen auffüllen lassen: **Ess Partner,** Rønvikfjæra 1, 8012 Bodø, GPS: N 67.297072, E 14.395197.

### Vorsicht: Streckensperrungen!

Kurz **hinter der norwegisch-schwedischen Grenze** beginnt eine fast baumlose Hochebene, die im Winter nicht zu jeder Zeit befahrbar ist. Neben starkem Schneefall sorgt insbesondere der eisige Wind häufig für **Schneeverwehungen,** die immer wieder zu Streckensperrungen führen. Darum ist es unbedingt erforderlich, sich im Vorfeld zu informieren, ob die Route befahren werden kann (s.a. Hinweise auf S. 40).

Bodø ist die Hauptstadt der Provinz Nordland in Nordnorwegen. Knapp **53.000 Einwohner** zählt die Stadt. Sie leben auf etwa 1400 $km^2$ und damit auf einer größeren Fläche als Berlin hat. Wie auch im Falle anderer Städte an der Küste Norwegens prägt der **Golfstrom** die Temperaturen – mit durchschnittlich minus 2,6 Grad im Januar ist es fast schon mild im Vergleich zu anderen Orten in Lappland. Wirtschaftlich gewinnt der **Tourismus** immer mehr an Bedeutung für die Stadt. Die Hurtigruten-Kreuzfahrtschiffe legen regelmäßig für mehrere Stunden im Hafen an und erlauben den Gästen einen **Rundgang** durch die Stadt. Bedauerlicherweise gibt es in Bodø keinen empfehlenswerten Stell- oder Campingplatz für Wohnmobile; der Platz in unmittelbarer Nähe des Flughafens leidet unter dem Fluglärm, ferner gibt es zwei asphaltierte Stellplätze, die ebenfalls wenig attraktiv sind.

Dennoch: Wer die Fähre frühmorgens um 7 Uhr nimmt und etwa um 10.30 Uhr in Bodø ankommt, sollte sich auch ohne Übernachtung etwas Zeit nehmen und die Stadt erkunden.

Architekturliebhaber werden sich an der **Stormen Bibliotek** erfreuen – sie wurde 2016 vom Magazin „Wired" zu den zehn schönsten Bibliotheken der Welt gezählt. Aus dem 2. Stock hat man eine tolle Sicht auf den Hafen.

**Stormen Bibliotek**
Storgata 1A, 8006 Bodø,
https://stormen.no/bibliotek.
GPS: N 67.282609, E 14.374314

Im Hafen von Bodø legen auch Kreuzfahrtschiffe an

lapp_08 tm

Ein sehr sehenswertes Museum in Bodø ist das **Norwegische Luftfahrtmuseum.** Es verfügt über eine große Sammlung ziviler und militärischer Maschinen, darunter das legendäre US-amerikanische Spionageflugzeug U-2 aus dem Kalten Krieg.

**Norsk Luftfartsmuseum**
Olav V gate, 8004 Bodø,
Tel. 0047 75 50 78 50, www.luftfartsmuseum.no.
GPS: N 67.27642, E 14.412811

Wer süßen Verlockungen nicht widerstehen kann, sollte das **Eis- und Süßwarenparadies Craig Alibone** besuchen. An diesem wahrlich besonderen Ort kann man preisgekrönte Schokolade, Gebäck und Kuchen zum Beispiel mit feinstem Champagner genießen.

**Craig Alibone Pâtisserie & Champagneria**
Torvgata 1, 8006 Bodø,
Tel. 0047 75 56 00 60, https://craigalibone.com.
Parkplatz GPS: N 67.283835, E 14.381233

Ein weiteres kulinarisches Highlight ist das **Restaurant Lystpå.** Sein Fokus liegt auf frischen, traditionellen Produkten aus Nordnorwegen, innovativ und kreativ angerichtet und serviert in einer lustigen und entspannten Atmosphäre. Ein Mittagsbüfett mit warmen und kalten Gerichten ist zum Preis von 225 NOK (Mo bis Fr 11–14 Uhr) und samstags 12–15 Uhr für 275 NOK zu haben.

**Restaurant Lystpå**
Storgata 7A, 8006 Bodø,
Tel. 0047 75 52 70 70, www.lystpa.no.
GPS: N 67.284782, E 14.382032

# Saltstraumen

Frisch gestärkt führt der Weg nun weiter zum Saltstraumen, dem **stärksten Gezeitenstrom der Welt,** etwa 30 Kilometer südöstlich von Bodø. Im Wechsel der Gezeiten strömen fast 400 Millionen Kubikmeter Wasser zwischen dem Saltford-Meer und dem Skjerstadfjord durch den fast 2,5 Kilometer langen und ca. 1,5 Kilometer breiten Sund. Der Strom erreicht dabei eine unglaubliche Geschwindigkeit von fast 40 Stundenkilometern, und an seinen Rändern bilden sich gewaltige Strudel. Das Naturschauspiel kann man besonders gut von der **Brücke der Küstenstraße Fv17** sehen; sie führt über den Sund und bietet eine wahrlich spektakuläre Aussicht! Man parkt am besten auf dem **Parkplatz** in unmittelbarer Nähe der Brücke (GPS: N 67.233420, E 14.621419) oder auf der anderen Seite (GPS: N 67.233005, E 14. 621873); von hier kann man zu Fuß auf die Brücke gehen.

Etwa 2 Kilometer entfernt vom Parkplatz befindet sich der **Campingplatz Camp Saltstraumen-Elvegård.** Die Anlage ist etwas in die Jahre gekommen, bietet aber ebenfalls einen schönen Blick auf den Saltstraumen.

**Camp Saltstraumen-Elvegård**
Straumøyveien 70, 8056 Saltstraumen,
Tel. 0047 915 25, 00901 47 40 60,
https://campsaltstraumen-elvegard.no.
GPS: N 67.234102, E 14.597793

lapp_09 tm

# Von Saltstraumen nach Arjeplog

Zurück geht es wieder zum **Kreisverkehr,** wo die Fv17 auf die Straße 80 trifft. An der ersten Ausfahrt wird der Kreisverkehr verlassen und die Route folgt der **Straße 80** ein Stück am **Skjerstadfjord** entlang bis zur nächstgrößeren Stadt, **Fauske.** In der kleinen Gemeinde mit knapp 10.000 Einwohnern hat man noch einmal die Möglichkeit, sich mit allem Notwendigen zu versorgen, bevor es über die **E6** Richtung Schweden geht. Bis zur norwegisch-schwedischen Grenze sind es noch etwa 90 Kilometer.

Saltstraumen – bei den Gezeiten bilden sich starke Strudel

Bei GPS N 66.805708, E 15.417962 verlässt man die E6, biegt links ab auf die **Straße 77** und folgt dieser immer weiter bergauf. Bereits dieser Straßenabschnitt bis zur Grenze kann im Winter unangenehm zu fahren sein. Insbesondere bei sehr glatten Straßen in Verbindung mit der Steigung benötigt man Spikereifen oder Schneeketten.

Auf schwedischer Seite wird aus der norwegischen 77 die schwedische **Straße 95.** Etwa bei GPS N 66.756373, E 15. 838090 befindet sich ein großer **Parkplatz** und in unmittelbarer Nähe eine **Schranke.** Ist diese geöffnet, also der Weg frei, fährt man erst über eine Hochebene mit Sträuchern, die dann immer mehr kleinen Birken und Kiefern Platz machen.

Etwa 35 Kilometer Luftlinie südlich der norwegisch-schwedischen Grenze entfernt, auf schwedischer Seite, am **Nasafjället,** wurde von 1635 bis 1659, dann von 1770 bis 1810 und versuchsweise um 1889 **Silberbergbau** betrieben, was dem **Silvervägen** („Silberstraße") seinen Namen gab. Das Silber wurde hauptsächlich nach Piteå oder Kåge transportiert. Bei den GPS-Koordinaten N 66. 474660, E 15.401698 findet man noch heute die Silbergruben, die im Winter allerdings unter einer dicken Schneedecke verborgen liegen.

Die verbleibenden 140 Kilometer bis Arjeplog durchquert man ein einsames, fast **menschenleeres Gebiet.** Hier und da sieht man ein Häuschen oder eine kleine Siedlung, die im Winter nicht immer bewohnt sind.

Etwa 35 Kilometer hinter der Grenze passiert man den **Polarkreis.** Bei GPS N 66.549046, E 16.334264 befindet sich ein **Parkplatz** mit öffentlicher Toilette und gleich nebenan der **Campingplatz Camp Polcirkeln** mit einer Tankstelle und einer kleinen *Butik,* in der man Lebensmittel und Souvenirs bekommt.

**Camp Polcirkeln**
Polcirkeln 3, 93894 Arjeplog,
Tel. 0046 70 21 29 738, 0046 70 31 25 183,
www.camppolcirkeln.com.
GPS: N 66.547577, E 16.333609

Eine weitere Unterbrechung der Einsamkeit bildet der etwa 40 Kilometer vom Polarkreis entfernte kleine Ort **Jäckvik,** wobei man auch hier nur selten eine Menschenseele sieht. Bei den GPS-Koordinaten N 66.383234, E 16.966671 gibt es eine kleine Abzweigung zum **Fjällvraksvägen,** an dessen Ende man auf einem großen **Parkplatz** gut eine Nacht verbringen kann. Von hier lassen sich eine kleine Schneeschuhwanderung

Eingefrorene Bank am Hafen von Fauske

lapp_10 tm

starten oder die gespurten Loipen benutzen. Aufgrund der geringen Lichtverschmutzung ist der Platz bei guten Wetterbedingungen ein fantastischer Ort, um **Polarlichter** zu sehen.

### Parkplatz

Der Platz bei GPS N 66.383211, E 16.960872 bietet keinen Strom und auch keine Möglichkeiten zur Ver- und Entsorgung.

Auf den nächsten **60 Kilometern bis Arjeplog** säumen die Straßen wieder verschneite Bäume. Am Anfang sieht man in der Ferne noch die Berge des Pieljekaise-Nationalparks, bis die Birken und Kiefern immer größer werden und die Sicht versperren.

„Erlkönig" auf Testfahrt – auch wenn die Karosserie mit einer Tarnfolie beklebt ist, erkennt man gut die Automarke

# Arjeplog

Arjeplog ist im Winter in erster Linie ein Ort, in dessen Umgebung zahlreiche **Autofirmen** ihre neuen Modelle **Wintertests** unterziehen. Es kann gut passieren, dass man beim Einkaufen neben einem solchen „Erlkönig" parkt, dessen Testfahrer ebenfalls noch schnell ein paar Besorgungen macht.

### Kraja – Hotell, camping & stugby

Silvervägen 1, 93832 Arjeplog,
Tel. 0046 961 31 500, https://silverresort.se,
GPS: N 66.050087, E 17.862035.
Das ganze Jahr über geöffneter Campingplatz, der auch Stellplätze für Wohnmobile anbietet.

### Experience Arjeplog

Silvervägen 1, 93832 Arjeplog,
https://experiencearjeplog.se/en,
GPS: N 66.049448, E 17.860868.
Hier kann man verschiedene Winteraktivitäten buchen, u.a. Schneemobil- und Husky-Touren, Eisan-

lapp_096 tm

geln oder für ganz Motorverrückte *SpeedCar Xtrem* = in Buggys übers Eis driften.

Das Sehenswerteste in Arjeplog ist sicher das **Silbermuseum.** Untergebracht in der ehemaligen „Schule für Nomadenkinder" (1854 errichtet), zeigt es nicht nur samischen Silberschmuck aus verschiedenen Zeiten, sondern auch alltägliche Gegenstände der **Sami** und informiert über ihre Kultur. Hinzu kommen allerlei Kuriositäten. Das alles wurde von *Einar Wallaquist* über die Jahre gesammelt. Er war Arzt, Schriftsteller und Autor, zog 1922 nach Arjeplog und eröffnete 1965 das Museum.

■ **Silvermuseet**
Torget, 93831 Arjeplog, Mo bis Fr 12–16 Uhr, Sa 10–14 Uhr, So (23.01.–13.03.) 12–14 Uhr, Tel. 0046 961 14 500, https://silvermuseet.se. GPS: N 66.051054, E 17.887349

### Weiterfahrt nach Arvidsjaur

Kurz bevor nach gut 86 Kilometern Arvidsjaur erreicht wird, lohnt sich ein Abstecher zu **Arctic Glas.** Ein Schild weist bei den GPS-Koordinaten N 65.606912, E 19.092242 – aus der Straße 95 wurde inzwischen die E45 – links den Weg zu der Werkstatt, in der aus einfachen Gläsern **Glaskunst aus Lappland** wird. Die Motive reichen von heimischen Tieren und der wunderbaren Natur bis hin zu Design nach Kundenwunsch, alles in Handarbeit gefertigt. Zusätzlich finden sich im Souvenirshop viele kleine und große Mitbringsel.

▷ Arjeplog – Silberhalsband bzw. traditionelle samische Festtracht im Silvermuseet

■ **Arctic Glas**
Renvallen 104, 93391 Arvidsjaur, Sept. bis Mai Mo bis Fr 12–17 Uhr, Sa 10–14 Uhr, Tel. 0046 70 21 20 085, https://arcticglas.se/de. GPS: N 65.608875, E 19.094124

## Arvidsjaur

■ **Camp Gielas** (ganzjährig geöffnet)
Järnvägsgatan 111, 93334 Arvidsjaur, Tel. 0046 960 55 600, www.blueeyes-whitesnow.com. GPS: N 65.582550, E 19.189996

Ursprünglich war Arvidsjaur ein Treffpunkt und Handelsplatz der Waldsami aus der Umgebung. Gerne wurden solche Punkte von **Missionaren** genutzt und so sollte im 17. Jahrhundert auch Arvidsjaur Stützpunkt der christlichen Missionierung in Schwedisch-Lappland werden. Eine Kirche wurde errichtet und

lapp_11 ghss

lapp_12 tm

ein kleines **Kirchendorf** entstand. Es ist heute noch erhalten, liegt mitten in der Stadt und kann besucht werden: **Lappstaden,** was mit „Stadt der bzw. für Sami" übersetzt werden kann, besteht aus gut 70 Holzhütten, in denen die **Sami** wohnten, wenn sie die Gottesdienste besuchten und aufgrund der weiten Anreise in Arvidsjaur übernachten mussten.

Das **Naturreservat Akkanålke** etwa 6 Kilometer südwestlich von Arvidsjaur bietet bei gutem Wetter eine grandiose Aussicht über die Landschaft. Bei den GPS-Koordinaten N 65.530923, E 18. 982652 findet man einen geräumten **Parkplatz** vor, von dem man sich auf den Weg machen kann. Will man nur ein paar Meter den nahen Hügel hinauf, benötigt man nicht unbedingt Schneeschuhe, für eine größere Wanderung sind sie aber schon zu empfehlen. Aber schon ein kurzer Besuch lohnt sich.

⌃ Lappstaden – Kirchendorf in Arvidsjaur

Arvidsjaur und Umgebung sind nicht nur ein guter Platz für Wintersport, sondern hier verlaufen auch die wichtigsten **Teststrecken** des Landes, auf denen fast alle großen Automarken ihre geplanten Fabrikate auf ihre Winterfestigkeit prüfen. Dementsprechend gibt es eine gute Infrastruktur mit zahlreichen **Tankstellen und Werkstätten.** Sollte es ein Problem mit dem Wohnmobil geben oder ein Ersatzteil fehlen, wird man hier am ehesten Hilfe finden.

Wer selber einmal auf einer präparierten Schneepiste fahren möchte, hat dazu Gelegenheit auf der **Myrkulla Lodge** von *Michael Fischer,* entweder mit dem eigenen Auto oder, was wohl besser ist, man leiht sich eines, genauer, einen BMW 316i mit Heckantrieb. Mit normalen Winterreifen, also ohne Spikes, kann sich jeder an den Grenzbereich zwischen Drift und „Abflug" herantasten. Ausdrücklich sei darauf hingewiesen, dass es sich nicht um ein konventionelles Fahrsicherheitstraining handelt und auch kein Instruktor zur Verfügung steht.

Auf der Lodge besteht auch die Möglichkeit, sich **Schneeschuhe** zu leihen oder **eisangeln** zu gehen. Es stehen **Wohnmobilstellplätze** mit Dusche, WC und Strom bereit, sodass man mehrere Tage bleiben und Lappland genießen kann. Myrkulla liegt etwa 50 Kilometer von Arvidsjaur entfernt.

**Myrkulla Lodge**
*Michael Fischer,* Myrkulla, 93399 Arvidsjaur, Tel. 0046 727 27 23 11, www.myrkulla.com/de. GPS: N 65.939917, E 18.837176

Wer gerne eine **Hundeschlittentour** unternehmen möchte, findet in Arvidsjaur und Umgebung zahlreiche Anbieter, zwei davon auf S. 92. Eine kleine Empfehlung ist blue eyes & white snow von *Nico Rosenwirth,* der 2018 mit 24 Jahren nach Schweden ausgewandert ist und sich seinen Traum erfüllt hat; er bietet nicht nur Touren an, sondern auch Führungen durch seinen Zwinger und weiß viel über seine Arbeit mit den Hunden und über die Hunde zu berichten.

## Weiterfahrt ab Arvidsjaur

Arvidsjaur ist ein Verkehrsknotenpunkt, der mehrere Möglichkeiten der Weiterreise bietet. Folgt man der E45 nach Norden, trifft man in **Jokkmokk** auf die Route 1. Bis **Luleå** sind es gut 155 Kilometer die Straße 94 entlang. Dann trifft man auf die Ostsee und hat einen Teil Skandinaviens von Meer zu Meer durchfahren.

Will man weiter dem **Silvervägen** folgen, entscheidet man sich für die Straße 95, fährt noch ca. 130 Kilometer bis nach **Skellefteå** und gelangt ebenfalls wieder ans Meer. Oder man wählt den Inlandsweg, die E45, nach Süden und verlässt Lappland.

☐ Hundeschlittentour durch das Naturreservat Akkanålke

lapp_13 tm

Die Besiedlung Lapplands | 220

Der Jojk | 227

Die Flagge der Sami | 227

Die Sami heute | 226

Interview mit Mandy Senger | 228

Kolonisation
und Grenzziehungen | 224

Die nomadische
Rentierhaltung | 222

# 13
# Die Sami – ein Volk, viele Grenzen

Die Band Jarnna macht traditionelle samische Musik

## Einleitung

Die **Geschichte der Sami,** ihre Kultur und Traditionen sind nicht leicht zurückzuverfolgen. Es gibt in der Vergangenheit keinen klar definierten Zeitpunkt, an dem die ersten Sami in Fennoskandinavien heimisch wurden (als **Fennoskandinavien** wird die nordeuropäische Halbinsel bezeichnet, die sich aus dem Norden Norwegens, Schwedens und Finnlands sowie Karelien und der Halbinsel Kola – beides Russland – zusammensetzt). Vielmehr war die Besiedlung ein langer Prozess, der sich aufgrund weniger bis keiner archäologischen Funde nicht bzw. nur sehr schwer rekonstruieren lässt. Hinzu kommt, dass es immer wieder **Veränderungen und Anpassungen** an die jeweiligen Lebensbedingungen in den einzelnen Epochen und Gebieten gab, die eine genaue Geschichtsschreibung erschweren. Insbesondere die Frage nach dem Ursprung der Sami ist schwierig.

## Die Besiedlung Lapplands

Die ersten Menschen besiedelten das Gebiet im hohen Norden um 11.000 bis 10.000 v. Chr., als das Eis der Gletscher sich immer weiter nach Norden zurückzog und die Menschen der **Eisschmelze** folgten – und ihren Beutetieren, vor allem Rentieren und Elchen. Sowohl von Süden als auch aus dem Osten erfolgte der Zuzug in die Region des heutigen Finnland. Es bildeten sich **erste Siedlungs- und Kulturzonen,** die durch unterschiedlich große, unbesiedelte Flächen voneinander getrennt waren. So entwickelte sich zum Beispiel vom Mursansk-Fjord bis nach Tromsø die bekannte Komsa-Kultur.

Leben und Wirken der Steinzeitmenschen in der Region bleiben aufgrund fehlender Funde jedoch weitgehend im Dunkeln der Vorgeschichte. Lediglich **Felsbilder** haben die Jahrtausende überdauert. Eine der wichtigsten Ansammlungen von Felszeichnungen findet sich in Alta, 1972 eher zufällig entdeckt.

Eines der wichtigsten Motive der Felsritzungen ist die Darstellung von Menschen auf der **Jagd.** Darüber hinaus findet sich eine Vielzahl von Bildern verschiedener **Tiere,** die zur damaligen Zeit in der Region lebten und bis heute dort leben, insbesondere Rentiere, Elche und Bären. Derartige Felsbilder sind hauptsächlich entlang der Ufer von Gewässern gefunden worden. Man vermutet, dass sie im Rahmen der saisonalen Ansiedlung aufgrund jahreszeitlich bedingter Wanderungen entstanden sind.

Ab wann man von einer eigenständigen Kultur der Sami sprechen kann, ist immer noch nicht abschließend zu beantworten. Fest assoziiert wird mit den Sami heute das Bild von **Nomaden, die Rentiere hüten** und abgeschieden abseits der landwirtschaftlich tätigen Bevölkerung leb(t)en. Doch immer schon und zu jeder Zeit hatten sie Kontakt zu anderen Kulturen und betrieben Handel mit ihnen und lebten keinesfalls so isoliert wie ursprünglich gedacht. Ebensowenig bildeten sie eine in sich geschlossene Population oder genetisch einheitliche Gruppe.

⊡ Historische Aufnahme einer Samifamilie

Aktuell geht man davon aus, dass Unterschiede in den Lebensbedingungen und Anpassungsprozesse in der Lebensweise zu einer Spaltung der Sprache in Finnisch und Samisch führten und so eine **Ausdifferenzierung** der samischen Identität und Kultur einleiteten. Datiert wird dieser Prozess auf das 1. Jahrtausend n. Chr.

Rentiernomaden, die mit ihrer Herde umherziehen, gab es damals noch nicht. Die vorherrschende Gesellschaftsform bzw. Sozialstruktur der zu der damaligen Zeit lebenden sog. Waldsami war die **Siida.** In der Regel bestand diese aus mehreren Sippen- oder Familiengruppen. Die in dem fest definierten Gebiet der Siida vorhandenen Wasser- und Landflächen durften von allen Mitgliedern der Gemeinschaft genutzt werden, aber auch nur von ihnen; allen anderen waren Zugang und Nutzung verboten. Ausnahmen gab es nur für Hochzeitsunterhändler und Kaufleute.

Innerhalb ihrer festen Grenzen **wechselten** die Sami ihren **Siedlungsort** je nach Jahreszeit und den wechselnden Jagd- und Fischbedingungen. Zum Teil geschah das gemeinsam, zum Teil trennten sich die einzelnen Sippen und Clans innerhalb der Siida auf und verteilten sich in ihrem Gebiet, um Jagdgründe, Flüsse und Seen, Weideland oder Fischplätze am Meer zu bewirtschaften. Im Herbst traf man sich wieder und ging gemeinsam auf die Jagd nach dem Wildren, das zu jener Zeit das wichtigste Wild war und die Grundlage des Handels bildete. Nach erfolgreicher Jagd (oder ergiebigem Fischfang) wurde die Beute unter allen Mitgliedern einer Siida **gleichmäßig verteilt,** sodass auch die Mitglieder davon profitierten, die nicht mit auf die Jagd gehen konnten. Mit dem

lapp_104 eja

Einbruch des Winters zogen die Familienverbände dann zurück in ihr Winterdorf. Hierher kamen auch die Händler, um die Pelze der Waldsami zu kaufen. Bis zu den Römern gelangten ihre Waren, und so ist es auch nicht verwunderlich, dass sich eine der ersten Beschreibungen der Sami in dem Buch „Germania" (98 n. Chr.) des römischen Historikers **Tacitus** findet: „In wundervoller Unzivilisiertheit lebt die Nation der Fennen, und in bestialischer Armut; in Ermangelung an Waffen, Pferden und Häusern; ihr Essen, die gewöhnlichen Kräuter; ihre Kleidung, Häute; ihre Betten, die Erde; ihre einzige Hoffnung liegt in ihren Pfeilen, die sie aufgrund fehlenden Eisens mit Knochen spitzen. Ihre übliche Unterstützung erhalten sie durch die Jagd, sowohl Männer als auch Frauen; mit denen sie auf- und abwandern und alle Teile der Beute begehren. Nicht einmal für die Kinder gibt es anderen Schutz vor wilden Tieren als die Behausungen aus zusammengeflochtenen Zweigen; hier suchen sowohl die Alten als auch die Jungen Zuflucht. Ihre derartige Lage beurteilen sie jedoch als glücklicher als die schmerzhafte Arbeit auf dem Feld, die Arbeit, Häuser zu errichten, oder die Unruhe, ihren eigenen Besitz verteidigen oder den anderer ergreifen zu müssen. Abgeschirmt von der Entwicklung der Menschheit und den Bösartigkeiten der Götter haben sie einen Stand der unendlichen Schwierigkeit erreicht, dass ihnen nicht einmal etwas zu wünschen bleibt."

lapp_105 lwa

▷ Hirte mit seinem Rentier (hist. Aufnahme)

## Die nomadische Rentierhaltung

Über viele Jahrhunderte hatte das Siida-System Bestand, bis es sich im Laufe des 16. und 17. Jahrhunderts veränderte, was hauptsächlich mit der neuen expansiven Politik der nordischen Nationalstaaten in Kombination mit einem immer geringer werdenden Bestand an Wildrentieren zusammenhing. Die Sami mussten sich **anpassen,** um zu überleben.

Bis dahin nutzten die Gemeinschaften eine kleine domestizierte Anzahl an Rentieren als Pack- und Zugtiere. Von einer kontrollierten Zucht konnte noch keine Rede sein. Einen Weg, ihr Überleben zu sichern, sahen einige Sami darin, ihren Rentierbestand systematisch zu vergrößern. So entwickelte sich ab dem 17. Jahrhundert die nomadische Rentierhaltung zum **wichtigsten Wirtschaftszweig** der Sami. Die größere Anzahl der Tiere sicherte das Überleben, doch darüber hinaus ergaben sich weitreichende Konsequenzen. Da Rentiere fast ausschließlich bestimmte Flechten fressen, gab es sehr schnell zu wenig Nahrung für die vielen Tiere in den relativ kleinen Gebieten der Familienverbände. Die Rentierherden mussten über die bisherigen Grenzen der Siida hinaus weite Strecken zurücklegen, um genug Nahrung zu finden, und die Familiengruppen mussten ihnen folgen, um den Zusammenhalt zu gewährleisten. Im Sommer endete die Wanderung meist an der Küste, wo es weniger Mücken gab, im Herbst wanderte man zurück in die oft Hunderte Kilometer entfernten Waldgebiete, wo sich einfacher Nahrung finden ließ als an der Küste und wo der Wald im Winter Schutz vor Wind und Wetter bot.

Aus vielen Waldsami waren Nomaden geworden. Und aus den Siidas wurde das bis heute bestehende System der Sami- oder Rentierdörfer. Ein **Sami-Dorf** *(sameby)* bezeichnet sowohl ein Gebiet mit Weideland als auch einen genossenschaftlichen Zusammenschluss mehrerer Züchter. Dennoch wird auch heute noch der Begriff Siida benutzt, die Bedeutung hat sich jedoch verändert: Gemeint ist die Kooperation mehrerer Familien innerhalb eines Samendorfes, die sich im Winter gemeinschaftlich um die Tiere kümmern.

## Kolonisation und Grenzziehungen

Etwa zur gleichen Zeit, als die Sami zu Rentiernomaden wurden, standen sie einer zweiten großen Herausforderung gegenüber. Mehr und mehr intensivierten die **nordischen Staaten** ihren Zugriff auf das bis dahin von den Sami besiedelte Territorium und versuchten die Gebiete zu vereinnahmen. Verstärkt wurden diese Bemühungen durch zunehmende soziale Kontrolle und die christliche Missionierung des hohen Nordens.

Allerdings geschah die **Kolonisation** nicht so brutal wie z.B. in Nordamerika. Die Besitzrechte der Sami an den kolonisierten Ländereien und Gewässern wurden lange Zeit anerkannt. König *Gustav Wasa* verbot sogar das Eindringen von Kolonisten und Bauern in die Region. In vielen Gerichtsprozessen wurde bestätigt, dass die Gebiete der Siidas **Grundbesitz der Sami** waren. Das änderte sich 1673 und 1695 mit Dekreten der schwedischen Krone, welche die Besiedlung der Gebiete an der Grenze zu Lappland und darüber hinaus erlaubten. Man ging davon aus, dass ein Zusammenleben von Sami und Kolonisten ohne Probleme möglich sei. Für die Rentiernomaden war das auch kein Problem, für die in Kemi-Lappland immer noch lebenden Waldsami war es aber eine **Katastrophe.** Menschen aus dem Süden Skandinaviens strömten in Massen in die neuen Gebiete im Norden und zerstörten dort die samische Lebenskultur. Im 18. Jahrhundert schließlich wurden die alten Grenzen zwischen Lappland und dem Süden überhaupt nicht mehr respektiert.

1751 veränderte sich die Situation der Sami ein weiteres Mal. In diesem Jahr wurde der **Strömstader Grenzvertrag** zwischen Norwegen und Schweden geschlossen. Er legte den Grenzverlauf fest und regelte unter anderem, dass die Sami-Nomaden nur noch in einem Land Steuern zu bezahlen hatten und nicht mehr in beiden Staaten. Die für die Sami mit Abstand wichtigste Regel gab ihnen das Recht, sich frei über alle Grenzen hinweg bewegen sowie Jagd und Handel betreiben zu dürfen. Leitgedanke des Vertrages war die Erhaltung der lappischen Nation und des samischen Volkes. Der Nachteil für die Sami war, dass sie sich für eine **Staatsangehörigkeit** ent-

> Im Museum Ajtte in Jokkmokk erfährt man viel über die Sami

scheiden mussten. Außerdem wurde bei der **Grenzziehung** nicht auf die Grenzen der alten Siidas geachtet. Das Land der Sami war damit geteilt. Ähnliches geschah 1809, als Finnland in das Russische Reich integriert und eine Grenze zwischen Finnland und Schweden definiert wurde. Mit dem Unterschied allerdings, dass die freie Überquerung der Grenze verboten wurde. Familien wurden getrennt, die Rentiernomaden von ihren Weidegründen abgeschnitten. Lange ignorierten die Sami diese Restriktionen, bis der russische Zar 1852 die norwegisch-finnische Grenze schließen ließ, 1889 folgte dann auch die Schließung der finnisch-schwedischen Grenze. Traditionelle Wanderrouten, welche die Rentiersami-Gesellschaft viele Jahrhunderte geprägt hatten, existierten nicht mehr.

Als Folge der **territorialen Abgrenzung** entwickelten Norwegen, Schweden und Finnland eine jeweils eigene Politik im Umgang mit den auf ihrem Staatsgebiet lebenden Sami. Am restriktivsten ging **Norwegen** vor. 1898 wurde die samische Sprache in allen Schulen verboten. Land konnte nur derjenige besitzen, der Norwegisch sprach und schrieb. Die in Norwegen lebenden Sami sollten Norweger werden und ihre samische Herkunft und Identität vergessen. Erst 1953 begann die Priesterschule in Romsa wieder in samischer Sprache zu unterrichten.

**Schweden** ging im Grunde genau den gegenteiligen Weg: Die Sami sollten nicht dauerhaft sesshaft werden, sondern als isolierte Gruppe existieren und weiter als Nomaden mit ihren Rentierherden durchs abgelegene Land ziehen.

lapp_116 ms

Nach der Unabhängigkeit von Russland im Jahr 1917 entwickelte sich in **Finnland** eine nationale Identität, die für die Sami keinen Platz bot. Sie galten als „primitiv" und wurden an den Rand gedrängt.

## Die Sami heute

Wie so oft mussten die Sami auf die veränderte politische Landschaft und die neuen Lebenswirklichkeiten reagieren – und sie taten es wie immer **gewaltfrei.** Da sie nie in größeren Einheiten organisiert waren, waren ihnen militärische Organisation oder kämpfende Truppen fremd (mit Ausnahme der Beteiligung am Winterkrieg zwischen der Sowjetunion und Finnland). Bewaffnete Aufstände und aktiver Widerstand gegen Kolonisten sind nicht überliefert.

Mit Beginn des 20. Jahrhunderts wurden die Sami zunehmend politisch aktiv. Sie kämpften um die Anerkennung ihrer Rechte als indigenes Volk. Ihr heutiges Siedlungsgebiet in Norwegen, Schweden, Finnland und Russland bezeichnen sie als **Sápmi.** Inzwischen gibt es in allen vier Ländern ein **Sami-Parlament (Sameting).** Die rechtliche Stellung der Sami in den einzelnen Ländern ist sehr unterschiedlich. Russland z.B. verweigert bis heute die parlamentarische Anerkennung. Dennoch sind sie auf ihrem Weg zu einer selbstbewussten **kulturellen und historisch gewachsenen Identität** nicht aufzuhalten: „Wir sind ein Volk. Wir haben eine gemeinsame Sprache, eine gemeinsame Geschichte und Kultur, und wir haben ein starkes Gefühl, dass wir zusammengehören. (…) Wir müssen in der Gesellschaft unsere Werte, unsere Kulturen und unsere Lebensweisen darstellen und sicherstellen, dass sie als wertvoll akzeptiert werden und als Werte, die man weiterentwickeln kann. (…) Wir sind Sami und wünschen es, Sami zu sein, wir sind nicht mehr oder weniger als andere Völker." (Sami-Konferenz 1971)

Einen der bisher größten Siege für ihre Sache erzielten die Sami im Januar 2020. Die schwedische Sami-Gemeinde Girjas wehrte sich vor Gericht dagegen, dass die **Jagd- und Fischereirechte** auf ihrem Gebiet vom Staat kontrolliert und vergeben werden. Erklärtes Ziel war es, diese Rechte selber zu verwalten, um so die umherziehenden Rentierherden besser schützen zu können, da die Tiere sehr empfindlich auf Störungen reagieren. Seit 2009 hatte der Streit die Gerichte beschäftigt, bis der **oberste schwedische Gerichtshof** den Sami recht gab. Bemerkenswert war die Begründung des Gerichts: Nicht die geltenden Gesetze, die den Sami das Recht zur Rentierzucht zusprechen, waren entscheidend für das Urteil, vielmehr leitete das Gericht das Recht zur Verwaltung der Jagd- und Fischereiechte von der langen Anwesenheit der indigenen Bevölkerung in diesem Territorium ab.

▷ Die samische Flagge – Symbol der Einheit und kulturellen Identität der Sami

## Die Flagge der Sami

Auf der Suche nach einem länderübergreifendes Symbol gab es 1980 einen Wettbewerb, um eine gemeinsame Flagge zu finden. 1986 wurde die von *Astrid Båhl* entworfene Flagge offiziell bestätigt. Sie orientiert sich an den **Farben der traditionellen samischen Tracht.** Dabei steht Rot für die Wärme und das Licht des Feuers, Grün für die Natur, Gelb für die Sonne, die Langlebigkeit symbolisiert, und Blau für das Wasser, ohne das es kein Leben gibt.

## Der Jojk

Der **traditionelle Gesang** der Sami ist der Jojk. Er ist im Ursprung keine Unterhaltungsmusik, sondern ein Mittel, um der Natur näher zu kommen. Oft ohne Text, ist die **Melodie** viel wichtiger, die den Sänger und die Zuhörer in eine andere Welt mitnimmt.

Ein in Lappland sehr bekanntes Duo ist **Jarnna** aus Jokkmokk, bestehend aus der Sängerin *Katarina Rimpi* und der deutschen Musikerin und Musikproduzentin *Mandy Senger.* Wer *Jarnna* sehen und vor allem hören möchte, wird auf Youtube fündig.

# Interview mit Mandy Senger

**Thomas Momsen:** *Mandy,* du lebst seit knapp 20 Jahren in Lappland am Lule-Fluss und machst mit eurer Band *Jarnna* seit 2008 Musik mit traditionellen Elementen der Sami. Wie bist du dazu gekommen, samische Musik zu machen?

**Mandy Senger:** Ich hatte einen samischen Partner und habe darum 2005 einen 40-stündigen Intensivsprachkurs in Lulesamisch gemacht, der eigentlich für Eltern, deren Kinder samische Einrichtungen (Kindergarten, Schule) besuchen und selbst kein Samisch sprechen, gedacht war. Als Musikproduzentin fiel mir auf, dass es wenig bis gar keine samischen Kinderlieder gab. Das hat mich auf die Idee gebracht, Kinderlieder in Lulesamisch zu schreiben. Mit der Kursleiterin zusammen haben wir die erste lulesamische Kinderlieder-CD produziert. Bei der Suche nach einer passenden Sängerin habe ich *Katarina* kennengelernt, und wir haben nach Abschluss unseres Projektes beschlossen, eine samische Band zu gründen, sie in erster Linie als Sängerin, ich als Songwriterin und Produzentin.

**Momsen:** Als ich das erste Mal einen Jojk gehört habe, ist mir nichts Vergleichbares eingefallen. Was macht diese Musik so besonders?

**Senger:** Zu erklären, was ein Jojk ist, ist nicht ganz einfach. Ein Beispiel: Im Deutschen würde man über einen Fluss singen, im Samischen „jojkt" man den Fluss. Das bedeutet, in dem Moment ist der Jojk der Fluss. Es geht um das Gefühl, um die Empfindung, die man erlebt, wenn man den Fluss sieht, ihn hört und seine Kraft fast spüren kann. Ein Jojk ist Geschichte und erzählt Geschichten, gibt Erinnerungen weiter oder beschreibt zum Beispiel Plätze, Tiere, einen Baum oder eben einen Fluss. Es geht immer darum, dass ein Jojk ganz tief die Seele berührt.

**Momsen:** Du bist Musiklehrerin an zwei samischen Schulen und unterrichtest deine Schüler auch im „Jojken". Warum ist Dir das wichtig?

**Senger:** Die Kolonisation von Lappland führte in weiten Teilen zur Unterdrückung elementarer

lapp_106 lm

[>] Mandy Senger und Katarina Rimpi von der Band Jarnna

kultureller Identitäten der Sami. Davon waren selbstverständlich auch der Jojk und der wichtigste Teil der samischen Kultur, ihre Sprache, betroffen. Von Generation zu Generation, über viele Jahrhunderte, wurden die Jojks weitergegeben, bis sie von Staat und Kirche verboten wurden. Von einer offen praktizierten Kultur verschwand der Jojk aus der samischen Öffentlichkeit, und wenn es nach den Oberen gegangen wäre, auch aus ihrem Bewusstsein. Aufzeichnung zum Beispiel von Noten hat es nicht gegeben. Darum sind viele Jojks nicht überliefert worden und man kann gar nicht sagen, wie viel Kulturerbe zerstört wurde. Meine Aufgabe sehe ich darin, die Kinder und Jugendlichen an das noch vorhandene Liedgut heranzuführen und sie zu inspirieren, eigene, neue Jojks zu schaffen und so zum Erhalt und zur Weiterentwicklung ihrer eigenen Kultur beizutragen.

Der Autor | 263
Gasflaschen – damit es schön warm bleibt | 238
Kleine Sprachhilfe | 232
Register | 257
Schreiben Sie uns! | 264
Stell- und Campingplätze | 242

# 14 Anhang

< Wintercamping wird in Skandinavien immer beliebter; mit einem Ofen wird es auch im Zelt wunderbar warm

# Kleine Sprachhilfe

## Schwedisch, Norwegisch, Finnisch und Samisch

Norwegisch und Schwedisch sind sich so **ähnlich,** dass sich die Menschen beider Länder problemlos untereinander verständigen können, auch wenn jeder seine eigene Muttersprache gebraucht.

In **Norwegen** gibt es zwei amtliche Sprachen, die sich nach und nach durchgesetzt haben: **Bokmål** (wörtlich „Buchsprache") und **Nynorsk** („Neunorwegisch"). Die Liste ab S. 233 enthält Wörter aus beiden gebräuchlichen Sprachen, wobei die meisten Norweger zusätzlich **regionale Dialekte** sprechen. Eine Besonderheit ist das **Ø,** welches unserem Ö entspricht.

Das **schwedische Alphabet** endet nicht mit Z, sondern mit den Buchstaben Å, Ä und Ö. Das Å – im Internet meist als A geschrieben – spricht sich wie ein O.

Das **Finnische** gehört zur finnisch-ugrischen Sprachfamilie und ist deshalb entfernt mit dem Ungarischen und dem Estnischen verwandt. Die meisten Wörter werden so gesprochen, wie sie geschrieben sind, doppelte Buchstaben betont man lang.

Auch das **Samische** gehört zur finnisch-ugrischen Sprachfamilie, ist also mit dem Finnischen verwandt. Doppelte Lautbuchstaben werden länger ausgesprochen als einzelne. I und E spricht man getrennt nacheinander (i-e).

### Samisch: Eine kleine Auswahl an Worten, Redewendungen und Zahlen

ja/nein — *juo/ii*
(Vielen) Dank! — *(Olu) giitu!*
Hallo!/Auf Wiedersehen! — *Bures!/Báze dearvan!*
Guten Tag!/Abend! — *Buorre beavvi!/eahket!*
Entschuldigung! — *Ándagassii!*
In Ordnung. — *Gal dat dohkke.*
Wie geht's?/Es geht gut.
*Mot manna?/Bures dat manna.*
Sprichst du Deutsch?/Englisch?
*Humatgo duiskkagiela?engelasgiela?*
Wie heißt du?/Ich heiße ...
*Mii du namma lea?/Mu namma lea ...*
Gibt es ...? — *Leago ...?*
Ich hätte gerne ... — *Háliidivččen ...*
Wie viel kostet das? — *Olugo dat máksá?*
Guten Appetit! — *Buorre borranmiella!*
Prost! — *Máistte!*
Bach — *johka*
Berg — *tjåkka/várri*
Bucht — *luokta*
Fluss — *johka/ätno*
Gewässer — *jávri*
Gipfel — *gáisi/cohkka*
Hof — *dallu*
Hügel — *borri/corru*
Hütte — *kåta/stophu*
Insel — *suolo*
Meer — *áhpi*
Moor — *jeaggi/áhpi*
Mündung — *oaivvuš*
See — *jaure/jávri*
Sumpf — *guoika/kvoika*
Tal — *vággi/kårså*
Wasserfall — *gorzi/kårtje*

0 *nolla*
1 *okta*
2 *guokte*
3 *golbma*
4 *njeallje*
5 *vihtta*
6 *guhtta*
7 *čieža*
8 *gávcci*
9 *ovcci*
10 *logi*

# Basisvokabular Schwedisch, Norwegisch und Finnisch

| | Schwedisch | Norwegisch | Finnisch |
|---|---|---|---|
| **Zahlen** | | | |
| **0** | *noll* | *null* | *nolla* |
| **1** | *en, ett* | *en, ett* | *yksi* |
| **2** | *två* | *to* | *kaksi* |
| **3** | *tre* | *tre* | *kolme* |
| **4** | *fyra* | *fire* | *neljä* |
| **5** | *fem* | *fem* | *viisi* |
| **6** | *sex* | *seks* | *kuusi* |
| **7** | *sju* | *sju* | *seitsemän* |
| **8** | *åtta* | *åtte* | *kahdeksan* |
| **9** | *nio* | *ni* | *yhdeksän* |
| **10** | *tio* | *ti* | *kymmenen* |
| **11** | *elva* | *elleve* | *yksitoista* |
| **12** | *tolv* | *tolv* | *kaksitoista* |
| **13** | *tretton* | *tretten* | *kolmetoista* |
| **14** | *fjorton* | *fjorten* | *neljätoista* |
| **15** | *femton* | *femten* | *viisitoista* |
| **16** | *sexton* | *seksten* | *kuusitoista* |
| **17** | *sjutton* | *sytten* | *seitsemäntoista* |
| **18** | *arton* | *atten* | *kahdeksantoista* |
| **19** | *nitton* | *nitten* | *yhdeksäntoista* |
| **20** | *tjugo* | *tjue* | *kaksikymmentä* |
| **21** | *tjugoen* | *tjue en* | *kaksikymmentäyksi* |
| **22** | *tjugotvå* | *tjue to* | *kaksikymmentäkaksi* |
| **30** | *trettio* | *tretti* | *kolmekymmentä* |
| **40** | *fyrtio* | *førti* | *neljäkymmentä* |
| **50** | *femtio* | *femti* | *viisikymmentä* |
| **60** | *sextio* | *seksti* | *kuusikymmentä* |
| **70** | *sjuttio* | *sytti* | *seitsemänkymmentä* |
| **80** | *åttio* | *åtti* | *kahdeksankymmentä* |
| **90** | *nittio* | *nitti* | *yhdeksänkymmentä* |
| **100** | *hundra* | *hundre* | *sata* |
| **200** | *två hundra* | *to hundre* | *kaksisataa* |
| **1000** | *tusen* | *tusen* | *tuhat* |
| **Wichtige Fragen und Floskeln** | | | |
| **ja** | *ja* | *ja* | *kyllä, joo* |
| **nein** | *nej* | *nei* | *ei* |
| **und** | *och* | *og* | *ja* |

| | Schwedisch | Norwegisch | Finnisch |
|---|---|---|---|
| **bitte** | *varsågod* | *vær så god* | *ole hyvä* |
| **danke** | *tack* | *takk* | *kiitos* |
| **Guten Tag!** | *God dag!* | *God dag!* | *Hyvää päivää!* |
| **Guten Abend!** | *God kväll!* | *God kveld!* | *Hyvää iltaa!* |
| **Gute Nacht!** | *God natt!* | *God natt!* | *Hyvää yötä!* |
| **Auf Wiedersehen!** | *Adjö!* | *Adjø!* | *Hyvästi!* |
| **Hallo!** | *Hej!* | *Hei!* | *Hei!* |
| **Tschüss!** | *Hej då!* | *Ha det!* | *Hei hei!* |
| **Entschuldigung!** | *Förlåt!* | *Unnskyld!* | *Anteeksi!* |
| **In Ordnung.** | *Okej.* | *OK.* | *OK.* |
| **Haben Sie …?** | *Har ni …?* | *Har du …?* | *Onko teillä …?* |
| **wann?** | *när?* | *når?* | *koska?* |
| **wieviel?** | *hur mycket?* | *hvor mye?* | *paljonko?* |
| **wo?** | *var?* | *hvor?* | *missä?* |
| **wie lange?** | *hur länge?* | *hvor lenge?* | *kuinka kauan?* |
| **deutsch** | *tysk* | *tysk* | *saksalainen* |
| **Deutschland** | *Tyskland* | *Tyskland* | *Saksa* |
| **Ich spreche nur etwas …** | *Jag talar bara lite …* | *Jeg snakker bare litt …* | *Puhun vain vähän …* |
| **… Sw./Norw./Finn.** | *… svenska.* | *… norsk.* | *… suomea.* |
| **Wie heißt auf …** | *Vad heter …* | *Hva heter …* | *Mitä …* |
| **… Sw./Norw./Finn./** | *… på svenska?* | *… på norsk?* | *… on suomeksi?* |
| **… Deutsch/** | *… på tyska?* | *… på tysk?* | *… on saksaksi?* |
| **… Englisch?** | *… på engelska?* | *… på engelsk?* | *… on englanniksi?* |
| **Ich verstehe nicht.** | *Jag förstår inte.* | *Jeg forstår ikke.* | *En ymmärrä.* |

### Wochentage und Zeitangaben

| | | | |
|---|---|---|---|
| **Montag** | *måndag* | *mandag* | *maanantai* |
| **Dienstag** | *tisdag* | *tirsdag* | *tiistai* |
| **Mittwoch** | *onsdag* | *onsdag* | *keskiviikko* |
| **Donnerstag** | *torsdag* | *torsdag* | *torstai* |
| **Freitag** | *fredag* | *fredag* | *perjantai* |
| **Samstag** | *lördag* | *lørdag* | *lauantai* |
| **Sonntag** | *söndag* | *søndag* | *sunnuntai* |
| **Minute** | *minut* | *minutt* | *minuutti* |
| **Stunde** | *timme* | *time* | *tunti* |
| **gestern** | *igår* | *i går* | *eilen* |
| **heute** | *idag* | *i dag* | *tänään* |
| **morgen** | *i morgon* | *i morgen* | *huomenna* |
| **morgens** | *på morgonen* | *om morgenen* | *aamuisin* |
| **mittags** | *vid lunchtid* | *ved middagstid* | *päivisin* |

| | Schwedisch | Norwegisch | Finnisch |
|---|---|---|---|
| **nachmittags** | *på eftermiddagen* | *om ettermiddagen* | *iltapäivällä* |
| **abends** | *på kvällen* | *om kvelden* | *iltaisin* |
| **nachts** | *på natten* | *om natten* | *öisin* |
| **jetzt** | *nu* | *nå* | *nyt* |
| **täglich** | *dagligen* | *daglig* | *päivittäinen* |
| **früher** | *tidigare* | *tidligere* | *aikaisemmin* |
| **später** | *senare* | *senere* | *myöhemmin* |

Unterwegs

| | | | |
|---|---|---|---|
| **Bach** | *bäck* | *bekk* | *oja/puro* |
| **Fluss** | *flod/älv* | *strømme/elv* | *virta* |
| **Elch** | *älg* | *elg* | *hirvi* |
| **Brücke** | *bro, brygga* | *bro* | *silta* |
| **Wasserfall/ Stromschnelle** | *fors* | *foss* | *vesiputous* |
| **Insel** | *holme/ö* | *holme/øy* | *saareke/saari* |
| **See** | *sjö* | *innsjø* | *järvi* |
| **Meerenge** | *sund* | *sund* | *salmi* |
| **Bucht** | *bukt/vik* | *bukt* | *lahti* |
| **Berg** | *berg* | *berg* | *vuori* |
| **kahler Berg** | | *fjäll* | *fjell tunturi* |
| **Gipfel** | *spets/topp* | *topp* | *huippu* |
| **Hügel** | *kulle* | *kolle* | *kukkula* |
| **Tal** | *dal* | *dal* | *laakso* |
| **Hütte** | *stuga* | *hytte* | *mökki* |
| **Moor** | *myr* | *myr* | *räme* |
| **Wohnmobil** | *husbil* | *bobil* | *matkailuauto* |
| **Tankstelle** | *bensinstation* | *bensinstasjon* | *huoltoasema* |
| **Gasflasche** | *gasflaska* | *gassflaske* | *kaasupullo* |
| **Trinkwasser** | *dricksvatten* | *drikkevann* | *juomavesi* |

Richtungsangaben

| | | | |
|---|---|---|---|
| **geradeaus** | *rakt fram* | *rett frem* | *suoraan* |
| **gegenüber** | *mittemot* | *overfor* | *vastapäätä* |
| **rechts** | *höger* | *høyre* | *oikealla* |
| **links** | *vänster* | *venstre* | *vasemmalla* |
| **nach, zu** | *till* | *til* | *-le* |
| **nach rechts** | *till höger* | *til høyre* | *oikealle* |
| **nach links** | *till vänster* | *til venstre* | *vasemmalle* |
| **immer weiter** | *fortsätt* | *alltid på* | *aina päällä* |
| **nah** | *nära* | *nærhet* | *lähellä* |

| | Schwedisch | Norwegisch | Finnisch |
|---|---|---|---|
| **Einkaufen** | | | |
| **Lebensmittel-geschäft** | *livs* | *dagligvarehandel* | *ruokakauppa* |
| **Supermarkt** | *stormarknad* | *supermarked* | *supermarket* |
| **Kaufhaus** | *varuhus* | *varehus* | *tavaratalo* |
| **Bäckerei** | *bageri* | *bakeri* | *leipomo* |
| **Konditorei** | *konditori* | *konditori* | *konditoria* |
| **Markt(platz)** | *torg/torget* | *torg* | *tori* |
| **Trödel** | *loppis* | *loppemarked* | *kirpputori* |
| **Telefon** | *telefon* | *telefon* | *puhelin* |
| **Kreditkarte** | *kreditkort* | *kredittkort* | *luottokortti* |
| **Geldautomat** | *bankomat* | *minibank* | *pankkiautomaatti* |
| **geöffnet** | *öppen* | *åpen* | *auki* |
| **geschlossen** | *sluten* | *lukket* | *suljettu* |
| **Essen** | | | |
| **Frühstück** | *frukost* | *frokost* | *aamiainen* |
| **Mittagessen** | *lunch* | *lunsj* | *lounas* |
| **Abendessen** | *middag* | *aftensmat* | *illallinen* |
| **Speisekarte** | *meny* | *meny* | *ruokalista* |
| **vegetarisch** | *vegetarisk* | *vegetariansk* | *kasvis* |
| **vegan** | *vegan* | *vegansk* | *vegaani* |
| **Fisch** | *fisk* | *fisk* | *kala* |
| **Hering** | *sill* | *sild* | *silli* |
| **Lachs** | *lax* | *laks* | *lohi* |
| **Fleisch** | *kött* | *kjøtt* | *liha* |
| **Fleischklößchen** | *köttbullar* | *kjøttkaker* | *lihapullia* |
| **Suppe** | *soppa* | *suppe* | *keitto* |
| **Brot** | *bröd* | *brød* | *leipä* |
| **Brötchen** | *franska* | *rundstykke* | *sämpylä* |
| **Butter** | *smör* | *smør* | *voi* |
| **Käse** | *ost* | *ost* | *juusto* |
| **Wurst (Aufschnitt)** | *korv* | *kjøttpålegg* | *leikkeleet* |
| **Ei** | *ägg* | *egg* | *kananmuna* |
| **Marmelade** | *marmelad* | *syltetøy* | *hillo* |
| **Zucker** | *socker* | *sukker* | *sokeri* |
| **Salz** | *salt* | *salt* | *suola* |
| **Pfeffer** | *peppar* | *pepper* | *pippuri* |
| **Apfel** | *äpple* | *eple* | *omena* |
| **Blaubeere** | *blåbär* | *blåbær* | *mustikka* |
| **Preiselbeere** | *lingon* | *tranebær* | *puolukka* |

| | Schwedisch | Norwegisch | Finnisch |
|---|---|---|---|
| **Tomate** | *tomat* | *tomat* | *tomaatti* |
| **Gurke** | *gurka* | *agurk* | *kurkku* |
| **Möhre** | *morot* | *gulrot* | *porkkana* |
| **Salat** | *sallad* | *salat* | *salaatti* |
| **Tee, Kaffee** | *te, kaffe* | *te, kaffe* | *tee, kahvi* |
| **Milch** | *mjölk* | *melk* | *maito* |
| **Wasser** | *vatten* | *vann* | *vesi* |
| **Limonade** | *läskedryck* | *brus* | *limonadi* |
| **Wein** | *vin* | *vin* | *viini* |
| **Bier** | *öl* | *øl* | *olut* |
| **Guten Appetit!** | *Smaklig måltid!* | *Vel bekomme!* | *Hyvää ruokahalua!* |
| **Prost! /Zum Wohl!** | *Skål!* | *Skål!* | *Kippis!* |
| **Die Rechnung, bitte!** | *Kan jag få notan, tack?* | *Kan jeg få regningen, takk?* | *Saanko laskun!* |

**Notfall**

| | | | |
|---|---|---|---|
| **Hilfe!** | *hjälp* | *hjelp* | *apu* |
| **Polizei** | *polis* | *politi* | *poliisi* |
| **Arzt** | *läkare* | *lege* | *lääkäri* |
| **Zahnarzt** | *tandläkare* | *tannlege* | *hammaslääkäri* |
| **Krankenwagen** | *ambulans* | *ambulanse* | *ambulanssi* |
| **Krankenhaus** | *sjukhus* | *sykehus* | *sairaala* |
| **Apotheke** | *apotek* | *apotek* | *apteekki* |
| **Schmerzen** | *smärta* | *smerte* | *kipu* |
| **Unfall** | *olycka* | *ulykke* | *onnettomuus* |
| **Reifenpanne** | *punktering* | *punktert hjul* | *rengasrikko* |
| **Ersatzteil** | *reservedel* | *reservedel* | *varaosa* |
| **Motorschaden** | *motorskada* | *motorskade* | *moottorivaurio* |
| **Werkstatt** | *bilverkstad* | *bilverksted* | *korjaamo* |

## Sprachführer

Für alle vier Sprachen sind im Reise Know-How Verlag Kauderwelsch-Sprachführer mit ausführlicheren Informationen und vielen praktischen Beispielen **für den Reisealltag** erschienen: **Finnisch – Wort für Wort, Norwegisch – Wort für Wort, Schwedisch – Wort für Wort** sowie **Samisch für Lappland – Wort für Wort.** Begleitend gibt es zu diesen Büchern AusspracheTrainer auf Audio-CD oder als mp3-Download.

Wer noch tiefer in die Sprachen einsteigen möchte, findet weitere Vokabeln in der **Kauderwelsch plus-Reihe** (erschienen für **Finnisch, Norwegisch, Schwedisch**), die jeweils auch ein umfangreiches Wörterbuch umfasst, sowie im Kauderwelsch-Band **Schwedisch Slang.**

# Gasflaschen – damit es schön warm bleibt

Der Experte *Ralf van der Cruysen* erklärt, wie man das Problem der Gasversorgung am besten angeht.

**Thomas Momsen:** Als Gas kennt man in der Regel Propan, Butan, LPG und Erdgas. Worin unterscheiden sich die Gassorten?

**Ralf van der Cruysen:** Propan und Butan sind im Wesentlichen Nebenprodukte der Raffination von Öl. Der entscheidende Unterschied zwischen Propan und Butan ist die Temperatur, bei der das jeweilige Gas flüssig wird und nicht mehr nutzbar ist. Die Temperatur, bei der **Butan** nicht mehr gasförmig ist, beträgt lediglich um die null Grad und etwas darunter. Das bedeutet, dass Butan bzw. ein Butangemisch ab dieser Temperatur nicht mehr nutzbar ist. Darum wird bei Wohnmobilen fast ausschließlich **Propan** zum Heizen und Kochen genutzt, da dieses Gemisch auch bei minus 30 Grad noch gasförmig ist. Außerdem ist zu beachten, dass beide Gassorten schwerer als Luft sind! Das heißt, dass gute Lüftung unerlässlich ist. Und zwar nach unten! Darum haben Wohnmobile in ihren Gaskästen auch immer Lüftungsschlitze am Boden. Sollte es mal eine Undichtigkeit geben, dann kann man austretendes Gas riechen: Dem Gemisch werden aus Sicherheitsgründen nämlich stets Duftstoffe zugesetzt.

Ein Sonderfall bei der Gasnutzung im Wohnmobilbereich ist **LPG.** Dabei handelt es sich um ein Gemisch aus Propan und Butan mit einem jeweiligen Verhältnis von 40/60 im Sommer und im Winter von 60/40. Aber eigentlich macht LPG zum Heizen oder Kochen im Wohnmobilbereich absolut keinen Sinn, weil der Butananteil schlicht zu hoch ist, um bei Minus-Temperaturen noch nutzbar zu sein. **Erdgas** wird im Wohnmobilbereich gar nicht genutzt. Um im Winter ganz sicher zu sein und wirklich nicht frieren zu müssen, empfehle ich eine Dieselheizung.

**Momsen:** Welche Gassorte ist relevant beim Camping mit dem Wohnmobil?

lapp_15 tm

◁ ▷ Gasflaschen und -anschlüsse sind in Europa nicht genormt (links eine deutsche 5-kg-Flasche, rechts die schwedische Variante)

**Van der Cruysen:** Wirklich relevant ist nur Propangas. Das bietet neben dem großen Temperaturfenster zusätzlich den Vorteil, dass man es durchweg überall bekommt. Nachteil ist jedoch, dass Flaschen und Anschlüsse in Europa nicht genormt sind und somit eine ausländische Gasflasche unter Umständen nicht in den vorhandenen Gaskasten passt. Am besten misst man die Stellfläche der Gasflasche in seinem Wohnmobil aus und informiert sich im Vorfeld über die Maße der im jeweiligen Land angebotenen Gasflaschen. Ebenso sind die Anschlüsse nicht genormt. Da empfehle ich passende Adapter, die man im Fachhandel oder online bekommt.

**Momsen:** Könnte man nicht einfach zusätzliche Ersatzflaschen mitnehmen?

**Van der Cruysen:** Beim Transport von Gasflaschen ist ein spezieller Flaschenaufstellraum Pflicht. Und die Flaschen dürfen nur aufrecht stehend transportiert werden. Darüber hinaus ist die maximale Anzahl an gefüllten Gasflaschen, die man transportieren darf, auf 2 x 11 kg beschränkt. Das heißt, eine dritte Reserveflasche stehend oder liegend mitzunehmen, ist verboten.

**Momsen:** Kannst Du sagen, wie lange man mit einer 11-kg-Gasflasche auskommt, wenn man das Gas zum Heizen und Kochen nutzt?

**Van der Cruysen:** Das kann man leider nicht pauschal beantworten. Der Gasverbrauch ist immer von den äußeren Umständen abhängig, z.B. von der Größe und Isolierung des Wohnmobils, von der Anzahl der mitreisenden Personen, vom Energieverbrauch der einzelnen Geräte und deren Nutzungsdauer.

**Momsen:** Kann man denn im Vorfeld herausfinden, wie viel Gas man verbrauchen wird?

**Van der Cruysen:** Man kann den Gasbedarf ungefähr berechnen. Als erstes notiert man sich, welche gasbetriebenen Geräte man am Tag nutzt, z.B. den Herd, die Heizung oder einen Warmwasserboiler. Dann schätzt man ab, wie lange die Geräte am Tag im Einsatz sind, und schreibt sich die Zeiten auf, z.B. Herd 30 Minuten. Als nächstes muss man wissen, wie viel Gas ein Gerät pro Stunde verbraucht. Das steht meist in der Betriebsanleitung. Nun kann man berechnen, wie viel Gas (abhängig von der Betriebsdauer) das Gerät an einem Tag verbraucht. Verbraucht z.B. der Herd 120 Gramm Gas in der Stunde und wird 30 Minuten genutzt, dann weiß man, dass 60 Gramm Gas verbraucht werden. Das berechnet man für alle Geräte und addiert die Summen. So erhält man den durchschnittlichen Tagesverbrauch.

Will man nun wissen, wie lange eine 11-kg-Gasflasche hält, dann dividiert man den ermittelten Tagesverbrauch durch 11 kg. Geht man von 500 Gramm Tagesverbrauch aus, lautet die Berechnung 11.000 geteilt durch 500 = 22. Mit einer 11-kg-Gasflasche kommt man also etwa 22 Tage aus. Diese Berechnung bezieht sich auf den Sommer. Will man

lapp_16 tm

wissen, wie lange eine Flasche im Winter hält, dann muss man die Laufzeit der Heizung mit einbeziehen. Die Heizung ist im Winter der größte Verbraucher und man sollte bei der Berechnung daran denken, dass die Heizung auf unterschiedlichen Stufen unterschiedlich viel Gas verbraucht.

Für einige Geräte gibt es Richtwerte, die den Verbrauch im Winter angeben. Eine Heizung verbraucht etwa 150–500 g/Std., ein Herd 50–160, ein Kühlschrank 14–20 g/Std. Ist man im Winter bei deutlichen Minus-Graden unterwegs und die Heizung läuft rund um die Uhr, hält eine 11-kg-Flasche maximal drei bis vier Tage.

■ **Momsen:** Wie könnte man den Gasverbrauch senken?

■ **Van der Cruysen:** Will man den Gasverbrauch senken, stellt sich als erstes die Frage: Müssen es wirklich 20 Grad im Wagen sein? Eine Reduzierung der Heizleistung spart Gas. Betreibt man den Kühlschrank mit Strom und verzichtet auf warmes Wasser im Camper, weil man z.B. auf dem Campingplatz spült, verringert sich der Gasverbrauch entsprechend. Das Wohnmobil sollte übrigens niemals komplett auskühlen; auch wenn man den Camper verlässt, sollte die Heizung auf niedriger Stufe weiterlaufen. Kommt man dann zurück, muss man die Heizung nicht voll aufdrehen, um es schön warm zu haben.

Im Wohnmobil sind es in erster Linie die Fenster, durch die die Wärme entweicht. Mit Isoliermatten

davor kann dem vorgebeugt werden. Im Handel gibt es passgenaue Matten für das jeweilige Wohnmobil.

Und, wie zu Hause auch, ist regelmäßiges Lüften angesagt. Bewährt hat sich intensives Stoßlüften, d.h. man öffnet alle Türen und Fenster für mehrere Minuten. Im ersten Moment ist es natürlich sehr kalt. Da sich aber frische Luft viel besser erwärmt als abgestandene, verbrauchte Luft, wird es schnell wieder warm. Das Wohnmobil kühlt nicht komplett aus und man benötigt zum Heizen weniger Gas.

Kleiner Würfel, der für viel Wärme sorgt – der Heizlüfter Ecomat 2000

lapp_18 tm

### Anmerkung des Autors

Für den Fall, dass die Gasvorräte schneller zur Neige gehen, als man erwartet hat, empfiehlt sich die Mitnahme eines kleinen **elektrischen Heizlüfters** als Reserve. Aber Vorsicht: Heizlüfter verbrauchen Unmengen an Strom, darum sind sie nur als absolute Notreserve zu betrachten, sonst sind die Batterien schneller leer, als einem lieb ist, wenn man nicht an eine externe Stromquelle angeschlossen ist. Steht man jedoch auf einem Campingplatz und hat Stromanschluss, dann kann man ohne Problem schon im Vorfeld mit einem Heizlüfter heizen und so Gas sparen. Dazu sollte beachtet werden, dass in Skandinavien die Sicherungen auf den Campingplätzen in der Regel mit 10 A abgesichert sind, sehr selten mit 16 A wie bei uns. Das bedeutet, dass maximal ein Heizlüfter mit 2000 Watt betrieben werden kann, und das auch nur, wenn darüber hinaus keine weiteren elektrischen Geräte angeschlossen werden. Nach einigen persönlichen Versuchen kann ich den Heizlüfter Ecomat 2000 empfehlen. Durch seine kompakte Bauform (180 x 145 x 140 mm) nimmt er nicht viel Platz weg, ist ausgesprochen leise, hat von 450 Watt auf der kleinsten Stufe bis max. 1800 Watt eine moderate Stromaufnahme und beheizt den Innenraum sehr gut. Außerdem hat er einen „Flüstermodus", sodass der Lüfter auch nachts betrieben werden kann, ohne wesentlich zu stören. Sollte er mal umkippen, schaltet er sich automatisch aus, zudem liegt die abgeführte Wärme unter dem Zündzeitpunkt von Papier, d.h. sollte eine Zeitung davor liegen, muss man keine Sorge haben, dass das Wohnmobil abbrennt. Und anders als z.B. eine Dieselheizung trocknet der Ecomat 2000 die Luft nicht aus.

# Stell- und Campingplätze

Raus aus dem Wohnmobil und rauf auf die Piste. Mit dem Schneemobil vom Campingplatz auf Tour gehen oder mit den Langlaufskiern der Loipe in den Nationalpark folgen. Das und viel mehr (siehe Kapitel „Aktivitäten in Lappland") kann man machen beim **Wintercamping** in Lappland. Immer beliebter wird diese Form des Urlaubs in der kalten Jahreszeit, und viele **Campingplätze** stellen sich darauf ein. Das betrifft nicht nur die großen Anbieter in Tromsø oder Kiruna, sondern auch viele kleine Plätze haben im Winter geöffnet. Grundsätzlich empfiehlt es sich, kurz telefonisch oder per Mail anzufragen, ob genug Plätze vom Schnee geräumt sind, und sich dann **anzumelden.** Bei den kleineren Plätzen kann es vorkommen, dass der Besitzer nicht vor Ort ist. Telefonisch oder per Mail erhält man dann den Code z.B. für das Servicegebäude und die Duschen. **Bezahlt** wird vor Ort, indem man – anders als sonst in Skandinavien üblich, wo fast alles mit Karte bezahlt wird – Bargeld in einen Briefumschlag steckt, den man dann in eine Box einwirft. Einen Zettel mit Namen plus Kennzeichen des Autos sollte man dazulegen, damit das Geld zugeordnet werden kann.

Die Anzahl an **Stell- bzw. Parkplätzen** ist im Winter weitaus geringer als im Sommer. Die wenigsten Plätze werden vom Schnee freigeräumt. Dennoch gibt es eine ausreichende Anzahl an Möglichkeiten, die Natur und Polarlichter abseits beleuchteter Orte zu genießen. Den gleichen Service wie im Sommer darf man allerdings nicht erwarten. Trockentoiletten können abgesperrt sein und die Müllentsorgung ist unter Umständen eingeschränkt. Aber auch hier gibt es Ausnahmen.

Im Folgenden sind die bekannten im Winter geöffneten Camping- und Stellplätze aufgelistet. Darüber hinaus sind folgende **Apps** zur Camping- und Stellplatzsuche zu empfehlen (alle für Android und Apple verfügbar):

- **Stellplatz Europe**
Eine unkomplizierte Darstellung von Camping- und Stellplätzen. Das jeweilige Land, in dem man sich befindet, kann aktiviert werden und man erhält eine Übersichtskarte mit roten Markierungen. Im Filter kann man z.B. einstellen, dass nur Plätze angezeigt werden, die das ganze Jahr geöffnet haben. Man kann eigene Favoriten markieren und sich so seine Lieblingsplätze merken. Von der App aus kann man die Navigation zum ausgewählten Platz starten. Die App ist kostenfrei und ohne Werbung, aber nur in englischer Sprache verfügbar. Dafür sind alle Funktionen ohne Anmeldung nutzbar, auch ein Benutzerkonto muss nicht angelegt werden.
- **Norcamp**
Norcamp ist eine deutsche App, die ähnlich funktioniert wie Stellplatz Europe, aber etwas ausführlicher über die einzelnen Plätze informiert. Man kann ebenfalls diverse Filter aktivieren und erhält auf einer Landkarte eine Übersicht über die Ergebnisse seiner Auswahl. In der einfachen Version ist die App kostenlos. Will man aber z.B. mehrere Länder gleichzeitig aktivieren, benötigt man die kostenpflichtige Premium-Version. Dann fällt auch die Werbung weg. Auch diese App bietet die Möglichkeit der Navigation über das Smartphone.

▷ Campingplatz Arctic Camp in Jokkmokk (Schweden)

**Park4night**
Park4night ist unter Wohnmobilfahrern wohl eine der bekanntesten Apps zur Suche von Camping- und Stellplätzen. Um alle Funktionen nutzen zu können, muss man ein Benutzerkonto anlegen und sich anschließend anmelden. Eine Auswahl an Plätzen, die speziell im Winter zugänglich sind, kann man in der Filtereinstellung nicht treffen. Dennoch soll die App erwähnt werden, da viele den Umgang mit ihr gewöhnt sind.

## Norwegen (A–Z)

**Adventure Camp Mehamn**
Holmen, 9770 Mehamn, Finnmark,
GPS: N 71.03815, E 027.83499,
www.nordicsafari.no,
Tel. 0047 90 14 75 09, 0047 97 42 19 00

**Alta River Camping**
Steinfossveien 5, 9518 Alta, Finnmark,
GPS: N 69.929438, E 023.261898,
www.alta-river-camping.no, Tel. 0047 94 03 27 79

**Alta Strand Camping & Apartment**
Steinvossveien 29, 9518 Alta, Finnmark,
GPS: N 69.927360, E 023.271656,
www.altacamping.no, Tel. 0047 78 43 40 22

**Ankerlia (Stellplatz)**
Fv333, 9147 Birtavarre,
GPS: N 69.4293826, E 020.9690276

**Artic Lyngen Sjøcamp**
Djupvik, 9146 Olderdalen,
GPS: N 69.7453759, E 020.4909268
artic-lyngen.no, Tel. 0047 41 76 90 69

**Ballangen Camping**
8540 Ballangen, Nordland,
GPS: N 68.3394981, E 016.8576812,
www.ballangen-camping.no, Tel. 0047 76 92 76 90

**Bobilplass Fauske**
Sjøgata, 8200 Fauske,
GPS: N 67.25756, E 015.38475
www.fauske.kommune.no, Tel. 0047 99 12 48 71

**Brennfjell Camping**
Skibotendalen, 9143 Skibotn, Troms,
GPS: N 69.3225868, E 020.3607447,
www.brennfjell.no, Tel. 0047 95 18 17 32

lapp_118 tm

**Camp Saltstraumen-Elvegård**
Straumøyveien 70, 8056 Saltstraumen, Nordland, GPS: N 67.234748, E 014.598002, www.campsaltstraumen-elvegard.no, Tel. 0047 91 52 59 01

**Camp Solbergfjord**
Finnlandsveien 305, 9311 Brøstadbotn, GPS: N 69.094079, E 017.624338, www.solbergfjord.com, Tel. 0047 97 18 11 15

**Fauske Camping & Motell**
Saltdalsveien 23, 8211 Fauske, Nordland, GPS: N 67.2395922, E 015.4203766 www.fauske-camping.business.site, Tel. 0047 75 64 84 01, 0047 99 03 55 22

**Fjordbotn Camping**
Stønnesbotn, 9373 Botnhamn, Troms, GPS: N 69.4494072, E 017.8826031, www.fjordbotn.no, Tel. 0047 77 84 93 10

**Fjordcamp**
Kråkberget, 8475 Straumsjøen, Nordland, GPS: N 68.764536, E 014.700816, www.fjordcamp.no, Tel. 0047 76 13 76 40, 0047 90 72 08 05

**Fjordutsikten Motell & Camping**
Brennelv, 9700 Lakselv, Finnmark, GPS: N 70.05256, E 025.00238, www.fjordutsikten.no, Tel. 0047 99 61 17 41, 0047 78 46 26 44

**Fornesvika Rasteplass (Stellplatz)**
Langnesveien, 9540 Talvik, GPS: N 70.054638, E 022.984893

**Forsøl Rasteplass (Stellplatz)**
Langbuktveien 88, 9600 Hammerfest, GPS: N 70.719040, E 023.819609

**Garnvika Rasteplass (Stellplatz)**
Fv98, 9742 Kunes, GPS: N 70.416647, E 026.730780

**Goskamark Rasteplass (Stellplatz)**
Eibyveien, 9518 Alta, GPS: N 69.822465, E 023.200309

**Grense Jakobselv Barentshavet**
Fv 886, 9900 Kirkenes, GPS: N 69.790346, E 030.793254

**Gullesfjordbotn Camping**
8409 Gullesfjord, Troms, GPS: N 68.5321760, E 015.7271675, www.gullesfjordcamping.no, Tel. 0047 95 06 34 96

**Hamarøy Fiskecamping**
8294 Hamarøy, Nordland, GPS: N 68.082278, E 015.643833, www.hamaroyfiskecamp.no, Tel. 0047 75 77 03 95

**Hammerfest Havn Bobilparkering (Stellplatz)**
Jernbanetrasken, 9615 Hammerfest, GPS: N 70.663323, E 023.675962

**Hamningberg Parkplass (Stellplatz)**
Fv341, 9990 Hamningberg, GPS: N 70.541676, E 030.603704

**Harstad Camping**
Nesseveien 55, 9411 Harstad, Troms, GPS: N 68.7726157, E 016.5774417 harstadcamping.no, Tel. 0047 77 07 36 62

**Hatteng Rasteplass**
Taterneset, 9046 Storfjord, GPS: N 69.272305, E 019.936934, Tel. 0047 77 21 08 50

**Hov Camping**
Hov, 8314 Gimsøysand, Nordland, GPS: N 68.3380722, E 014.1097283, hovgard.no, Tel. 0047 97 55 95 01

**Ildtoppen**
Austertanaveien 4331, 9845 Tana, GPS: N 70.444007, E 028.487233 http://ildtoppen.no, Tel. 0047 78 92 52 38

**Innhavet Bobilparkering**
E6, 8260 Innhavet, GPS: N 67.963692, E 015.925767 www.bobilplassen.no/innhavet-bobilparkering-nordland, Tel. 0047 95 05 98 00

**Kabelvåg Feriehus og Camping**
Møllnosen 19, 8310 Kabelvåg, Nordland, GPS: N 68.21731, E 014.44588, www.kabelvag.com, Tel. 0047 76 07 86 20, 0047 99 23 42 31

**Karasjok Camping**
Ávjovárgeaidnu 88, 9730 Karasjok, Finnmark,
GPS: N 69.4689265, E 025.4890754
www.karacamp.no, Tel. 0047 97 07 22 25

**Kjellingstraumen Fjordcamp**
Kjelling, 8120 Nygårdsjøen, Nordland,
GPS: N 67.0726811, E 014.3088143,
www.campingnor.com,
Tel. 0047 75 75 71 11, 0047 91 12 94 80

**Kjerringøy Camping**
8093 Kjerringøy, Nordland,
GPS: N 67.51915, E 014.75719
www.kjerringoy.info/kjerringoslashy-camping,
Tel. 0047 75 51 12 40, 0047 99 01 39 68

**Kjøllefjord Havn**
Moloveien 2, 9790 Kjøllefjord,
GPS: N 70.949083, E 027.332540

**Klubben Rasteplass (Stellplatz)**
E75, 9802 Vestre Jakobselv,
GPS: N 70.116044, E 029.209123

**Kunes Camping**
Laksefjordveien 10, 9742 Kunes, Finnmark,
GPS: N 70.34374, E 026.49989,
http://kunes.no/camping, Tel. 0047 95 11 87 00

**Kvalnesbrygga Camping og Dykkersenter**
Kvalnes, 8485 Dverberg, Nordland,
GPS: N 69.1527, E 016.0841,
www.kvalnesbrygga.no, Tel. 0047 76 14 63 78

**Láhpojávri Rasteplass**
Rv92, 9520 Kautokeino,
GPS: N 69.242569, E 023.786537

**Lakselv Rasteplass**
E6, 9700 Lakselv,
GPS: N 70.103638, E 024.918208

**Lebesby Rasteplass (Stellplatz)**
Rv888, 9740 Lebesby,
GPS: N 70.594247, E 026.991449

Nach der Skitour in die Sauna

lapp_119 tm

lapp_120 tm

■ **Lillefjord Rasteplass**
Fv889, 9714 Snefjord,
GPS: N 70.694569, E 024.674815

■ **Lofoten Camping Storfjord**
Hagskarveien 336, 8340 Stamsund, Nordland,
GPS: N 68.1589638, E 013.7526722,
lofotencamp.no, Tel. 0047 97 62 36 06

■ **Lullefjellet-Naturreservat (Stellplatz)**
Europavei 8, 9143 Skibotn,
GPS: N 69.3028689, E 020.4201959

■ **Lundhøgda Camping og Motell**
Lundveien 62, 8206 Fauske, Nordland,
GPS: N 67.2455, E 015.3365,
www.lundhogdacamping.no, Tel. 0047 97 53 98 94

■ **Målselvfossen Feriesenter**
Postboks 1059, 9325 Bardufoss, Troms,
GPS: N 69.041240, E 018.638584,
www.malselvfossen.com, Tel. 0047 77 83 27 30

■ **Maurnes Båthavna**
Lilandveien 154, 8400 Sortland,
GPS: N 68.7526458, E 015.4628763
www.sortland-havn.no, Tel. 0047 47 76 05 71

■ **Melbu Småbåthavn**
Neptunveien 8, 8445 Melbu,
GPS: N 68.4948950, E 014.8140322,
www.melbubat.no/bobil-camping,
Tel. 0047 45 85 09 16

■ **Midnattsol Camping Bleik**
Gårdsveien, 8481 Bleik, Nordland,
GPS: N 69.27570, E 015.96402,
www.midnattsolcamping.com,
Tel. 0047 47 84 32 19

■ **Misvær Camping**
8108 Misvær, Nordland,
GPS: N 67.12247, E 015.00338,
www.misvaercamping.no,
Tel. 0047 75 53 83 00, 0047 97 06 03 45

Eine Gruppe belgischer Fahrer kommt mit ihren Enten vom Nordkap und ist auf dem Weg nach Hause – auch das geht

**Moskenes Camping**
8392 Sørvågen, Nordland,
GPS: N 67.900056, E 013.053167,
www.moskenescamping.no, Tel. 0047 99 48 94 05

**Navitfoss**
Kvænangsbotnveien 3130,
9162 Sørstraumen, Troms,
GPS: N 69.78618355, E 021.92067089,
www.navitfoss.no, Tel. 0047 98 87 50 63

**Nordkjosen Bobilparkering (Stellplatz)**
Fv364, 9161 Burfjord,
GPS: N 69.940269, E 022.046374

**Nordnes Camp & Bygdesenter**
Nordnes, 8255 Røkland, Nordland,
GPS: N 66.9381983, E 015.3141693,
www.nordnescamp.no,
Tel. 0047 75 69 38 55, 0047 95 06 94 26

**Nordreisa sokn Parkplass**
Muoniovegen, 9151 Storslett,
GPS: N 69.7689639, E 021.0329572,
http://nordreisasokn.no, Tel. 0047 77 58 82 30

**Oksfjord Båtforening**
Øvergårdveien 434, 9151 Storslett,
GPS: N 69.906645, E 021.322951,
http://www.oksfjordbåtforening.no,
Tel. 0047 41 75 80 38

**Øksfjordjøkelen Bobilparkering (Stellplatz)**
Fv365, 9163 Saltnes,
GPS: N 70.083060, E 022.008508

**Olderelv Camping**
9143 Skibotn, Tromps,
GPS: N 69.380639, E 020.295778,
www.olderelv.no,
Tel. 0047 77 71 54 44, 0047 91 13 17 00

**Ørsvågvær i Lofoten**
Ørsvågveien 40, 8309 Kabelvåg, Nordland,
GPS: N 68.206440, E 014.425575
www.orsvag.no,
Tel. 0047 76 07 81 80, 0047 41 56 01 54

**Polar Park**
Salangsdalen, 9360 Bardu, Troms,
GPS: N 68.691639, E 018.111083,
polarpark.no, Tel. 0047 48 24 00 00

**Polmasjokka Rasteplass (Stellplatz)**
E6, 9712 Lakselv, GPS: N 70.417700, E 025.151798

**Ramberg Gjestegård**
8380 Ramberg, Lofoten, Nordland,
GPS: N 68.092333, E 013.234333,
www.ramberg-gjestegard.no, Tel. 0047 76 09 35 00

**Reipå Camping**
Reipåveien 194, 8146 Reipå, Nordland,
GPS: N 66.914990, E 013.628111,
www.reipacamping.com,
Tel. 0047 75 75 57 74, 0047 90 95 60 47

**Saltstraumen Camping**
8056 Saltstraumen, Nordland,
GPS: N 67.23547, E 014.62082,
www.saltstraumen-camping.no,
Tel. 0047 75 58 75 60, 0047 90 09 83 62

**Sandsletta Camping**
Midnattsolveien 993, 8315 Laukvik, Nordland,
GPS: N 68.336068, E 014.4982019,
www.camping-lofoten.no,
Tel. 0047 76 07 52 57, 0047 90 91 52 30

**Sandvika Fjord og Sjøhuscamping**
Ørsvågveien 45, 8310 Kabelvåg, Nordland,
GPS: N 68.204417, E 014.427167,
www.lofotferie.no,
Tel. 0047 76 07 81, 0047 94 83 13 34

**Senjatrollet Bobilparkering**
Trollveien 6, 9385 Skaland,
GPS: N 69.410739, E 017.263107,
www.senjatrollet.no, Tel. 0047 77 85 88 64

**Sildpollnes Sjøcamp**
Sildpollneset 92, 8315 Laukvik i Lofoten, Nordland,
GPS: N 68.322077, E 014.717163,
www.sildpollnes-sjocamp.no, Tel. 0047 76 07 58 12

**Sjøstrand Rorbuer & Fisk**
Ballstadlandet 88, 8373 Ballstad,
GPS: N 68.0767419, E 013.5303209,
www.rorbuer.info, Tel. 0047 48 11 35 65

**Sjøvegan Bobilcamp**
Strandveien 29, 9350 Sjøvegan,
GPS: N 68.87327, E 017.83961,
www.bobilplassen.no/sjovegan-bobilcamp-salangen-troms, Tel. 0047 90 77 39 87

**Skarsvåg Bobilparkering (Stellplatz)**
Børnesveien 17, 9763 Skarsvåg,
GPS: N 71.113175, E 025.828110

**Skjervøy Fiskecamp**
Strandveien 150, 9180 Skjervøy, Troms,
GPS: N 70.0276045, E 020.980858,
www.skjervoy-fiskecamp.com,
Tel. 0047 90 72 45 55

**Skoganvarre Villmark**
Turistsenteret, 9722 Skoganvarre, Finnmark,
GPS: N 69.83870, E 025.07532
www.skoganvarre.com, Tel. 0047 46 86 29 58

**Skoltefossen Parkplass (Stellplatz)**
E6, 9930 Neiden,
GPS: N 69.694286, E 029.370630

**Skrolsvik Kystferie**
Skrolsvikveien 1829, 9392 Stonglandseidet,
GPS: N 69.065486, E 016.816824,
www.skrolsvikkystferie.no,
Tel. 0047 95 23 15 40

**Solvang Camping**
Transfarelvmoen 13, 9505 Alta, Finnmark,
GPS: N 69.979378, E 023.467613,
www.solvangcamping.no, Tel. 0047 99 09 33 31

**Sørbotn Rasteplass**
E8, 9027 Ramfjordbotn,
GPS: N 69.4714537, E 019.2468209,
ramfjordcamp.no, Tel. 0047 77 69 21 30

**Sørlenangsbotn Parkplass (Stellplatz)**
Fv312, 9064 Svensby,
GPS: N 69.7581179, E 019.9559960

**Sørstraumen Handel**
E6, 9162 Sørstraumen,
GPS: N 69.8417305, E 021.8570643,
http://sorstraumen.no, Tel. 0047 77 76 99 10

**Sortland Camping og Motell**
Vesterveien 51, 8400 Sortland, Nordland,
GPS: N 68.702722, E 015.391944,
www.sortland-camping.no, Tel. 0047 76 11 03 00

**Strømhaug Camping**
Strømhaugveien 2, 8226 Straumen, Nordland,
GPS: N 67.346111, E 015.59575,
www.stromhaug.no, Tel. 0047 75 69 71 06

**Svensby Tursenter**
Storåsveien 50, 9064 Svensby, Troms,
GPS: N 69.66810, E 019.80969,
www.svensbytursenter.no,
Tel. 0047 77 71 22 25, 0047 91 70 99 36

lapp_121 tm

**■ Tjeldsundbrua Camping**
Kvitnes 116, 9440 Evenskjer, Troms,
GPS: N 68.631056, E 016.594778,
www.tjeldsundbruacamping.no,
Tel. 0047 99 41 91 00

**■ Toftenes Sjøhuscamping**
8432 Alsvåg, Nordland,
GPS: N 68.87127, E 015.292561
www.toftenessjohus.no,
Tel. 0047 76 13 14 55, 0047 97 16 90 78

**■ Tromsø Lodge & Camping**
Arthur Arntzens Veg 10, 9020 Tromsdalen, Troms,
GPS: N 69.6474850, E 019.0132608,
www.tromsolodgeandcamping.no,
Tel. 0047 77 63 80 37

**■ Tysfjord Turistsenter**
8275 Storjord i Tysfjord, Nordland,
GPS: N 68.1932522, E 016.024946,
www.tysfjord-turistsenter.no,
Tel. 0047 75 77 53 70

**■ Ulvsvåg Gjestgiveri**
Ulvsvågskaret, 8276 Ulvsvåg, Nordland,
GPS: N 68.117006, E 015.865758,
www.gjestgiveriet.net, Tel. 0047 75 77 15 73

**■ Vesterålen Kysthotell/Børøya Camping**
Hovøyveien 2, 8450 Stokmarknes, Nordland,
GPS: N 68.5708285, E 014.9246264,
vesteralenkysthotell.no, Tel. 0047 76 15 29 99

**■ Vestre Jakobselv Camping**
Lilledalsveien 6, 9802 Vestre Jakobselv, Finnmark,
GPS: N 70.118266, E 029.332912,
www2.vj-camping.no,
Tel. 0047 78 95 60 64, 0047 91 36 58 56

[<] An herrlichen Fotomotiven herrscht kein Mangel – Kamera und Stativ sollte man immer griffbereit haben

## Schweden (A–Z)

**■ Arctic Camp Jokkmokk**
Notudden, 96285 Jokkmokk,
GPS: N 66.594491, E 019.891922,
www.arcticcampjokkmokk.se, Tel. 0046 97 11 23 70

**■ Björklidens Camping**
98193 Björkliden,
GPS: N 68.408599, E 018.679886
www.bjorkliden.com, Tel. 0046 98 06 41 00

**■ Bodens Camping & Bad**
Idrottsgatan 8, 96164 Boden,
GPS: N 65.829149, E 021.675303,
www.bodencamping.se, Tel. 0046 92 11 38 50

**■ Camp Gielas**
Järnvägsgatan 111, 93334 Arvidsjaur,
GPS: N 65.582451, E 019.190001,
www.gielas.se, Tel. 0046 96 05 56 00

**■ Camp Polcirkeln**
Polcirkeln Silvervägen 3, 93095 Arjeplog,
GPS: N 66.547165, E 016.332894,
www.camppolcirkeln.com, Tel. 0046 96 16 15 64

**■ First Camp Luleå**
Arcusvägen 110, 97594 Luleå,
GPS: N 65.595742, E 022.072081,
http://firstcamp.se/lulea, Tel. 0046 92 06 03 00

**■ Gammelstads Kyrkstad**
Rutviksvägen 40, 95433 Gammelstad,
GPS: N 65.648234, E 022.028582,
www.visitgammelstad.se, Tel. 0046 92 04 57 010

**■ Haparanda Camping**
Strandgatan 22, 95331 Haparanda,
GPS: N 65.836663, E 024.141297,
www.haparandacamping.se,
Tel. 0046 76 78 90 559

**■ Kängsö Båthamn (Stellplatz)**
Kängsön, 95531 Råneå,
GPS: N 65.840725, E 022.369455

**■ Kraja Hotell, Stugby & Camping**
Silvervägen 1, 93090 Arjeplog,
GPS: N 66.050231, E 017.862371,
http://silverresort.se/boende/kraja,
Tel. 0046 96 13 15 00

**Kukkolaforsen Turist & Konferens**
Kukkolaforsen 184, 95391 Haparanda,
GPS: N 65.962517, E 024.038449,
www.kukkolaforsen.se, Tel. 0046 92 23 10 00

**Kyrkans Fjällgård Jäkkvik**
Byavägen 4, 93895 Jäckvik,
GPS: N 66.387602, E 016.965650,
www.kyrkansfjallgardjakkvik.com,
Tel. 0046 73 52 10 369

**Lappeasuando Turistservice**
Lappeasuando 3, 98299 Gällivare,
GPS: N 67.490877, E 021.120200
http://lappeasuando.com, Tel. 0046 97 05 01 70

**Nikkaluokta Sarri**
Nikkaluokta 1104, 98199 Kiruna,
GPS: N 67.8508265, E 019.01298294,
www.nikkaluokta.com,
Tel. 0046 98 05 50 15

**Norrsken Lodge**
Matarengivägen 58, 95732 Övertorneå,
GPS: N 66.395157, E 023.6452856,
www.norrskenlodge.com, Tel. 0046 92 71 00 35

**Norrskensgården**
Großer Långträsk 47, 94205 Långträsk,
GPS: N 65.382181, E 020.291459,
www.norrskensgarden.se, Tel. 0046 91 12 20 200

**Polcirkeln**
Klockarvägen 1, 96232 Jokkmokk,
GPS: N 66.550658, E 019.763923,
www.samelandsresor.com, Tel. 0046 97 11 06 06

**Rastplats Lansjärv (Stellplatz)**
E10, 95698 Lansjärv,
GPS: N 66.651065, E 022.182044

**Rastplats Laponia (Stellplatz)**
E45, 96299 Jokkmokk,
GPS: N 66.642760, E 019.824462

**Rastplats Ljusselforsen**
E45, 93086 Moskosel,
GPS: N 65.951226, E 019.519521

**Rastplats Suptallen (Stellplatz)**
E45, 98010 Vittangi,
GPS: N 67.668886, E 021.408512

**Rastplats Törefjärden (Stellplatz)**
Palatsvägen, 95040 Töre,
GPS: N 65.907439, E 022.655311

**Rautas Fjällurskog (Stellplatz)**
Rautas Östra 12, 98195 Kiruna,
GPS: N 67.990944, E 019.921958

**Sikfors Konferens & Fritidsby**
Kockvägen 9, 94294 Sikfors,
GPS: N 65.528040, E 021.202200,
www.sikforscamping.se, Tel. 0046 91 17 00 77

**Skabram Turism & Gårdsmejeri**
Skabram 206, 96299 Jokkmokk,
GPS: N 66.606145, E 019.762165,
www.skabram.se, Tel. 0046 97 11 07 52

**Slagnäs Camping**
Campingvägen 5, 93091 Slagnäs,
GPS: N 65.584709, E 018.173099,
www.slagnascamping.com,
Tel. 0046 96 06 50 093

**Stora Sjöfallets Fjällanläggning**
Stora Sjöfallet, 98299 Gällivare,
GPS: N 67.482817, E 018.352139,
www.storasjofallet.com, Tel. 0046 97 34 00 70

**Storforsen Camping**
Bredsel 105, 94295 Vidsel,
GPS: N 65.857210, E 020.423388,
www.storforsen-hotell.se/boende/camping,
Tel. 0046 92 97 21 00

**Storforsen Parkplatz**
GPS: N 65.852134, E 020.398083

**Torneträsk Naturrastplats**
E10, 98195 Kiruna,
GPS: N 68.221596, E 019.709027

**Trollsparvens Camping**
Via Lappia 1, 98010 Vittangi,
GPS: N 67.693843, E 021.622726

Die Tromsø-Brücke über den Tromsøysund verbindet das Stadtzentrum auf der Insel Tromsøya mit dem Stadtteil Tromsdalen auf dem Festland

# Finnland (A–Z)

**Hetan Lomakylä**
Ounastie 23, 99400 Enontekiö,
GPS: N 68.384829, E 023.610714,
www.hetanlomakyla.fi, Tel. 00358 40 02 05 408

**Holiday Village Kuukiuru**
Kuukiuruntie 13, 98360 Vuostimo,
GPS: N 66.981307, E 027.532503,
www.kuukiuru.fi, Tel. 00358 40 01 99 184

**Ivalo River Camping**
Kerttuojantie 1, 99800 Inari,
GPS: N 68.624556, E 027.542706,
www.ivalorivercamping.com,
Tel. 00358 40 03 95 046

**Jouttensuvannon Loma**
Lappeantie 449, 95900 Kolari,
GPS: N 67.002641, E 023.776673,
www.koivusaajonlomamajat.com,
Tel. 00358 40 02 16 264

**Kaunispään Huippu**
Kaunispääntie, 99830 Saariselkä,
GPS: N 68.434068, E 027.441792,
www.kaunispaanhuippu.fi, Tel. 00358 16 66 88 03

**Levilehto Apartments**
Levintie 1625, 99130 Kittilä,
GPS: N 67.806685, E 024.802073,
www.levilehto.fi, Tel. 00358 40 31 20 200

**Lomakeskus Himmerki**
Himmerki 8, 97900 Posio,
GPS: N 66.080657, E 028.283827,
www.himmerki.com, Tel. 00358 44 03 52 602

**Ranua Zoo Camping**
Rovaniementie 29, 97700 Ranua,
GPS: N 65.944498, E 026.461589,
www.english.ranuazoo.com/accomodation-and-services/ranuazoo-camping,
Tel. 00358 40 55 63 555

**Sallainen**
Tunturikummuntie 2, 98900 Salla,
GPS: N 66.764086, E 028.762214,
www.sallaiset.fi, Tel. 00358 40 83 20 932

**Santa Claus Holiday Village**
Tähtikuja 2, 96930 Rovaniemi,
GPS: N 66.542344, E 025.842997,
www.santaclausholidayvillage.fi,
Tel. 00358 40 15 93 811

**Wanha Autti Camping**
Petäjäpolku 10, 97655 Autti,
GPS: N 66.319440, E 027.111187,
www.arcticfantasy.fi, Tel. 00358 10 28 14 650

**Ylläksen Ykkös Caravan**
Riihentie 4, 95970 Kolari,
GPS: N 67.607880, E 024.145875,
www.yllaksenykkoscaravan.fi,
Tel. 00358 40 51 38 400

lapp_097 tm

MOLLIG WARM
BEI JEDEM WETTER
WALK ON THE
SAFE SIDE
ELTEN.COM
ELTEN

# Register


## A

Å (i Lofoten) 204
Abisko 18, 73, 128
Abisko-Nationalpark 21, 73, 128
AdBlue 40
Äkäslompolo 147
Akkanålke-Naturreservat 216
Aktivitäten 85
Alkohol 30
Alta 178
Alta Museum 179
Älvsbyn 113
Amy (Hündin des Autors) 17, 61
Andenes (Vesterålen) 204
Andøya-Insel (Vesterålen) 204
Anfahrtsroute 31, 32
Anreise 25
Antnäs 113
Arctic Circle Pass 26
Arctic SnowHotel & Glass Igloos 142
Arjeplog 214
Arktikum (Rovaniemi) 141
ARTic Hall 125
Arvidsjaur 17, 215
Aufnahmemodus „M“ 76
Aurora eMotion 141
Aurora Sky Station 130
Aurora-App 69
Aurora-Prognose 69
Austnesfjord (Lofoten) 198
Auto 29
Autofahren (Finnland) 45
Autofahren (Norwegen) 44
Autofahren (Schweden) 40
Autofokus 79

## B

Bahn 26
Bardu 189
Bardu Huskylodge 190
Belichtungszeit 77, 78
Bevölkerung 11, 220
Bildaufbau (beim Fotografieren) 81
Bjerkvik 191, 197
Björkliden 88, 130
Bleik (Vesterålen) 205
Blende 76, 78
Bodø 209
Borg (Lofoten) 200
Botschaften 30
Breivikeidet 184
Bus 29
Butan 238

## C

Camper 29
Campingplätze 242
Color Line 37
Corona 3

## D

Dänemark 31
Dieselheizung 54
Diplomatische Vertretungen 30

## E

Eggum (Lofoten) 199
Einreisebestimmungen (allgemein) 30
Einreisebestimmungen (Hund) 58
Einwohner 11
Eisangeln 104
Eisbären 176
Eisenerz 126
Eismeerkathedrale (Tromsø) 186
Eisschwimmen 137
Eisskulpturen 124
Elche 43, 115
Enontekiö 164
Entfernung 29
Erdgas 238
Ersatz-Akkus 74
EU-Pass für Haustiere 58

## F

Fähre 33
Fährgesellschaften 36
Fauske 212
Fehmarn 32
Fellpflege 60
Felszeichnungen (Alta) 179, 220
Fennoskandinavien 220
Fernauslöser (Kamera) 80
Finnair 29
Finnisch 232
Finnland 9, 11, 30, 220, 226
Finnlines 37
FINNMARKSLØPET 183
Fjällvraksvägen 213
Fjellheisen-Seilbahn (Tromsø) 185
Fläche 11
Flakstad (Lofoten) 202
Flohmarkt 135
Flugzeug 29
Flycar 29
Fotoausrüstung 74
Fotografieren 67, 82
Führerschein 30

## G

Gammelstad (Luleå) 113
Gas 33, 51, 55, 238
Gedser 32
Geld 30
Geografie 9
Geschichte 220
Gesundheitsbestimmungen 30
Glaskunst 215
Golfstrom 11, 179, 210
GPS-Koordinaten 8, 197
Grenzziehungen 224
Grundbesitz 224

## H

Haldde-Berg 181
Hammerfest 176
Hamnøy (Lofoten) 203
Handschuhe 74
Hanøy-Kirche (Lofoten) 197
Haparanda 135
Harads 115
Haukland (Lofoten) 201
Heimtierausweis 58
Heizlüfter 241
Heizung 51
Hetta 164
Hetta Huskies 164
Hillesøy-Insel 187
Hinnøya-Insel 197
Höchstgeschwindigkeit (Finnland) 46
Höchstgeschwindigkeit (Norwegen) 45
Höchstgeschwindigkeit (Schweden) 42
Honningsvåg 171
Hovsund (Lofoten) 199
Hund 57
Hunde im Winter 60
Hundefutter 60
Hundeschlittenfahrten 89
Hundeschlittenrennen 183
Hundeschuhe 63
Husky-Farm 164
Husky-Safaris 145
Huskys 89

## I

ICEHOTEL 125
Ikonen, Pasi 165
Impfungen (Hund) 58
Inari 152, 157
ISO-Zahl 78
Ivalo 152
Ivalojoki 152

## J

Jäckvik 213
Jagd 220
Jahreszeiten 70
Jarnna 227
Jojk 227
Jokkmokk 118

Juho's Husky Ranch 145
Jukkasjärvi 124

K
Kåbdalis Skidliftar 87
Kakslauttanen 149
Kamera 76
Kameraeinstellung 78
Karasjok 167
Karelien 220
Kebnekaise-Berg 127
Kemi 100
Kiilopää 150
Kirkegårdsbukt 177
Kirpputori Kelopuu (Flohmarkt) 136
Kiruna 126
Kleidung 73
Klima 11
Knivsmed Strømeng 168
Kola-Halbinsel 220
Kolonisation 224
Kolonne (Autofahren) 44, 171
Kondenswasser 54
Kongstind Alpinsenter 86
Kontinentalklima 12
Korkeaniemi-Hütte 161
Kota-Hütten 161
KP-Index 72
Krallen 63
Kungsleden-Fernwanderweg 127, 128
Kurtakko 145

L
Ladtjo-Tal 127
Lakselv 169
Ländervorwahlen 31
Landeskunde 8
Langenes-Kirche (Vesterålen) 205
Langøya-Insel (Vesterålen) 205
Lapin lääni 11
Lapland Resorts 88
Lapphaugen-See 104
Lappland 8, 48, 143, 220
Lapporten 129
Lappstaden 216
Laupstad (Lofoten) 198
Levi 159
Lichtempfindlichkeit 78
Lofoten 194, 197
Lofotr Vikingmuseum (Lofoten) 200
LPG 238
Luleå 113
Luosto 99
Lyngseidet-Insel 184

M
Magerøya-Insel 170
Mattus, Petri 158
Maut 31
McCormack, Anna 165
Messer (Sami) 167
Messerschmiede 141
Minentour 126
Mitternachtssonne 70
Mittwinter 12
Moskenes 209
MS Polstjerna (Tromsø) 187
Mundschutz 74
Mütze 74

N
Narvikfjellet 86
Nasafjället 212
Nattavaara 121
Nikkaluokta 127
Nomaden 220
Nordkalotte 11
Nordkap 169, 173
Nordkaptunnel 169
Nordkjosbotn 189
Nordland 11
Nordlicht 69
Nordlichtkathedrale/
Alta-Kirche (Alta) 181
Norrbottens Län 11
Northern Lights Route 144, 145

Norwegen 9, 11, 30, 220, 225
Norwegisch 232
Notfall (Finnland) 46
Notfall (Norwegen) 45
Notfall (Schweden) 43
Nuolja-Berg 130
Nusfjord (Lofoten) 202
Nyksund (Vesterålen) 205

## O

Ohren (Hund) 63
Olderdalen 184
Öresundbrücke 33
Ostsee 135
Ounasvaaran Hiihtokeskus 88
Oy Levi Ski Resort 89

## P

Pallas-Yllästunturi-Nationalpark 163
Pello 143
Personalausweis 30
Pfoten 63
Piteälven 113
Polar Park 189
Polaria (Tromsø) 187
Polarkreis 11, 18, 117
Polarlichter 67, 68, 82
Polarmuseum (Tromsø) 186
Polarnacht 12
Porjus 123
Propan 238
Provinzen 11
Puolamajärventie-See 143
Puttgarden 32
Pyhä Ski Resort 88

## R

Rafsbotn 177
Raja-Jooseppi 152
Raw-Format 79
Reine (Lofoten) 203
Reinebringen-Berg 203
Reisebericht 15
Reisepass 30
Rentiere 43, 101, 143, 157, 220
Rentierfarm 143, 157
Rentierhaltung 222
Rentierschlittenfahrten 101
Rentierschlittenrennen 119
Rentiersuppe 162
Rimpi, Katarina 227
Rødby 32
Rosen, Peter 129
Rostock 32
Route 1 111
Route 2 133
Route 3 155
Route 4 175
Route 5 193
Route 6 207
Rovaniemi 138
Rucksack 74
Rukatunturi 88
Russland 9, 152, 225
Rute 63

## S

Saariselkä 99
Saltstraumen 211
Samen 11
Sameting 167, 226
Sami 11, 116, 119, 152, 167, 180, 215, 219, 226
Sami-Dorf 224
Sami-Gesang 227
Samisch 232
Santa Claus Village (Rovaniemi) 139
Sápmi 226
SAS 29
Scandlines Deutschland 37
Schneeketten 45
Schneemobiltouren 93, 141
Schneesauna 142
Schneeschuhwandern 97
Schneesturm 19
Schweden 9, 11, 30, 31, 220, 225

Schwedisch 232
Senger, Mandy 227
Siedlungsgeschichte 220
Siida 221
Siida Museum (Inari) 152
Silberbergbau 212
Skaidi 177
Skaidi Alpin 87
Skarsvåg 169
Skavbergtunnel 169
Skelleftea 16
Ski-Doo 93
Skilaufen 86
Skjerstadfjord 212
Skjervøy-Insel 183
Snowboard 86
Solberget-Berg 123
Solberget-Hof 121
Sommarøy-Insel 187
Spiegelreflexkamera 76
Spike-Reifen 46, 53
Sport 86
Sport Resort Ylläs 89
Sprachhilfe 232
Staatsangehörigkeit 224
Stativ 80
Stellplätze 242
Stena Line 37
Stirnlampe 81
Stordalen-Tal 190
Storebælt-Brücke 32
Storforsen (Stromschnellen) 113
Storklinten 88
Storslett 183
Storsteinen-Berg 185
Straßen 40
Stromschnellen (Storforsen) 113
Strömstader Grenzvertrag 224
Stromverbrauch (Kamera) 76
Struve-Bogen 176
Struve, Wilhelm von 176
Südlicht 69
Suorra, Mikael 116
Svensby 184
Svolvær (Lofoten) 198
Systemkamera 76

## T

Tabak 30
Tageslichtstunden 12
Talvatis-See 119
Tanken 40
Taschenlampe 81
Telefonnummern 8, 31
Temperaturen 11
The Royal and Ancient Polar Bear Society (Hammerfest) 176
Tierärzte 64
Tierkliniken 64
Tollwutimpfung 58
Torneälv 135
Torneträsk-See 129
Tornio 135
Travemünde 32, 36
Treehotel 115
Trelleborg 32, 36
Trinken (Hund) 61
Troms og Finnmark 11
Tromsø 185
Tromsø Alpinpark 86
Tromsøya-Insel 185
TT-Line 37

## U

Uhrzeit 31
Unstad (Lofoten) 201
Uttakleiv (Lofoten) 201

## V

Vareid (Lofoten) 201
Verkehrsregeln (Finnland) 46
Verkehrsregeln (Norwegen) 44
Verkehrsregeln (Schweden) 41
Verschlusszeit 77
Vesterålen 194, 204
VW-Bus 15. 50, 52

Anhang

14

## W

Währung 31
Weihnachtsmann 138
Wetter 11, 70, 194
Wetter-App 72
Whale Watching 108, 183, 204
Wildwechsel 43
Wind 194
Winter 11
Winter-Tipps fürs Wohnmobil 52
Winterfest 47
Winterinspektion 50
Wintermarkt (Jokkmokk) 118
Winterreifen (Finnland) 45
Winterreifen (Norwegen) 44
Winterreifen (Schweden) 42
Wintersport 86
Wintertauglich 47
Wohnmobil 5, 29, 39, 47
World Heritage
  Rock Art Centre (Alta) 181

## Y

Ylläs 99
Ylläsjärvi 147
Ylläsjokisuu 145
Yllästunturi 89
Yllästunturi-Berg 147

## Z

Zollbestimmungen 30
Zug 26
Zwiebelprinzip 73


lapp_122 tm

# Der Autor

**Thomas Momsen,** Jahrgang 1970, arbeitet seit über 20 Jahren als freier Fotograf mit eigenem Studio am Niederrhein. Sein Schwerpunkt liegt im Bereich der Presse- und Werbefotografie, seine Leidenschaft ist das Reisen. Sobald er den Führerschein hatte, zog es ihn hinaus in die Welt: Mit dem ersten Auto, einem Golf 1, ging es durch Deutschland, zum Wandern in die Dolomiten, mit Freunden im Mitsubishi-Bus durch Skandinavien, mit dem Motorrad nach Syrien. Nach Möglichkeit immer abseits bekannter Pfade. Während des Studiums arbeitete der Autor als Tourguide in Südfrankreich, nach der Öffnung des „Eisernen Vorhangs" bereiste er sechs Wochen die Ukraine. Obwohl es unzählige Reiseziele auf der Welt gibt, zieht es ihn immer wieder in den hohen Norden. Nach vielen Sommerreisen folgte 2015 die erste Wintertour – es sollte nicht die letzte sein. Beeindruckt von der Natur, den Menschen und natürlich von den Polarlichtern, ist das vorliegende Buch sein erster Reiseführer, mit dem er seine Faszination für Lappland mit den Lesern teilen möchte.

Seit 2008 immer an seiner Seite ist die Australian-Shepherd-Hündin **Amy.** Ein Freund hat es einmal ein wenig wehmütig auf den Punkt gebracht: „Dein Hund hat inzwischen mehr von der Welt gesehen als ich."

lapp_126 tm

[>] Ein perfektes Team – Thomas Momsen und Amy

[<] Falukorv (schwed. korv = Wurst) ist eine deutsche Erfindung; im 16./17. Jahrhundert arbeiteten viele deutsche Bergleute in Falun im Bergwerk; das gewonnene Erz wurde mit Körben an Lederriemen nach oben gezogen; die Riemen bestanden aus Ochsenleder, für das unzählige Ochsen geschlachtet wurden; das nicht benötigte Fleisch verarbeiteten die Arbeiter zu Wurst und verkauften es – so entstand die berühmte Falukorv

# Schreiben Sie uns!

Wir hoffen, dass Ihnen dieser Reiseführer gefällt und er Ihnen ein guter Begleiter auf einer außergewöhnlichen und spannenden Reise ist.

Weil ein Reiseführer von Erfahrungen lebt, sind wir an Ihren Erlebnissen interessiert: Haben Sie in unserem Buch ein Restaurant entdeckt, das es nicht mehr gibt, eine Sehenswürdigkeit, die wir noch nicht aufgeführt haben, oder eine falsche Adresse? Dann schreiben Sie uns! **Wir nehmen jeden Hinweis und jede Kritik ernst und arbeiten kontinuierlich daran, die Bücher aktuell zu halten und immer weiter zu verbessern.** Jede Mail wird gelesen und beantwortet. Auch wenn wir nicht jeden Wunsch erfüllen können, machen wir uns immer Gedanken über Ihre Anmerkungen.

**Schreiben Sie uns:**
per Mail an info@reise-know-how.de oder an
Reise Know-How Verlag Peter Rump GmbH, Postfach 140666, 33626 Bielefeld

Wenn sich Ihre Infos direkt auf das Buch beziehen, würde uns die Angabe der Seitenzahl und der Auflagenzahl bzw. des Erscheinungsjahres Ihrer Ausgabe die Arbeit sehr erleichtern. Besonders hilfreiche Beiträge und Ergänzungen zu den Büchern belohnen wir mit einem Sprachführer Ihrer Wahl aus der über 240 Bände umfassenden „Kauderwelsch"-Reihe.

**Herzlichen Dank und gute Reisen**
Ihr Reise Know-How Verlag